JN234355

Penny Sparke

As Long As It's Pink

The sexual politics of taste

ペニー・スパーク

菅　靖子／暮沢剛巳／門田園子 訳

パステルカラーの罠《わな》

ジェンダーのデザイン史

りぶらりあ選書／法政大学出版局

Penny Sparke
AS LONG AS IT'S PINK
The sexual politics of taste

Copyrights © 1995 by Penny Sparke

Japanese translation rights arranged with
Rivers Oram Publishers Limited, London
through The Asano Agency, Inc., Tokyo.

母を追悼して

目次

日本語版への序文

As Long As It's Pink: The sexual politics of taste がイギリスで最初に出版されてから八年になる。私が一九九〇年代初頭にこの著作を執筆したとき、ジェンダーやデザインに関する文献はあまりなく、またデザインのモダニズムの限界に関する議論も盛んではなかった。当時私は、こうした問題を一般的な形で問いただし、他の人々がそれぞれの分野でアイディアを得ることができればよいと考えた。それ以来、デザイン史にとどまらずカルチュラル・スタディーズや社会心理学、また文化地理学の領域からまでも、趣味やジェンダーに関する多くの文献が世に送り出されてきた。最も重要なことには、私の著作はまだフェミニストのアジェンダに則っていたが、ありがたいことに、近年はフェミニニティと同じく重要なマスキュリニティの問題という、私がこの著作で扱った範疇外にあったテーマも取り上げられている。また、この著作の出版以来、モダニストの見地から論じられたデザイン史に対して、ジェンダーにとどまらず人種、エスニシティ、階級など一連の文化の問題を包含する、新たな挑戦がなされてきた。デザインの歴史はカルチュラル・スタディーズの影響を受けて見直され、さまざまな角度から二〇世紀のデザインの主要な状況を客観的にみられるようになった。こうした新たな見解が、やがてはデザインの実践の分野にまで届くことを期待したい。

私は本書を、デザインに関するほぼすべてのテクストにみられる近代デザインの歴史に応える形で執筆した。それまでのデザイン史はあまりに男性的、合理的であり、要するに私自身が持っていた趣味の価値観やモダニストがたえず批判してきた対象とは合わなかった。女性の趣味、商業活動、ショッピング、欲望——こういったものはすべて、合理的な価値観を押しつけることでマテリアルな環境を改善しようとした二〇世紀初頭の近代建築家・デザイナーにとっては呪われたものだったからだ。彼らが誤っていたわけではない。実際に彼らは近代世界の実体の形成に大いに貢献したのであるし、それゆえに人々から永遠に感謝され続けるであろう。しかし単純にいえば、彼らは民主主義を主張していたにもかかわらず、十分に包括的ではなかった。女性が価値を置くように奨励されたものの多くを彼らが除外しようとしたことは、私にとっては受け入れがたいことだった。私はこの著作においてコインの裏側を提示したかったのである。

この著作はこのような個人的なレベルで書かれたが、私は他の人々もこれに同感し、意味を見出すことを願っている。複数の文化圏においてこの本が意味を持ちうる可能性を考えると、たいへん刺激的である。私は日本の読者の方々からのレスポンスを楽しみにしている。

二〇〇三年九月一日

ペニー・スパーク

序文

目前で起こりつつあることを実際に把握するまで、驚くほど長い時間がかかってしまう。数多くの可能性が花開いたような一九六〇年代に、私は、自由の力であるかのようにみえたポップ・カルチャー、とりわけマテリアルなモノの世界に取り憑かれていた。形成されつつあるアイデンティティを、パーソナルなスタイルでもって表現する可能性をさがすことは、私が成長していく上で重要であった。洋服やインテリア装飾にせよ、音楽にせよ、さまざまなスタイルが入手可能になると、それまで固定化されていた社会的、文化的なアイデンティティとの訣別をみる思いだった。六〇年代は、頭を振り上げたり、スカート丈を短かくしたり、壁にオレンジのペンキを投げつけたりと、めまぐるしい時代であった。私も当時の女性として、数多くの不平等の問題を認識していたので、女性運動のポリティカル・アジェンダに口先では同調していた。しかし、こうしたことが私の「スタイル」への熱意と関係しているとはまったく気づいていなかったのだ。

一九七〇年代に入ると、近代デザインの歴史家として、かつての熱意がマテリアル・カルチャーを考える上で影響していることが分かってきた。私はモノが一般の人々に影響を、とりわけ人を自由にしたり表現したりする機会を与えているのだという考えを前と同じように持ち続けた。そして、モダニズムの主要なレトリックから徐々に離れていき、それを突きくずす術を探し始めたのだ。私にとって、モダニズムの運動はより「高尚な人々」や権威者に加担したものであり、それは集産主義と規格化と社会平等主義の合理的原則を基盤にした建築とデザインの改革に、多分にポリティカルな意味合いを付したものだと思われた。私はそうではなく、建築・デザイン史家レイナー・バンハムの著作やイタリアのデザイナーたち、とりわけエットーレ・ソットサスの作品のなかに現れた「ポストモダン」の、よりオープンで個人主義的で、基本的に「楽しい」方向へと向かった。そこにかつてポップにみたような自由で楽しい楽天主義を見出したのだ。その当時は認識していなかったが、おそらくそれらを通して、「男性的」ではなく「女性的」なステレオタイプを特徴としたマテリアルな世界を経験していたのだと思う。

一九八〇年代が進むにつれ、私は楽天的に考えられなくなった。というのも、「デザイン」の概念に、「モノ」は結局のところ単に資本主義後期の誘惑にすぎず、表面的で幻想的な方法以外には人を自由にすることはないのだ、という見方が重くのしかかってきたからである。モダン（近代）、およびポストモダンのヴィジュアル・カルチャーも、誘惑の罠でしかなく、現状を壊す力を持たず、むしろこれを強化してしまう運命にあるのだとみなされた。それでも私はひそかにモノに対する信念を持ち続け、この手の判断を退け、その代わりとなるような、複雑きわまりないマテリアル・カルチャーの意味を歴史的に解釈するための方法を探り続けた。

個人的に研究を進めるなかで、潜在的に豊かな意味合いを持つ多くのマテリアルに出会ったが、それらは大部分が未知のものだった。私はそこから立ち現れる知のギャップに戸惑った。なぜ、ほとんど誰も量産された製品を文化的形態として捉えてこなかったのか。なぜ冷蔵庫や車に関して真剣に取り組んだ著書が存在しないのか。なぜショッピングや店に関する本もこれほど少ないのか。フォーディズムについて書かれているのに、なぜスローニズム〔スローンはロンドンの高級ショッピング街の名〕の本がないのか。

こうした二〇世紀のマテリアル・カルチャーに関連した膨大な知の領域は、いまだに「歴史の裏側」にある。さらに、そのなかでも記述された少量の知は、何らかの形でモダニズムの物語を作り上げてきた「英雄的な」建造物やモノ、アイディア、人（たいていは男性）とつながっている。その範囲から外れたモノはすべて無視されてきた。それはいったい、どうしてなのだろうか。

こうしたことを考える際、最初のイデオロギー的な道筋は明らかに階級であろう。モダニスト建築家たちはみな、教育を受けた中流階級に属していた。そして商業よりも文化を優先し、実践よりも理想を優先した。彼らは、労働者階級のコミュニティを改善しようと意図した。しかしモダニズムは本質的にエリートの中流階級が中心となった運動であり、その美学は、社会のなかのあるひとつの集団の高尚で道徳的な「顔」だった。モダニズムは「合理的」で「良い」国家に向けられており、「良い」という概念はこの場合、大量生産という日用品の民主化を約束した規範に沿って定義された。フォーディズム的なモダニズムが、進路を決定していたのである。

私は、モダニズムの生産過程の重要性を思案していくなかで、不意に階級だけではなく、ジェンダーがわれわれのマテリアル・カルチャーの不均衡な表象の原因となっているのではないか、と気がついた。生産を重視するということは、消費を軽視するということであり、消費とは疑いなく女性の領域であった。こうして、それまで腑に落ちなかったことが突如として納得できた。たとえば私自身の大衆文化への関心は、単に一九六〇年代のポップ・カルチャーの形成からだけではなく、二〇世紀を通して女性的な文化として特徴づけられてきたものに対する共感からも見直すことができるようになる。主流であった男性による近代の経験の外側にいた私は、日常生活とつながっていた女性文化が、あの商業的で「不純」な美意識が、周縁へと追いやられていたことに気づいたのだった。

一九五九年にすべてが変化したのだという仮説から、私は母や祖母が「女性文化」を体験した方法を探りはじめた。その探索は、女性としての私自身の経験とも合致していた。自分の母が他界し、「母親であること」をすぐに引き継いでいかなければならなかったため、私は世代を超えて続く女性文化と女性による経験の連続性を感情的に理解することができたのだ。主流の体制を通して受け継がれていく男性文化とは異なり、女性文化は編み物や縫い物といった周縁的でドメスティックなスキル、あるいはポピュラー・カルチャーの楽しみの共有を通じて受け継がれていく。私の母の場合は、それはハリウッド映画だった。私は、私がマテリアル・カルチャーに対して抱いている直観的な感情は、分裂や変化ではなくむしろ連続性からきているのだと考えた。私の「ポストモダン」への関心も、「モダン」への疑いも、ここ一世紀半のあいだに形成され周縁化された女性文化の連続性からきていたのである。

その時以来、私は、マテリアル・カルチャーについてすでに知っていたことも、それ以降発見したこともあわせて、われわれが日常出会い、関わるジェンダー化されたマテリアルな世界の結果として、モノや人の外観を理解しなければならない、と確信してきた。それが本書のテーマである。本書を着想し、執筆し、完成できたのは、数多くの人々のおかげである。まず誰よりも、ロイヤル・カレッジ・オヴ・アートとヴィクトリア・アンド・アルバート美術館のジョイント・コースのデザイン史修士課程において過去一〇年間にわたって同僚であったジリアン・ネイラー、クリストファー・フレイリング、チャールズ・ソマレス＝スミス、ジョン・スタイルズ、ポール・グリーンハルジュ、ジェレミー・エインズレイ、そしてクリストファー・ブリュワードには、すばらしく刺激的な議論のなかで私のアイディアの多くを試すことができたことを本当に感謝している。そして同コースの学生たちも、そうした環境をさらに力強いものにしてくれた。クレア・カタラル、キャシー・ホーガン、ヴィッキー・リード、アリソン・クラーク、マーガレット・ポンソンビー、スコット・オーラム、レベッカ・プレストン、アリソン・ハリー、スージー・

マックケラー、デイヴィド・アトウッド、リサ・ハーストたちは、彼ら自身がこの分野で重要かつ有益な独創性のある調査を行って貢献してくれた。またこの間の客員講師たち、とりわけクリスティン・バタースビー、ベン・ファイン、ジェイムズ・オーベルケヴィッチ、ミカ・ネイヴァ、レイチェル・ボウルビー、クリスティン・モーリー、ビル・ランカスター、フランク・モート、ジュリア・ポーター、アマンダ・ヴィカリー、ニック・バーカー、ダニエル・ミラー、パット・エアーズ、ソニア・ボウルビー、ティム・パトナム、ナンシー・トロイ、ソニア・リヴィングストン、そしてティム・グリーンはみな、すばらしい着想源だった。また「フェミニスト」のデザイン史のパイオニアであるパット・カークハム、ジュディ・アトフィールド、シェリル・バックリー、アンシア・カレン、スゼット・ウォーデン、リー・ライト、そしてアンジェラ・パーティントンは、この難解な領域における数多くの問題点に対して私を開眼させてくれた。アリソン・ライトとキャロライン・ステードマンの仕事もまた、アカデミックなニーズとパーソナルなニーズはかならずしも二つの異世界にあるのではないことを明らかにしてくれた点で、とても有益であった。ロイヤル・カレッジ・オヴ・アートが本書の執筆のために一学期間の時間を与えてくれ、本書を書き上げることができたことに感謝している。これについては、同僚に迷惑をかける結果となり、申し訳なく思う。私はまた、同カレッジの人文学科セクレタリー、バーバラ・ベリーとジル・プラマーにも、執筆中の私のスケジュールをうまく調整してくれたことに対して心より感謝している。

本書はパンドラ出版のジェイン・ブラディッシュ＝エレームズ、サラ・ダンそしてプロダクション・チームの方々の尽力なしには実現不可能であっただろう。パーソナルなレベルでは——結局のところ、本書はとてもパーソナルな仕事である——数多くの友人、家族、とりわけ夫であるジョンに感謝している。夫は本書のアイディアをともによく議論したり、執筆に何時間もつきあってくれたりした。最後に、私は三人の娘、モリ、ナンシー、シーリア（とても小さかったが）のサポートに感謝したい。彼女たちのバービー人形が、金ピカなモノへの愛着が、そして典型的なまでに女性的なものへのあくなき渇望が、女性文化もなかなか楽しいではないかという強い信念を私に抱かせ、最終的には私の執筆意欲となったのだから。

序論　建築家の妻

「女性の「特性」――女性の信念、価値観、知性、趣味、行動というものは、おかれた環境から説明できることは明らかである。」

――シモーヌ・ド・ボーヴォワール(1)

ときに、悲劇のなかで非常に些細に感じられることが実は最も痛烈であったりする。ニコラス・バーカーの連続テレビ番組『時代のきざし（*Signs of the Times*, 1992）』では、「普通の人たち」の生活空間へ入り込んだテレビカメラが彼らの生活を取材した。壁は白、装飾は最小限、そして断固としてヴェネチアン・ブラインド〔ひもで上げ下げや採光調節をする板すだれ〕を譲らない建築家と結婚したある女性は、ときどき子供たちの寝室――カーテンが「許可」された唯一の部屋――を訪れてはそっとしのび泣きをした、と語っていた。中産階級の女性が、自分の家でカーテンに涙する。世界中で起こっている数限りない悲劇がお茶の間で鑑賞できる現代社会において、それはばかげた話かもしれない。それでもなお、このテレビに現れた瞬間は非常に多くの人々をゆり動かし、特に同性から共感を呼んだ。彼女たちの心の琴線に触れたのである。

『時代のきざし』は「趣味」の概念、すなわちわれわれの食事、音楽鑑賞、読書、装い、物理的な住居空間の演出を左右する、大いに個人的でありながら集合的にも処理される、あの断続的に「作用」する美

この飾りたっぷりのカーテンのアレンジは，窓際の置物や花とともに，快適さと飾り付けという19世紀的な家庭美学の理想がいまだ今日の家庭の多くで息づいていることを思い出させてくれる．（写真：マーティン・パー．マグナム・フォト・リミテッド）

的判断力に焦点を当てていた。趣味はそれを表すモノやスタイルを通して、人の価値観、願望、信条やアイデンティティに関する複雑なメッセージを発信する。心底から渇望するカーテンを取り上げられた建築家の妻は、同時に、彼女自身のアイデンティティを形成し表現する権利を剥奪されていたのである。実際に、あまりにも長いあいだ女性の運命とみなされた容赦ない抑圧の一端として考慮するならば、これは明らかに「女性の問題」であり、彼女の悲嘆はおそらく見かけほど些細なことではない。二〇世紀における女性の物語は、見ようによってはさまざまな男女平等権の獲得達成表ともいえる。しかし別の見方をすれば、女性の生活にはまだ、日々不平等を受け軽視されることからくる悲しみや無力感がたくさん残されているのである。

私は、女性の日常における芸術的側面も、そういった不平等が残る領域であると主張したい。「女性的(feminine)な趣味」は今でもなおドミナント・カルチャー〔優位文化〕のなかで「真の」美的価値のカノンの外に位置づけられている。これは、金ピカやパステルカラー、豪華な織布に「フリルのついた」装飾効果、いわゆる「快適さ」によってしばしば特徴づけられたあの手合いの趣味から多くの女性が即座に一線を画し、自分は「良い趣味」の何たるかを学んだのだ、なぜカーテンよりもヴェネチアン・ブラインドがより「文化的に進歩している」かを理解したのだと訴えてもなお、そうなのである。良心の呵責をもって、私もリビングルーム〔居間〕の空いている表面すべてにガラスの飾り物を置くといって聞かなかった自分の母に激昂したのを思い出す。クリスマスや誕生日のおりには、彼女がそういった置物を喜ぶと分かっていたためにプレゼントをし続けたが、私はそれらを包装する過程すら悪趣味だと感じたものだ。

私は一九六〇年代のネオ・モダニズムの風潮のなかで教育を受け、男女平等は男女同格を意味すると信じるように調整をされていたので、私の世界も価値体系も母のそれとはかけ離れていた。彼女の価値観は、ヴィクトリア朝期に遡る「女性と家庭」の伝統のなかで培われた。テレビの上やマントルピースやカーテンの金具覆いに注意深く並べられた彼女のガラスの装飾品は、ヴィクトリア朝期の貴婦人たちのパーラー〔もとは玄関の広間、のちに客間、居間〕を飾り立てた装飾品の直系の子孫なのである。さらに、それらには古い時代の装飾小物の含意がしっかりと込められている。ヴィクトリア朝のパーラーにみられた高価なひだ織り布、詰め物入りの椅子、自然主義的な模様や取り散らかった外観は、顕示および快適という目的を兼ねて、一九五〇年代のリビングルームに装飾的かつ象徴的な等価としてよみがえった。そして過去と同様に、男性が主流を形成する文化によって、この等価物は瑣末で悪趣味、そして危険ですらあるというレッテルを貼られたのである。

しかし、一八五〇年代と一九五〇年代とのあいだには、ある決定的な違いがある。ヴィクトリア朝期の家庭は、男性の仕事世界の補佐、および社会的、経済的、文化的、道徳的な安定の基盤として価値づけられていた。しかし一〇〇年を経て、その文化的威信も道徳的権威も失墜した。一九五〇年代までに、家庭はより周辺的で個人的な現象となり、家事は——数あるその仕事のうちのひとつが趣味の行使なのだが——ヒエラルキーの下の方を占めるようになる。私の母親の置物は、私の野心あふれるまなざしにとっても、また社会文化にとっても、家庭づくり全般、そして特に女性の趣味のステータスの低下を証明するものだった。

一八五〇年代と一九五〇年代のあいだ、家庭とともに「女性的な趣味」というものが、近代（modernity）によって、またその文化使節であるモダニズムによって、事物の中心から追いやられていた。一九世紀後半までに社会、人口地理、経済、美学、心理の各領域で起こった強大な変化の数々によって成り立つ近代の猛襲は、イギリスとアメリカですさまじいまでの影響力をふるった。しかしその影響は、男性と女性とでは異なっていた。「領域の分断」(2)が女性を家庭へ、また道徳や社会的願望、趣味や飾り付けの行使が支配する環境における感情的な生活に含まれるあらゆるものへと追放する一方で、男性を仕事、発展、技術、そして効率という理性的な世界にとどまらせたのである。男性は物理的かつ精神的に女性から大きく遠ざかった。当然、価値体系や世界との関係の保ち方は両者のあいだで分極化する。男性が経験する近代が優位となることで、女性の経験は矮小化され周縁的なものとなった。驚くまでもなく、趣味は女性の領域へと追放された。女性はこれを手段として、自分たちの生活に影響を及ぼし変化させた近代の「もうひとつ」の側面、すなわち私的な側面を切り抜けてきたのである。

女性と男性とは、明らかに違う形で近代を経験した。文学史家アリソン・ライトは、女性による近代の経験はたとえば産業、通信、交通といった目に映りやすい公的な進歩にではなく、使い捨ての生理用ナプキンの出現といったような、一見大したことない「不可視」の変革にあると論じた(3)。また女性が近代と同化する過程は、より緩慢であった。近代に生きる女性には、過去の保護者として振る舞い、産業化以前の時代に片足をとどめることにより連続感を維持する義務も課されていたのだ。女性は、近代とすでに試験済みの価値観の集合体とが着実に対置されるための錨を提供した。この役割につきものである保守主義から、「古風」な近代というヴァージョンが生まれ、それが一世紀以上ものあいだ、とりわけ女性を連想させるものとなる。男性が推進する技術進歩の熱狂にひと呼吸おかせることが、ステレオタイプ化された女性の役割であったため、女性は反動的かつ反進歩的であるという評価を下されたのである。ようやく第二次世界大戦後に、家庭という女性の世界が著しく近代化し、ついに女性が自ら近代との関係を築く可能性が開けた。そのころまでには、男性による近代のマテリアル・カルチャー的表現としての建築・デザインのモダニズムは、商業市場を女性化する勢力によって「やわらげ」られていた。こうして急進的なメッセージがすでに先細りしていたため、女性勢力はモダニズムの手には負えなかった。一枚岩は粉砕され、女性および彼女たちの保守的な文化に新たな「ポストモダン」の文化的可能性が開けたのである。

保守性が最も顕著にみられたのは、反動的な価値観の砦である家庭においてである。「女性の居場所は家庭である」という考え方は女性文化の論点となることが圧倒的に多く、過去数十年間においてフェミニズムにおける大半の主要テクストの焦点となって、さまざまな説明がなされてきた。たとえばフェミニズム「第二波」の主要著書のひとつ、『新しい女性の創造』の著者ベティ・フリーダンにとって、家庭は

「名前のない問題」[4]、すなわち共同体や世間一般から切り離された郊外の主婦をおびやかす形容しがたい心理的苦痛をもたらした。他方、シーラ・ロウボサムは家庭内労働を搾取の一類型とみなし、「家事は一般的な仕事の概念に当てはまらないから、不可思議にも仕事とはまったくみなせない」[5]ことを鵜呑みにしている社会を非難した。ロウボサムにとって、問題は心理面よりむしろ経済面にあった。彼女は、主婦は無賃労働者であることを強要され、社会は主婦業を娯楽活動の一形態と決めてかかったと指摘している。

一九七〇年代、女性運動の支持者の多くは、女性の家庭への従属が、その本質が精神的であれ物理的であれ、抑圧と不平等の根源であるという信念を共有していた。アン・オークレーは、「法や他の制度上の障害が取り除かれてもなお、男女平等への道は、女性の家事という義務によって妨害されていることは、増える一方の証拠の山からも明らかだ」[6]と論じている。

しかし、家庭それ自体が抑圧だと異口同音に申し立てられながらも、なぜそれがそこまで圧倒的な文化的影響力を持ったのか、その理由を追究する議論はまったくといっていいほど存在しなかった。女性の外見、欲望、期待に影響を与えるべくライフスタイルに関する一連の価値観や態度を女性に孕ませてきた巧妙かつ多様な手段を解明しようとする試みもほとんどない。女性は、単純に「フェミニニティ〔女性性〕の経帷子を脱ぎ捨て、いわゆる男性の「自由な」世界に入ることはできなかった。塵拾い人夫の代わりにゴミ箱を使うようになり、またビジネススーツが購買されるようになっても、複雑な家庭の仕組みの理想像はくつがえされはしなかった。その状況は、今日でも変わっていない。

最近のジェンダー論は、初期のフェミニストの立場を越え、ステレオタイプのフェミニニティやマスキュリニティがわれわれの文化体系のなかで、潜在的に、日常生活に微妙に影響しながら構築され存続するさまを探究しはじめている。[7]二〇世紀の文化生活を支配してきたフェミニニティに関するステレオタイプのなかでも、家庭の理想やあらゆる関連事物は、女性と家庭外の世界との関係をうち立てる際に大きな影響を与えてきた。この関係は女性の思考回路や行動原理を解明しようとする熱心な社会学者、心理学者、精神分析学者によって繰り返し調査されてきた。しかし、フェミニニティの概念の形成を促した文化的勢力についてはほとんど注目されていない。

重要であるにもかかわらず往々にして等閑視されてきたのが、生活において女性が美的判断を下す領域である。この領域の大部分を構成してきたのは、産業化以来、家庭の内と外の性質およびその外観を定める趣味や消費の際の決定力であった。こうした決定は、ほとんどの場合女性によってなされてきた。AではなくBの壁紙を選択することは、さまざまな要素が絡んでいて複雑であるが、そこには特に消費者として女性が演じるべきであるとされた役割、および女性が表現したい価値観が含まれていた。理想が形をとるにつれ、それはわれわれの生活のマテリアルな背景となり、それが理想をさらに活気づけ、実体化し、再構築していく。この循環過程はマテリアル・カルチャー、すなわちわれわれを取り巻くモノや環境が文化一般とどう交差するかを理解するために大切なのである。家庭におけるマテリアルな、あるいは美的な文化が、女性および家庭の理想像を強調する価値観を反映し体現する一方で、その理想がまたその価値観を活発に形成し増強するのである。女性の趣味と決断力は、家庭のためのモノ選びの根幹である。そして女性は選択において——自覚の有無にかかわらず——ステレオタイプのフェミニニティをそこで描くかどうかをも不断に選択している。過去一世紀半にわたってその選択が目立たないものであったとしても、それはより幅広いセクシュアル・ポリティクスのコンテクストにおいて作用してきたのである。

一九世紀末期には、家庭用品はますます家庭外で生産されるようになった。女性的な趣味はこれと並行して起こった消費の拡大によって公的領域まで影響し、経済活動のなかで顕著かつ重要な役割を与えられた。これは女性の文化的劣位という問題と、女性の趣味の周縁化という問題を複合するものだった。反動的な女性の家庭文化は、過去一五〇年にわたって、影響力のある趣味の作り手やデザイン改革家により繰り返し攻撃された。さらに消費の概念もまた、二〇世紀の文化批評家に恰好の標的を提供することになった。家父長的文化は女性のカーテンを嘲笑し、それを購買する行為を軽蔑したのである。

消費に関する学術研究において、より幅広いセクシュアル・ポリティクスの議論の一環として女性的な趣味の問題に取り組んだものはほとんどみられない。ごく最近まで、文化論者には、消費は統制の一形態であり、出回る商品は疑うことを知らぬ消費者を罠にはめるものだととらえる傾向があった。(8) この消極的な性格の消費論に対する唯一の対抗馬は、それを社会儀式の形態、すなわち社会の団結を達成する手段として検証してきた人類学者の見解である。(9) しかしながら彼らの説明は、仲間である社会科学者と同様、ジェンダーを正当に扱ってこなかった。(10) 一方で、多くの社会史、経済史そして文化史に携わった人たちが、デパート産業や大規模な卸売業の発展とともに一九世紀後半に顕在化した女性の消費を研究してきた。(11) 消費において女性は完全に受動的であるという見方を追究した学者もいれば、女性的な趣味は男性優位の文化によって強制された価値判断の外で働くため能動的であるという、より積極的な議論を提示する学者もいる。こうした議論は快楽や美的歓喜に着目しており、とりわけ女性的な表現として消費を理解する仕方に幾分近い。しかし、このような説明がマテリアルな、あるいは美的な消費の領域と消費者からの反応――家庭の領域での価値観に根ざした反応――を刺激するという役割を強調してきたとはいえ、彼らは消費されるモノそのものを女性的な趣味の対象として論じる手前で踏みとどまっている。そこで、本書ではこれらのモノを出発点としたい。変化し続ける男性的な価値観と女性的な価値観、すなわち生産、消費、効用の循環を巡って動く、ジェンダー化された価値観にみる動的な緊張関係は、カーテンやガラスの置物といったモノのみが表象し具現化しうるのだという仮説を基盤として議論する。モノのみがその循環行程を完全に経験でき、モノのみが分断された領域をつなぐ橋を渡ることができるからである。

モノには人間のように一生があり、その意義はそれがたまたまおかれた状況によって変化する。と同時に、それらに生じた意義は次の新しい環境に伴われ、以降の過程でそれ自体を変化させ豊かにするのである。多くの研究者がモノの記号を解読しようとしたが、たいていはモノの寿命の重要性を把握できていない。[12] 唯一、イギリスの文化理論家であるディック・ヘブディッジが、ある国ではマスカルチャー〔大衆文化〕の主流となり別の国ではサブカルチャー〔下位文化〕のイコンとなったイタリアのヴェスパ社のスクーターを分析し、[13] モノの解読におけるコンテクストの読み直しがいかに重要であるかを十分に明らかにしている。[14] しかし、圧倒的に男性中心的なサブカルチャーのなかで消費されるモノに注目したヘブディッジは、きわめて重大な問題を回避している。男性本位の文化環境のなかで男性によってデザインされ作られた数限りない商品が女性のコンテクストのなかで消費され用いられる際に生じる、ジェンダーの問題である。ジェンダーと大量生産された商品の関連は複雑である。セクシュアル・ポリティクスにおいて、モノはバロメーターとして明確な役割を担っている。それは男性的な価値観がどの時代にどれだけ優勢であったか、そして女性文化がいかに反抗したかを測るものである。また生産と消費とのあいだで男性的な価値観と女性的なそれとのあいだの力関係が交錯するさまを反映してもいる。

興味深いことに、大量生産・大量消費されるモノによって表される女性の「反抗」の瞬間は、今世紀の急進的なフェミニストたちの活動とは重ならない。たとえば一九二〇年代、フェミニズム運動が多くを達成した時期に、たいていのモノはしばしば最も男性的なデザインであったし、逆にフェミニズムが下火であった時期——一九五〇年代を思い浮かべて欲しい——に、多くのモノはきわめて女性的な外観であった。

これはおそらく、ステレオタイプのフェミニニティを具現化する量産品が、急進的なフェミニストたちによって抑圧的な家父長的文化の構成物であるとみなされ、彼女たちは男性と同等になるためにはそこから自由にならなければならないと信じたからだろう。しかし、モノは女性とジェンダー化された商品との関係がこれよりも複雑かつ曖昧であり、その関係が女性を抑圧しただけでなく自由にもしたのだということを示唆している。ジェンダーと趣味の関係についてのいかなる議論も、本来の男女の属性ではなくステレオタイプなレベルでしか説明されない。モダンとポストモダンの時代に、ジェンダーのアイデンティティは大部分がマスメディアによって提供されてきたステレオタイプとの折り合いを通して確立された。したがってそれはジェンダーを構築する基本となっている。女性的な家庭というコンテクストにおいて、女性や家庭の典型イメージの合成はひとつの理想へと転化する。女性はその理想と呼応しながら個々の、そして集団的なアイデンティティを形成してきた。フェミニニティのステレオタイプと家庭の属性をマテリアルな形で一体化することによって、消費されるモノはまたジェンダーを文化のなかで構成する際の重要な役割を果たす。女性は自分の家庭環境で趣味を行使してモノを選び、アレンジし、それによって自分のジェンダー・アイデンティティを形成、強化してきたのである。

では、どのように、量産品がジェンダーのステレオタイプという属性をまとうようになったのだろうか。これが本書の議論の中心である。産業化とともに家庭で「手作り」の部分がかなり取り除かれ、特定の顧客のために個々のアイテムの生産を規格化された工場生産が支配するようになると、商品の多くは不可測の女性を持つ顧客のために「デザイン」されなければならなくなった。一九世紀、家庭用の商品を扱うデザイナーや製造業者は顧客のイメージをしっかりと心に描いて働いた。それはたいてい女性であり、彼らは女性の心理的、シンボリックで美的に要求できる限り近いモノの提供を心がけたのである。「流行」、

「目新しさ」、そして「快適さ」が一般的な要求であることを認識した彼らは、こうしたコンセプトを可能な限り忠実に商品に映し出した。これにより、生産の場で働くデザインの概念を、消費の場で働く趣味の概念と提携させる。生産や消費の領域は明確にジェンダー化されていたが、市場における商品の美的価値はまず消費者である女性側を反映した。ところが、技術的経済的な近代性と文化的モダニズムが結合したと同時に、女性消費者が中心的な役割を果たしていた世界から、合理的で規格化された大量生産システムが家庭のモノに新たな美的趣味と新たな役割を強いる世界への移行が起こった。民主主義的な理想にコミットするという動機づけで正当化された建築・デザインのモダニズムは、単に男性によって推進されただけでなく、男性優位の文化に根づいていた。商品やそのデザインには男性的な美的嗜好のステレオタイプが当てはめられた。デザインはこうして趣味を越え、女性の掌中から美的な自律性と権限とがすべて剝奪されたのである。

建築家の妻が身をもって知っているように、この闘争関係は今日も続いている。これは単に形態、色彩、装飾といったモノの美的特徴にとどまらない。男性、女性がそれぞれ日常生活でモノをどう用い、どう関わるかである。領域の分断にともなって用と美は分かれてしまった。女性の領域でモノはなによりもまずシンボルとなり、それが用の機能に勝っている。椅子は座るものだが、家庭のなかでの第一機能は快適さという概念の具現化である。⒂ 一方でそれとは鋭い対照をなしているのだが、男性の領域では、モノはますます道具として定義づけられる。男性優位の文化とその表象としてのモノの役割を主張するために、建築・デザインのモダニズムはそこから女性的なコンテクストを払拭しようとした。本来モノに内在したコンテクストを取り去り、代わりにその特質によって定義する。モダニストにとっての椅子は「椅子らしさ」の実験である。そこではモノの快適さや誇示という女性的かつ家庭的なコンテクストは無視、いや頑強に否定された。しかし、女性文化はマーケットの勢力と手を結び、そこに居場所を見出した。そしてモノの美的役割は存続し、モダニズムの「スタイル」も今世紀半ばまで日常空間でよく見かけられるようになった。すると今度はまた、モダニズムの理想が言語道断にも「女性化（feminise）」されたとみなした男性文化が、この現象の価値を下げ矮小化すべく乗り出したのである。

一方では、女性と商業、そしてマーケットとが連結することにより、排他的に大量生産されるモノが形成する男性優位の文化による統制の危険にブレーキがかかった。しかし他方では、この連結が女性の趣味をさらに周縁化してしまう。女性の趣味はマスカルチャーの一部とされたゆえに、ロマンティックな小説やお涙ちょうだいのテレビ番組など感傷的で洗練されていない点が、概して卑小かつ潜在的に危険であると評されたマスメディアの他の文化的表明と同じ運命を辿った。二〇世紀において、女性の趣味の対象はハイカルチャー〔高位文化〕よりも劣っているとしばしば考えられたのである。炭火に似せた暖炉、チンツ〔光沢のある平織り綿布〕で飾ったような安っぽい布地や鉢植えの植物など、「低俗」であるとして悪評高い品々によって表現されるフェミニニティや家庭のマテリアル・カルチャーは、しばしば非難され、よくても「悪趣味」、「キッチュ」と呼ばれて皮肉の対象となった。モダニズムの美的価値とイデオロギーに対立するモノは、「正統な」文化と「良い趣味」の世界から乖離してしまった。

今世紀初頭までに、かつては全体として女性的であった趣味の概念は、もはや統一体ではなくなっていた。「良い趣味」と「悪趣味」の分裂は、一九世紀半ばにデザイン改革運動とともに始まってモダニズムの建築・デザイン理論や現代文化論へ移行した男性主導の道徳的な改革運動の結果である。これは実際のところ、女性が発見した消費者としての勢力によって彼らの王国が乗っ取られないように、近代の文化条件を確立しようとするという、男性優位の文化の側からの見え透いた企てに他ならない。マーケットで急激に増大した女性の権限に驚きおびやかされた男性優位の文化は、美的、商業的、そして女性的な文化の連鎖を非難し軽蔑することによって、ジェンダー間の勢力関係を再編成した。そして、自分の場所として普遍的な価値観と純粋な機能の論理とを提携したハイカルチャーのモデルを提供したのである。『時代のきざし』に登場した、カーテンよりヴェネチアン・ブラインドをと主張した建築家は、男性支配の伝統、一世紀半前に端緒を開いたマテリアルな環境の厳格なコントロールそのものだった。結局のところ、彼の妻には泣くだけの理由があったではないか。

第一部　女性的な趣味とデザイン改革　一八三〇―一八九〇年

第1章　「神が決めたこと」——家庭の理想

「女性の領域は家庭である。女性は家庭の「美化」に励まなくてはならないし、「主要な装飾」であらねばならない。」

——ソースティン・ヴェブレン(1)

西洋工業化社会の文化にいまだに浸透している「女性的な趣味」というステレオタイプ——すなわちフリルやひだ飾り、「不必要」なまでの陳列や装飾、それに過剰な金箔やきらびやかさを連想させる一連のつまらぬ美的嗜好——は、一九世紀末に端を発している。より正確にいえば、これは「女性」と「家庭」という概念が事実上同義となった時期、家庭生活に取り囲まれた「女性的な趣味」という観念が、「消費」活動にまで影響を及ぼすようになった時期に始まる。「女性的な趣味」という観念は、産業革命をもたらした経済的、技術的、社会的、文化的、政治的諸状況が特殊に組み合わさって出現してきた（これは実際には、イギリスでは一七世紀末から一九世紀末、アメリカではそれにやや遅れて起こったゆるやかな歩みだった）。産業革命は、生産手段や大多数の人々の生活を変化させたことに加え、女性らしさの新たなイメージを作り出した。このイメージ上で、趣味は家庭と消費につながり、新しくかつ根本的な役割を演じるようになった。この時点で、女性的な趣味は必要かつ欠くことのできない、経済的、宗教的、社会的、文化的、政治的生活の構成要素としてみられるようになった。それは些細で瑣末な軽視すべきものではなく、現実に社会を機能させるまさに構造そのものに根を下ろした。のちに多くの批判の的となる女性的な趣味の運命は、女性を文化の主流から遠ざけたヴィクトリア朝社会におけるジェンダー間の緊張が引き起こした結果だったのである。

美術史家のロジカ・パーカーは、「二〇世紀のフェミニニティの概念には、いまだに深くヴィクトリア朝風の考え方が吹き込まれている」(2)と主張している。現在のわれわれの家庭生活にまつわるイメージもヴィクトリア朝期に植えつけられたものだ。女性らしさ、美、家庭とのあいだにある、切り離して考えることのできないつながりは一九世紀の中頃に最も深かった。ソースティン・ヴェブレンの信条でもあった、女性の場は家庭にあり、女性はただ主たる「家事を司る人」としてのみならず、家庭環境のなかの美的な構成要素として——実際に飾りそのものの一部として——存在するという考えは、一九世紀を通じてあった理想を反映していた。この考え方には多くの著述家たちが共感している。たとえば、歴史家のレオノア・ダヴィドフとキャサリン・ホールは、「彼女たち（女性たち）は自らが趣味の完璧な表現体であった。なぜなら美は女性の身体でもって巧みに表現されたからだ」(3)と説明した。一方、美術史家であるデボラ・シルヴァーマンは、女性は「精巧なものであり、美を精巧に作り上げる者である」(4)と述べている。女性の役割は、自らの行動のみならずまさにその出で立ちからも「美の作り手」として存在することにあるのだという考えは、女性の属性が女性そのものから、家庭や家庭の調度品に隠喩的に転移したという信念を示している。その結果、シャンデリアは「繊細」(5)なものとして描写され、長いあいだ、女性らしさや女性の身体の形容辞となりえた。いうまでもなく、ヴィクトリア朝期の人々にとって、優美さなどの女性の属性は、女性らしさを表す「自然な」特徴であり、彼女たちに本質的な生物学的、肉体的な特徴の結実であると考えられていた。美は、一般的に女性の基本的な属性とされた。それゆえに、男性より女性が理想的には家庭環境を整えるべきだとされた。ダヴィドフとホールによれば、「女性たちは、趣味の調達人だった」(6)という。根幹にあったイデオロギー構造は、モノの世界に翻訳され、その過程で趣味は決定的な役割を演じた。

女性は家庭の美を擬人化したものであり、家庭環境の美を創造する主な担い手であるという発想は、いわゆる「家庭礼賛（Cult of Domesticity）」の核心を支えた。「家庭礼賛」は一九世紀中盤から末にかけて、イギリスとアメリカの文化的生活に大きな影響を与えた。それは、広がり続ける商業世界、マーケットの厳しい現実から逃れる方法を確立しようとしたヴィクトリア朝半ばの中産階級家庭の欲望からきている。この時代の間断ない産業化と急速な都市化で、商業生活における要求は、社会の中流層にますますストレスを与え、生活の他の側面を蝕むおそれがあった。ダヴィドフとホールによると、「家庭は不道徳的な市場世界における新しい道徳的秩序の基盤となった」(7)という。家庭礼賛は、宗教信仰や政治、商業活動、家族の生活の交差する部分にあり、家族を構成する上で、これら生活の諸相を結びつける役割を果たした。そのなかに理想化された女性のイメージがあり、それは道徳的なコミュニティだけでなく、ビジネスの成功や国家の威信にとってきわめて重要な構成要素となった。ダヴィドフとホールは「女性の理想化された立場は、革新派と保守派どちらによっても推進されるイギリス人の優越性を主張する国家の中心的なテーマとなった」(8)と述べている。

アメリカでも同様に、一九世紀半ばには家庭礼賛は影響力を持つようになっていた。しかしながら、アメリカではその出方は明らかに政治的で、アメリカ革命以前にはイギリス製品のボイコットによって、のちには社会化する市民の家庭の領域での役割のなかで示された。(9)「ロマン主義的な福音主義」(10)なるものも家庭に関連づけられたため、非常に重要な制度としてその役割を発揮した。一九世紀初期のアメリカの家庭と結びつけられた政治的、宗教的、感情的、社会的役割は、大いに女性の利益となり、私的領域でのみならず公的な場での女性の活動を可能にし、「ドメスティック・フェミニズム」と呼ばれるものが出現した。これについて、歴史家グレンナ・マシューは以下のように説明している。

「ドメスティック・フェミニズム」は何十年ものあいだアメリカの政治上きわめて重要な役割を果たした。「ドメスティック・フェミニズム」が南北戦争時代に現れたのは、その時代に出された家屋の価格維持安定策が、女性が文化的な影響力への権利の要求を正当化する強力な新しい方便を与えたためである。「ドメスティック・フェミニズム」は、非常にすばらしい成功をもたらしたので、一九世紀末の男性著述家のあいだにそれに対する激しい反発としかいいようのないものまで生み出したぐらいであった。こうした攻撃にもかかわらず、女性たちは二〇世紀に入っても、自らの政治目的を達成するために家庭を利用し続けた。(11)

アメリカで、家庭がセクシュアル・ポリティクスにおいて大きな地位を占拠しはじめる一方で、私的領域が公的に重要であると主張する声がほとんどなかった大英帝国においては、こうした傾向はほとんどみられなかった。にもかかわらず、イギリスとアメリカではともに、家庭を政治および国の活動の中心に据えるよう奨励された。それは地方の日常のありふれたレベルを超えていた。もっとものちにはそうしたレベルに委ねられるようになったのだが。

地方レベルでは、家庭は上品さや立派な社会的地位のある家族の位置づけを、中産階級のコミュニティの構成員を納得させ、再確認させるのに役立った。家庭とは一九世紀初頭のイギリス、やや遅れてアメリカにおいてますます重要になりはじめていた社会的ステータスを支える大切なものであった。ジョン・ブリューアらによれば、「一八世紀イングランドの七〇〇万人の人口のうち一〇〇万人は「中間層」といわれていた」[12]。しかしながら一九世紀前半には、キャサリン・ホールが、「全人口の二〇パーセントから二五パーセントが……中産階級であった」[13]と述べている。彼女は以下のような全体像を描いている。

農夫、商人、製造業者、貿易商、専門職に就く人々が中流層の構成員だった。彼らの財産は生産活動か、数限りなくあるさまざまな物品の販売にかかっていた。商品はダービーシャーの靴下からバーミンガムの蠟燭、グロスターシャーのチーズからサフォークの芝刈り機、ヨークシャーの毛織物からキドラーミンスターの絨毯などがあった。あるいはまた、モノと文化サービスの生産と販売によった。たとえば、会衆の心の幸せを世話する聖職者、歯をみる歯科医、健康面の世話をする医師、資産の面倒をみる弁護士、建物を造る建築家、想像で飯を食う小説家や詩人、道徳や政治を食餌とするエッセイストらがいた[14]。

当時の社会が流動的であったのは、多くの人々が新しい中産階級のアイデンティティを獲得しようとし、彼らの新しいステータスを目に見える形でみせる必要があったためである。家庭という領域は、そのための理想的な場だった。しかしながら、この複雑な社会的儀式が求めるものはしばしば、中産階級に日常行為のなかで節約と節度を示すように求める社会の道徳的命令と対峙していた。これら矛盾する要求によって生じた緊張をやわらげ、二つの要求を同時に満たす家庭のあり方を築き上げるのは主婦の役目である。ヴィクトリア朝半ばの中産階級の家庭とは、きわめて女性化された現象のひとつであった。家庭内では女性たちは、家庭が家族にとって道徳にかなった環境にあること、「ふさわしい」趣味で飾られていることを保証するという大事な責任があった。これは理想の家庭が単に中産階級のあいだでのみ問題とされていたということをいっているのではない。労働者階級の女性たち（実際には独身の中産階級の女性たちを含む）は、当時賃金経済──その多くはたとえば織物工場で働いていた──により多く携わっていたという事実にもかかわらず、家庭という文化的理想は彼女たちの世界にも同じように広がった。産業革命がこうした女性たちを家事から解放するまったく新しい賃金労働の場を創出したにもかかわらず、伝統的な家族の関係は残り、妻の家庭における責任はまったくもって減少しなかった[15]。労働の性別役割分業により、家事労働はもっぱら彼女たちの分担であった。家事労働と家庭の外での仕事を二重に行うという考えは、労働者階級の女性たちにのみ存在した。中産階級の家庭では、一八三〇年代から四〇年代、五〇年代を通して、専業主婦としての労働のみに従事し、他の賃金労働に手をつけないという妻がますます標準的になっていった。賃金労働などに従事することは、彼女たちの社会的ステータスを傷つけると考えられていたのだろう。

この頃、ロンドンとその近郊に住んでいた中産階級の家族の数多くは、労働の場と家庭のあいだに物理的な空間を設けるため、また商業的生活の潜在的な悪影響から家庭を保護するために、市の中心から新しい郊外へと引っ越した。社会学者のジャネット・ウォルフはマンチェスターの郊外にあったヴィクトリア・パークの当時の様子を説明し、女性たちが家庭生活に携わっていたことを指摘している。

三五軒の邸宅が……一八三七年から一八四五年にかけてヴィクトリア・パークに建設された。……ジェームズ・カーショーは、最初期にヴィクトリア・パークに引っ越した住人であったが（一八三八年から一八五九年まで居住）、彼の家庭はそこに設けられた家庭の典型であった。カーショーはリース、カレンダー社のキャリコ捺染工場の共同経営者で、問屋業から出発した。連盟議会のメンバーで、一八三八年から一八五〇年まで市参事会員、一八四二年から四三年にかけては行政長官、一八四七年から一八五九年まではストックポートの議員であった。興味深いことに、……マンチェスター郊外に移り住むまでは、カーショーは市中心街にあるグレート・アンコーツ通りに住んでいた。そこで彼の妻はリネンの反物商を営んでいたのだ。……彼女が新しい住所に移って以来仕事を続けていなかったことは確かで、街に出掛けることはほとんどなかったようだ。郊外化の程度を過大に見積もるべきではないが（多くの中産階級の家族はより中心の都市地域に残っていた）、郊外化が起こったところでは、郊外への移動は家庭と仕事との明確な区別、安息地としての家庭というイデオロギーのための確固とした基盤、私的な場と結びつけられた女性の立場を伴っていた。(16)

ウォルフの報告はこの時代のイギリスの中産階級の郊外化に焦点を当てたもののひとつである。(17) ダヴィドフとホールは同じようにバーミンガムの郊外であるエッジバストンの住民について詳細な資料を提供し、「バーミンガムのジェームズ・ラコック……バーミンガムの典型的な宝石商(18)」という人物の生涯を描いている。宝石売りから経営者にまで出世していく過程で、ラコックはエッジバストンに不動産を取得し、一八二〇年に家族と移り住むことができた。彼はその引っ越しで得た歓びと達成感を以下のように述べている。「私は心で願ったことすべてを得た。家と庭はピクチャレスクな佇まいで、周囲とは遮断された感じのよい趣になるように自分で設計した。外観は南側に傾斜をつける。土壌は深く掘られ、念入りに造られたもの。植え込みはすべて、入居してすぐにでも美しさと完璧さを備えるようにと考えた(19)」。この安息地を形作る美の重要性を強調していることから、彼の引っ越しに高い理想が伴っていたことが分かる。ラコックの男性的世界と、匿名性および「家庭で目立たない存在」という点で特徴づけられる彼の妻には重要な違いがある。カーショー夫人同様に、彼女も「家業に少しのあいだ携わっていたが、状況が許したときに家庭へと退いた」[20]。

家庭とそれにともなうすべての意義が政治や商業という公的領域に関係していたのだが、日々の現実は家族という私的領域を中心に回っていた。同時に家庭は夫にとっては安らぎの場所であり、子どもたちにとっては道徳的な教育を受け、地位を確立していく場であった。私的公的領域でのジェンダー間の亀裂は趣味のジェンダー化の中心的な要因となった。小さな家族を基盤とした生産単位の消滅、工場が発展していく前段階の製造業の形態の広がりとともに、女性が生産行程に関わることはますます少なくなり、代わりに消費活動が増加していった。

前工業化社会にあたる一八世紀の地方の田舎屋での毛織物や綿織物業を含む産業は家族単位で行われており、家庭は生産、消費どちらもの中心であった。世帯は仕事をする場所でもあり家族の住まいでもあった。都会や農場では、夫婦がともに働くことが多く、どこでも同じように労働の配分は明らかに性別に分業されていたが、女性たちもまた紡績、縫製、レース編み、藁編みといった労働で、重要な生産的役割を果たしていた[21]。

前工業化社会のアメリカの家庭でも性別で決められた労働はあったものの、製造活動も同時に行っていた。技術史家のルース・シュワルツ・コーワンはこう説明している。

家庭での労働の性別役割分業には理屈などなかったのだが、それは工業化以前にも今日と同じように間違いなく社会に存在していた。男たちはりんご酒や蜂蜜酒を、女たちはビールやエール、ワインを造った……女たちは布切れから作った衣服を、男たちは皮で作られた衣服を繕った。女たちは日常の仕事の合間に行う作業（縫製や紡績）があったが、男たちにもやはり仕事（薪割りや木削り）があった[22]。

歴史家たちのなかには前工業化社会における女性の役割がそれほど男性と分かれていない、あるいはより似通っていたことを示すために、何世紀も前まで掘り下げて調べる人もいる。一九一九年にアリス・クラークは「資本主義への移行が……中世や初期の近代にあった平等を女性から取り上げた」と主張し、こう述べている。

近代では、イギリス女性の日常的な家庭での仕事は赤ちゃんや幼い子をあやすことから成り立っている。……食事を準備したり、家を清潔に保つことなども含む。……一七世紀には、家庭での役割はさまざまな生産活動を含んでいた。たとえば、醸造や日々の労働、家禽や豚の世話、野菜や果物の生産、亜麻や毛を編むこと、看護や治療などで、すべて家庭産業の一部を担っていたのである。(23)

一九世紀初頭には、幼い子供たちの就労に関わる法律が施行されたために、主婦の責任に変化が生じた。織物業への大がかりな機械の導入や、子供たちを住み込ませる工場の建設にともない、従来は織物生産に関わっていた女性たちが、家庭の外で働きながら子供の世話をすることは容易でなくなった。こうした現実の事態は、イデオロギーの要求と重なり、女性が公的な場に出てくるということは考えられないことだという信念を育んだ。この考えは労働にとどまらず、コーヒー・ハウスやその他の公的社会的な場所から女性を排除することにまで広がった。

領域の分断に関して述べたフェミニストたちの文章には、男女がお互い調和をもって働き暮らしていた黄金時代が前工業化時代にあったとする暗黙の了解がある。この考え方に対しては、賛否それぞれの立場から種々論じられてきた。たとえば、はるか古代ギリシアの時代から、女性は家庭に基盤をおいて生活する運命であり、工業化が急激な変化をもたらしたわけではなかったと主張する著者がいる。また、家庭生活は女性にとって耐えがたいものなのか、あるいはそうでないのかについても多く議論されている。[24]しかし、一九世紀の家庭礼賛は創られたイデオロギーであり、家庭の創造者は女性であったとする見方は一致している。「分断された領域」という考え方――少なくとも全領域に普及していた現実としてではないにしても理想として――は、当時の女性の経験を分析するための中心となるテーマである。趣味の問題に関しては、公私の分離、そして二つのはっきりとしたイデオロギーのシステムの出現が重要である。女性の本質的に私的な領域は、生活の感情面に関わっていると特徴づけられた。つまり、彼女たちの生活には、社会的ステータスを創造する役割が与えられているのであり、家族のために道徳的枠組みを作り上げることと、さらにはそれ相応の上品さと、リスペクタビリティ（世間体）を確保する責任があったのである。とりわけ、女性には生活の美的側面の弁護人としての役割が与えられていた。それに対して男性は労働への献身、合理性、有用性、そして、普遍的な価値によって定められる領域を占めていた。

これらの典型的にジェンダー化された特徴や価値づけはもちろん目新しいものではなかったが、この特殊な文化環境の下、男女の物理的な分離により、そうした特徴や価値が新しく強い意義を持ったのである。ヴィクトリア朝期の人々にとって、この分離は「自然な」要因のもたらす結果と考えられた。男性と女性には異なった特質があるという信念は生物学の思考からきており、ヴィクトリア朝期の労働における性別役割分業の背景にはこの考え方があった。一九世紀後半に、ソースティン・ヴェブレンはこうした違いの解明を試みている。

男女は単に背丈や筋力のみで異なるわけではなく、おそらくはより決定的に気質で異なってくる。その結果、労働の分業が生み出された。偉業の項目に入る活動領域全般は、頑丈で、よりがっしりした、突然で激しい緊張にも対処でき、よりきちんとした自己主張ができて、競争的、攻撃的である男性の手に委ねられる。[25]

ヴェブレンの説明は一九世紀末には非常に影響力が強くなっていたダーウィンの進化論に触発されたものであった。それには、進化の鎖のなかで女性は男性よりはるかに下位に位置するという前提があった。この考えは一九世紀後半に、女性は再生産という仕事のために全精力を温存するべきだと信じた人々によって広くもてはやされた。本質的、かつ生物学的に性の違いがあるのだという考え方はまた、家庭の外で働く女性にみられる影響に関するコメントを補強する材料にもなった。たとえば、フリードリヒ・エンゲルスは、女性が外で働くのは「男性の特質を失わせ、女性から女らしさをすべて取ってしまう」[26]と信じていたのである。

公私の文化上の分離は無論、女性が私的領域の唯一の住人であるという意味ではない。男性と子供もまた家で過ごす時間が十分にあったのだ。しかし家屋自体にも性別によって分けられた空間があった。建築史家のマーク・ジラードは、この分離が貴族や上中流階級の家庭でいかに作用したのかを示している。

ヴィクトリア朝期の家屋は部屋が非常に複雑でしばしば非実用的なしつらえになっているだけでなく、子供たち、召使い、母親、父親は認められた時間に、認められた場所でしか同時に集うことができなかった。また「ますます拡張化する神聖不可侵の」男だけの部屋があった。その中心にあるのはビリヤード・ルームだった。男性の領域はしばしば喫煙室や銃保管室、ときには隣接する化粧室や書斎まで及んだ。[27]

ロバート・テイト.「チェルシーのインテリア」. 1857年. このトマス・カーライルのドローイング・ルームの描写の中で，カーライルの妻は装飾豊かで多彩な調度品の数々の真ん中に座し，この家庭のしつらえにおいて彼女が最も重要な役割を担っていることを示している.（ナショナル・トラスト写真館の好意による複製）

郊外の家ではダイニングルームは夫の領域であり、ドローイング・ルーム〔応接間〕やパーラー、寝室（貴族の女性のブードワ〔私室〕に相当）は女性の領域の一部と考えられ、前者は公式の社会的な行事用で、後者は私的な目的あるいは家族の女性成員や親しい友人たちとのより親密な集まりに使われた。

その結果、ヴィクトリア朝期の中産階級の女性の価値観の大部分は、彼女たちの家庭での役割と期待から発展した。女性たちの義務にともなう道徳的実用的な要求から、彼女たちは日常生活を特徴づける一連の振る舞いや態度を身につけた。その大半は紋切り型ではあったとはいえ効果的で、女性に期待される振る舞い方に影響を与えた。実際、一九世紀中盤には、道徳と美的価値観は区別できないほど相互に絡み合っていると考えられた。「善」は「美」でもあり、美の具現者である女性は道徳性が擬人化したものであり、家族生活の道徳に対して責任を担っていたのである。

立ち居振る舞いで表される道徳性とは異なり、美は家庭のインテリアを作り上げるものや配置などの直接的な形状に見出された。それはヴィクトリア朝期の中流女性の家庭内でのモノの選択、配置の仕方に含まれ、表現された。女性によってもたらされる価値は、視覚的な識別力あるいは「趣味」を決める力を通じて、価値観と現状を支える鏡かつ化身であった家庭環境へと変容した。典型的なヴィクトリア朝期の中流の生活像を支配していた家庭の価値観は、事実複雑であった。道徳的要求が、社会的な見せびらかし(social display)への需要をいかにやわらげてきたかをこれまでみてきたが、女性が趣味を実行に移すことになるときは、この需要がヴィクトリア朝期の「家庭の天使」に影響を及ぼす唯一の矛盾する力とはならなかった。それ以上に、女性は家庭を外界から守られた聖域にしなくてはならなかった。つまり肉体的にも精神的にも何ものにもおびやかされない、なおかつあらゆる害悪を作らない快適な環境を供給しなければならない。同様に、ヴィクトリア朝中期の主婦が重要視し、また求めたことは、ファッショナブルな服装をしていることをみせることであった。ある状況の下では、流行の服は快適さを妨げた。なじみのない「目新しさ」はときに精神的な不快感を引き起こすことになった。主婦はこの緊張を緩和しなければならなかったし、家に持ち込んだ品物や装飾品がいかなる不安をも与えないようにしなければならなかった。相反した要求により、困難な決定をしなければならなかったのである。趣味を実行に移し、消費すること、つまりモノの消費を系統立てて行うには、必ずや多大な時間とエネルギーが費やされた。つまり、怠惰で暇なヴィクトリア朝期の妻という広く一般に知られた通念は、現実というよりむしろ神話であったといえる。(28)

家庭礼賛について語る人の多くは、モノがモノそのものとして、あるいは美的に、いかに表現されてきたかという点に関しては無視してきた。ダヴィドフとホールは「中産階級家庭の創造」という章を設け、郊外住宅での庭の重要性を概観し、家庭のインテリアの様子について一般的な観察をしている。

一八三〇年代までには一連の修正と追加が快適さとジェンティリティを添えたことは疑いない。明るさと空間を好んだ一九世紀の趣味は、中期からヴィクトリア朝後期、重々しい装飾でごった返したような趣に変わっていった。カウパーの貧弱な家庭、ソファ、よろい戸、紅茶沸かしは、今や絨毯、カーテン、リデザインされた鉄格子、マホガニーの家具、壁紙、チンツのカバーや寝台の骨組みへと発展していた。(29)

しかし、これは単に印象を記述したものであり、趣味が変化した理由を説明していない。当時の家庭のマテリアル・カルチャーと労働における支配的なイデオロギーとの関連に目を配っていないのである。家庭礼賛と家庭の物質的あるいは美的文化のダイナミックな二方向の関係を理解するには、思考がいかに形体や環境に翻訳されていったのかを確かめるためにも、インテリア、そしてスタイルをよりしっかりと見据えなければならない。

たとえば、「快適さ」という考えは聖域や安息地という思考と結びつき、ひいては安全や防衛を示している。具体的にいえば、これは未来や都会をイメージさせるモノより、古いもの、古くみえるモノあるいは伝統的なモノ、過去と田舎風を想起させるモノによって表現されてきた。たとえば、肉体の快適さという思考は、クッション状のもの、柔らかい肌触りや表面、そして柔らかな色彩の組み合わせによって、味気ない幾何学的なものではなくゆるやかなカーブの形とパターンによって、そしてまた視覚的には人工的なテクノロジーによるのではなく自然界を想起させるものによって表現することができた。形、パターン、材質のインテリア環境の言語は、現在もそうであるが、過去においても難しかった。それは趣味に基づいて選択幅を広げてしまう。同様に、趣味はそうした言語を形作るのを助ける社会文化的、イデオロギー的コンテクストに影響されるのである。一九世紀中盤の快適な環境を創造したいという欲望は、必然的に主婦を単独または集合で快適さという言語を語るモノに向かわせた。一度消費がモノを獲得する上で非常に重要な手段となりはじめると、主婦たちは文化イデオロギーが要求する聖域を創造するために、マーケットにある入手可能なモノに大きく頼るようになった。つまり製造、デザイン、販売という供給システムへ依存しはじめたのだ。

生産と消費という車輪が効率よく回転するためには、「趣味づくり」というシステムの潤滑油を補給しなければならない。当時の中産階級にとって、「趣味づくり」の最も見え透いた形は社交界での張り合いであり、より厳密にいえばジェントリ間での競争であった。ジェントリは余暇と怠惰を、つまり、富を目立って連想させた。社会的ステータスを誇示する行為としてモノを飾るというアイディアはおそらく、従来の貴族が行ったアンティークなどを蒐集し、ショーケースに並べることへの熱狂にかなり由来していただろう。ダヴィドフとホールは以下のように述べている。

住まうことと家具などを備えることに気を配る理由のひとつは、明らかにジェントリ間の対抗心に由来する。たとえば、専門職についている人を訪ねるとき、あるいは地方弁護士が書類作成するために訪問したり、パーティーに呼ばれたときや、医者が著名な患者の往診に行く場合には、上流階級のスタイルを気づかい、それを真似た。地方ジェントリの家庭は、選ばれた公衆に定期的に公開され、たとえ中産階級のサイドボードをエレガントに飾るのが純銀の器ではなく電気メッキであったとしても、お手本にすべき趣味を垣間見させる機会を作った。(30)

対抗心が厳密な模倣となることは稀で、ほとんどは大まかな模倣をしたにすぎなかった。このように、モノのことばは、ひと目見て持ち主の社会ステータスを知らせる通語となったのである。

ジェントリの対抗心に加えて、一九世紀の趣味づくりの他の形態には、中産階級の女性社会での振る舞い方、家や庭の飾り方に関するマニュアル本や雑誌が欠かせなかった。大英帝国では、一八三五年初版の『家庭経済誌』を皮切りに、ピール夫人の『家政読本』(一八六一)、『イギリス女性誌』(一八五二)、一八八〇年代初頭の『若い女性のための秘蔵本』、ホーイス夫人の『家政術』(一八八九)などが登場した。エリス夫人、ハリエット・マーティノー、ハナ・モアによる家庭イデオロギーに染まった作品は、風景デザイナーであり建築家でもあったジョン・ラウドンの家と庭について書かれた本と同じく、将来的に影響力を持つことになる。

アメリカでは一八五〇年代にアドヴァイスや家庭の装飾の仕方が書かれた本が大量に出現した。これらの本はそれまでに出された多くの書物に追随する形で出版された。たとえば、フランシス・パークスの一八二九年刊『家庭の義務』、リディア・マリア・チャイルドの同年刊行『アメリカの質素倹約主婦』などがあり、なかでも最も影響力のあったものはキャサリン・ビーチャーの一八四一年発行の『家庭経済論』であった。ビーチャーの本は一八六九年に『アメリカ女性の家庭』という新しいタイトルで再版され、これは彼女の妹であり、『アンクル・トムの小屋』の著者であるハリエット・ビーチャー・ストウとの共著である。同じ年にジュリア・マックネア・ライトは『完璧な家庭』を出版した。アメリカでは同時期「家庭小説」が大量に書かれ、家庭礼賛にまつわる価値を強化していった。そのうちのひとつはキャサリン・セジウィックの『家庭』(一八三五)である。雑誌として一八三〇年代から出版されていた『ゴウデイの婦人のためのハンドブック』は、アメリカの家庭に礼儀作法や家具の飾り方について、随時、情報をもたらした。ランドスケープ・アーキテクトであったアンドリュー・ダウニングはアメリカのラウドンと称された。
イギリスでマニュアル本の数が最も急激に増えたのは一八六〇年代であり、チャールズ・イーストレイクの非常に影響力のあった一八六八年刊『家庭の趣味への提言』で最高潮に達する。この時代、女性たちはインテリア装飾を選択するだけでなく、自らの手でインテリア装飾を施しはじめていた。男性もその役割を演じたが、役割は非常に明確なものであったことを、ダヴィドフとホールは以下のように示している。

男性は家庭を作り上げるのに積極的な役割を果たした。……彼らはよく庭を設計し、整備した。ともかく庭は男の領分であった。ワインや本、絵画、楽器や乗り物といった品目の購入は男性の責任であった。家具や絨毯を買うときには妻を引き連れていった。一方、部屋の塗装や壁紙貼りは、女性だけでなく、男性の仕事でもあった。一八二〇年代には、西ミッドランドの鉄工所で働くある土木技師は、住まいの改築の図面を引き、家具はバーミンガムへ、絨毯はキッダーミンスターまで、妻を伴って足を運び、自ら壁紙の貼り替えをした。(31)

趣味はもともと消費に関連していたが、当初は受動的な現象とみられ、より「能動的」な生産の世界と相対していた。しかし、一九世紀の家庭ではまだ続けられていた刺繡のような「女性のたしなみ」を補完する非常に能動的な行為であったといえるだろう。実際に、消費と家庭作りはそれ自体女性のたしなみであり、またこの時代の大半の社会史の記述にみられるような、仕事場における男性の役割を強調しすぎることは、女性の文化像を曖昧にし、一九世紀の生産的、文化的生活における女性の役割を無視しているのだとする見方は議論の余地がある。(32)
これまでみてきた一九世紀半ばの文化を支えた女性の趣味の役割を過小評価するべきではない。女性の趣味は商業および政治といった公的な世界を支え補う原初的な機能を有する家庭領域で、きわめて重要な役割を果たしたのだ。趣味、つまり粗野にならないための技能は、ただ単に目的のための手段ではなく、本来それ自体に価値があった。それは、主婦あるいは主婦の手助けをする召使いたちに、単に実用的なものでなく、美的な活動に携わる時間が十分にあったことを意味した。それゆえに、目に見える形の趣味が社会的に重要なサインとなった。単なる家庭ではなく「美しい」家庭を創ること、労働ではなく余暇の場を提供すること、中産階級のジェンティリティの証を作り出すことが大切であった。一八七五年、アビー・ディアズなる人物が出版したアメリカの主婦の仕事についての記述には、「食卓を整える、後片づけをする、ランプとガス器具をきちんと管理する、ストーブ、ナイフ、銀器を磨く」といったより実務的な仕事の他に、「花を生ける」という仕事が入っている。これは当時の家庭生活では一見「役に立たない」ようにみえる行為が重要であった証拠である。(33)

一九世紀後半になると、ジェンティリティという概念は、廉直さや宗教的な熱意と離れていき、イギリスとアメリカ双方でマテリアルな誇示に転換していった。その結果、趣味はますます主婦の自己認識にとって大切なものとなり、家事に趣味をいかに散りばめるかといったことが、女性の社会的役割や位置を示す上で重要になった。装具類のほとんどは誰もが訪れることのできるマーケットで入手するものだが、これで趣味を目に見えるものにする必要があった。「ジェンティリティの手回り品」である工芸品やインテリアは家庭の理想を表現し、まさに理想を形作る手助けをしたのである。

第2章　「趣味を取り囲むもの」——家庭の美学

「家は確実に秘密を暴露する。」

——エルシー・ド・ウォルフ(1)

趣味はしばしば、人を取り囲むモノによって形成される。家族の趣味は主婦が選んだモノによって形作られる。だからこそ家庭には最高水準の美を整えるというはっきりとした責務がある。……芸術は、日々目にし使っているモノに影響を与えているので、消費者が最も必要なのは、よい趣味に欠かせない原理原則に精通していることである。(2)

右の文章は、一九三二年に二人のアメリカ人の「趣味」アドヴァイザーであるハリエットとヴェッタ・ゴールドスタインが述べたものである。彼女たちの言葉は、一九世紀中葉の家庭を「美しくする」ことが仕事であった主婦に等しく当てはまっているので、一〇〇年早く出版されていたとしても不思議はないだろう。しかしその一〇〇年前には、マニュアル本には念入りな「良い趣味」という言葉よりも単なる「趣味」という単語の方がふさわしかったのである。「趣味」という単語は単独で使用され、「良さ」や「美」を含んでいた。一九世紀半ばには、主婦は趣味が備わっているか否か、その家庭には趣味が現れているか否かで分けられた。こういった趣味に対する一枚岩的な考え方は、選ばれた者だけに趣味やファッションの世界に参加する手段が与えられていた。それ以前の時代に定着したものである。人の地位が所有している牛の数で判断されていた頃に対して、社会ステータスを見せつけるモノの消費力が民主化されるにともなって、支配的な文化の擁護者にとっては、社会的文化的差異の形として、趣味に良し悪しという二つのカテゴリーを設ける必要性が生じた。一九世紀末には、それは明白にジェンダー化されたものを内包し差異を表す手段となった。

ヴィクトリア朝中期、中産階級家庭の女性文化において、イデオロギー的価値は家庭という具体的現実の上にはっきりと表現されるようになった。イデオロギーとモノの関係は、モノのデザイン、つまり公的領域でモノが作られる過程で決定される形状や外観に多くを負っていた。ドメスティシティという女性文化のなかには、人々の生き方というよりは、むしろ期待される生き方への見識を供給する外観と価値のあいだのさまざまな関係性があったのだ。

趣味はモノの消費やその配置、そしてまた家庭を飾り立てる上で積極的な役割を果たした。デザインは需要に消極的に対応すると考えられる。こうした観点を受け入れることは、この時代のマテリアル・カルチャーについての従来の議論の再ジェンダー化を許容し、「趣味」を犠牲にし、「デザイン」を強調することによって傍らに追いやられていた女性の領分を再び重要なものとみなすことになる。とはいえ、趣味とデザインについての議論は必然的に互いに重なり合う。ヴィクトリア朝中期のイギリスとアメリカでは、家庭生活のマテリアル・カルチャーを作り上げるモノ、すなわち主婦が自分の理想の家庭像を表すために選んだものは、大方が家庭の外で作られ、「デザインされた」ものであった。デザインされたものは、一度主婦によって消費され、家庭のなかに運び込まれると、彼女の美的な好みによってセットされたインテリアに組み合わされ、統合される。このような観点から考えると、消費という単語は選択と使用という過程全体を包み込むものであり、趣味という概念は必然的にデザインという概念を補完したのであった。にもかかわらず、一九世紀中葉の中産階級家庭のモノやインテリアの美的性格を分析していると、趣味がデザインをコントロールしており、その逆、つまりデザインが趣味をコントロールすることはなかったようである。

これまでみてきたように、ヴィクトリア朝中期のイギリスおよびアメリカにおける多くの中産階級家庭は新興の郊外に見受けられた。郊外住宅の主な魅力は、家屋についていた大きな庭であった。たとえば、ジェームズ・ラコックは「小さくて快適な家と十分に広い庭」(3)を探した。アメリカでは、一八七〇年代以後に建設された郊外として、クリーヴランド郊外のシェイカー・ヒルズや、フィラデルフィア郊外のチェスナット・ヒル、シカゴ郊外のレイヴンズ＝ウッド、マンハッタン郊外のクイーンズなどがあった。ロサンゼルスでもまた、一八七〇年から一八七七年のあいだに六〇〇〇人から一〇万人が収容可能な六〇の新しいコミュニティが開発された。自然との関わりが新興の郊外住宅の大切なセールスポイントであり、紛れもなく中心的なアピール点だった。自然との関わりは、住宅そのものの材質やデザインにも反映された。たとえば、「絵のような敷地設計、建物の自然の素材は、自然への失われた無邪気さと昔日の静謐への回帰を引き起こさせた」(4)という記述がある。これは「粗い石灰岩、幅の広い羽目板、スギでできた屋根板、石板タイルの緑青」を使い、「自然の色合いに似せた」(5)色彩を加えることによって再現された。郊外の環境に関するレトリックが繰り返し使われることで、都市にはびこる不道徳や圧迫感、商業的生活にともなうストレスや緊張から保護してくれる安全な休息地としての役割が強調されたのである。

大勢のイギリス人を郊外へと向かわせる同じような動きは、アメリカより二、三〇年早く始まっている。ロンドンの人口は一八〇〇年から一八四〇年のあいだに二倍以上になっていた。ヘンリー・メイヒューは一八五〇年に、『モーニントン・クロニクル』紙に「一八三九年以降、ロンドンには二〇〇マイル分の新しい通りができ、以後六四〇五軒は下らない新居が毎年建てられている」[6]と書いた。アメリカの場合と違って、イギリスの郊外生活者は新しい家を所有するよりは借りることが多かった。建築史家のジョン・グローグは新興のロンドンの郊外について、どちらかといえば非難を込めてこう説明している。

ロンドンの東西南北、何マイルも続く通りには単調な家が並んだ。それぞれには鋳鉄の柵と同一パターンの正面門、ごてごてしたゴシック装飾のついた張り出し窓とポーチ、外見の美観をそこなう雨樋と寝室をつなぐ排水管がついていた。[7]

グローグの反応は反ヴィクトリア朝的な風潮のなかで育った歴史家や批評家の世代に典型的なものである。それでもグローグの説明には一理あり、ヴィクトリア朝期の郊外住宅の建設を支えていた中心的価値を浮かび上がらせている。その価値とは、貴族の壮大な田舎の住まいの模倣、そして居住空間には機能的にも性的にも分割された場があるということだ。

グローグは、特にイギリスでもアメリカでも、ヴィクトリア朝中期の家庭が大切にしていた「快適さ」という中心的な概念に焦点を当てた。家庭の快適さという言語は、自然界との関係によって大半は左右された。家庭の外界にあった技術的進歩の領域は、文化という思考に関係していたが、自然の領域ははっきりとその反対に位置しており、失われた無邪気さや、もしヴィクトリア朝期の市民が生活の精神的な側面と物質的な側面のあいだでバランスを維持するならば、保たなければならない牧歌的な田園風景をみせていたのである。皮肉にも、このスピリチュアルな自然へのあこがれは、さまざまな形状でもって自然を喚起させるような品物や装飾品の消費を通じ、明らかにマテリアルな方法で表現された。ヴィクトリア朝中期の家庭の調度や飾り付けは自然を家庭のなかにもたらす役割を果たした。鉢植えや緑でいっぱいの温室を作ることで、文字通り自然を獲得することになった。張り出し窓に花や小さな植物を飾るのにも、同様のねらいがあった。多くの主婦はまた、貝殻や他の天然のモノを装飾品として用いて、「本物」の自然を家のなかに持ち込んだ。キャサリン・ビーチャーとハリエット・ビーチャー・ストウは『アメリカ女性の家庭』で、松かさやコケ、貝殻の額縁、植物用のハンギング・バスケット、つたをはわせたコーニス、シダ用の大きなガラス容器、貝殻、たなびくアービュタス〔ツツジ科の常緑小低木〕、ヒメコウジ〔スイカズラ属の低木〕、といった天然のモノが「持ち込まれ、ひっそりと成長するひとかけらの緑の森」を供給するとして奨励している。(8)

グヴェンドリン・ライトはアメリカのヴィクトリア朝時代の郊外における家庭で、「貝殻や種、珊瑚、博物誌的な他のオブジェの飾り付け」を観察したときに、このような助言が心に留められていることを確信した。(9) 魚が入った水槽とおびただしい数の水草も人気があり、複雑な彫刻家具、自然の形態やイメージから作り出された花綱飾りの施された飾りと同じように、装飾として扱われた。ぬいぐるみの動物もまた、切り株にとぐろを巻く蛇から、より月並みな狩りの戦利品にいたるまで、たくさんの種類が出現した。

ジョン・グローグはイギリスの家のなかや周囲でも、同じように植物に取り囲まれている状態があることに目を向け、当時の装飾へのアドヴァイスを書いた以下のような文章を引用している。

「可能である場合は必ず、家や窓の周りにつる性の植物を配置するべきだ」と『若い女性の秘蔵本』は述べ、加えて「彫刻やフリーズ、化粧漆喰や塗料、見せかけの飾り以上に、自然の緑は家を飾り立てる」といって

ヴィクトリア朝風ドローイング・ルーム．1800—1897年．この19世紀末の重々しいひだのついた，装飾豊かなイギリスの中流階級におけるインテリアには，所狭しとがらくたのような飾りが置かれている．こうした空間は快適さと飾り付けを兼ね備えて使われていた．(ハルトン＝ドイツ・コレクション)

いる。(10)

植物や他の自然物を覆うガラスのドームもよく見かけられた。

ドーム型のガラスケースのなかには、シダや他の植物が、鉤爪や頑丈な台座に載った脚のついた小さなテーブルとともに納まっていた。ウォード箱として知られていたこのケースは、ヴィクトリア朝期の調度としては人気があり、一九世紀半ばに紹介され、一八二九年に偶然ガラスケースのなかで植物を栽培し、運ぶ方法を発見したナサニエル・バグショー・ウォードに因んで命名された。(11)

このような自然を取り入れた装飾は、家庭礼賛というイデオロギーのカノンを支えた。それはまた、それほど遠くない過去と断絶しているのではないという意識を与えた。また、主婦が子供たちに文化を支える価値体系の手ほどきをする教材として役立った。さらに、有機的に家庭の装飾効果が現れる、なじみのある形状や柔らかいものが欠かせない家庭の快適さのイメージを創るのに役立った。

花は紛れもなくヴィクトリア朝期の家庭で最も普及した自然品であった。一九世紀の刺繡に関する記述のなかで、ロジカ・パーカーはT・ジェームズという人物によるある刺繡作家の作品に対する非難を列挙した。その原因は花の表現にあった。「……巨大な花、シャクヤクと同じぐらい大きいパンジー。文字通りキャベツのような薔薇、芳しい香りよりは酸っぱいピクルスを思わせる。優雅に垂れ下がっているハンドベルほどのフクシア」[12]。刺繡は古くから花のイメージに頼っているが、花作りや刺繡はいまだに男性によってなされており、特に女性の領域になったのは一七世紀以降であった[13]。一七四〇年には「刺繡する」と「花を植える」という動詞は同じ意味となった[14]。たとえば、サミュエル・リチャードソンの小説『パメラ』の女主人公は、「ジャービス夫人は夫に私が彼のために刺繡（flowering）しているチョッキをみせた」[15]という表現を用いている。

一八世紀の女性の主なたしなみであった刺繡と花植えの強い結びつきから、花が家政の中心的な役割になっていったことが分かる。花を育て、それを家のなかに持ち込むことは明らかに主婦の役割であった。ヴィクトリア朝中期の家の装飾をみると、花はフェミニニティの象徴を強調するものであるだけでなく、家庭に不可欠な要素となったし、家庭が女性の領域であるという考えを強化した。アメリカの美術史家であるキャサリン・C・グリアはヴィクトリア人の花のシンボリズムへの並々ならぬ関心について指摘している。

家庭のお手本についての章すべては「指輪」か「花言葉」（当時使用されていた用語）の意味を説明するのに割かれている。リチャード・ウェルズの『礼儀、文化、ドレス』は、一八九〇年代にしばしば再版されたマニュアル本であるが、一章に贈り物として贈られる三一八種類の花と植物の意味が記載されている[16]。深紅の薔薇は「はにかんだ愛」の表れであり、アイリスは「憂鬱」のしるしといったように。

自然そのものがヴィクトリア朝期の家庭にさまざまな形でもたらされる場合も、二次元、あるいは三次元の装飾や調度のなかで表現された。トロロープ夫人の中産階級アメリカ人のためのマニュアル本、『アメリカ人の家庭での礼儀作法』には、「花壇のようにみえ、香る小さなテーブル」[17]について述べている。テーブルの表面を覆うように花や葉、他の自然からとったモティーフが精巧に彫られていたに違いない。テーブルや椅子、戸棚、ベッドといった家具は実用的なものであると同時に何かのシンボルであるはずだという思考は、ヴィクトリア朝時代のインテリアと、モノのシンボリズムが女性文化にとって重要であるという認識について考えるときの必須条件であった。表面と構造部分を飾るおなじみの彫りを通して、それらは豊かさと同時に礼節を説く。グローグは「家具の多くは事実、記念碑であった。そして、高浮き彫りが施されていた。花や果物、動物、架空の生き物、人物像がびっしりと脈絡なく寄せ集められており、巧みに仕上げられていた」[18]と説明している。装飾のこのけばけばしい形態を非難したグローグは、期待される環境を作り出すという主婦の根本的役割を無視している。快適さのイメージを構築する主婦たちの能力は、必要なシンボルをどれだけ多く取り込めるかどうかにかかっていた。のちに、「ヴィクトリア朝期の混乱」と非難されたものは、主婦が最大限の能力を発揮し、眼識を働かせて、社会や文化が求める理想を充足させようとした痕跡だったのである。ふさわしい家具が入手できたということは、製造業者やデザイナーがニーズを忠実に理解していたことの反映と考えることができる。

自然のイメージは寝室の壺から壁紙にいたるまで家庭の二次元、三次元のモノの多くの表面にやたらにはびこった。ラインを柔らかいイメージにし、快適さを高めるためいたるところに用いられるパターンには、自然に近いものが好まれ、さまざまなものを典拠にした。テキスタイル、陶磁器、ガラスはすべてこの種の労作を必要とした。これはそれぞれの産業で新しいプリント技術が開発されたことによって可能となった。たとえば、オリンスミス夫人は、「野菜は熱狂的な装飾の対象となった」[19]といっている。一九世紀初期から末にかけて、装飾では必然的にスタイルの変遷が家庭内で起こり、初期は自然主義的であったが、中期には大多数が様式化され、美的に単純化されるようになったのだが、自然界のイメージに取り憑かれた状態は変わらなかった。

家庭的というイメージにとって欠かせないのは、家庭内の親しみがあり、安心できるようなモティーフが与える精神的な慰めである。この考えは、社会の慣習に身を委ね、礼儀にこだわる本質的に保守的な文化を強化した。これは、心はもちろん身体をもやわらげることができる快適さのレベルを通じて伝えられた。ヴィクトリア朝中期のインテリアは、布あるいは皮張りの家具が多数を占めたこと、さらに、プライヴァシー感覚を増し、視覚的にも触覚的にもその場の環境を柔らかくするために、ひだのある布を豊富に使用したことが特徴だった。椅子張り〔詰め物〕の厚みは一八二〇年代にコイルばねが発明されてからかなり増した[20]。コイルばねはマットレスからの発想で、ヴィクトリア朝中期の安楽椅子や長椅子の多くのゆったり弾力性のあるたっぷりとした外観を作り出した。そのゆったり感は身体に快楽をただちに呼び起こす。ボタンをつけることで、その効果は強調され、モノがあたかも自ら張り裂けそうになっているような印象を与えた。チェスターフィールドのソファは一段とすぐれたお手本であった。ロザムンド・マリオット・ワトソンは、このソファのことを「間接的には第一帝政（アンピール）様式のソファを受け継いでおり、どっしりとした快適な寝椅子（カウチ）からエレガントさが消えている。……巨大な針山だと考えれば見苦しくなく、普通の大きさの部屋では象を入れるのと同じぐらい似つかわしくない。ばねと詰め物ではち切れんばかりにふくれている」[21]と描写した。チェスターフィールドのソファは他の多くの似たような「快適な布張りの椅子」とセットで配置された。食卓の椅子から安楽椅子、背もたれは高低いろいろ、腕木のあるものとないもの、男性用あるいは女性用、さらに長椅子にいたるまで種類はさまざまであった。ロッキングチェアにすら同じ快適な仕上がりが施された。

アメリカの家具も同様に、コイルばねや他の技術的進歩の挑戦に応じた。一八七〇年代以降、アメリカではスプリング・シートの椅子張りを売りにした座部が数多く出回った。それらが身体に快適だったか否かはここでは無関係である。その目的は技術手段をもって視覚的に快適さのイメージを提供することにあった。このことからはヴィクトリア朝期の家庭で身体の快適さが実際にどの程度達成されたかということはほとんど分からないとしても、人々がいかに身体の快適さを視覚的にはっきりと表したいと望んでいたかが分かる。グリアは椅子張りのばねを「一八五〇年以降完全に一般的な表現となったソフト感をさらに一歩推し進めた」[22]と描写した。彼女はまた、椅子張りがインテリアの知覚に影響することを強調し、「椅子張りはパーラーの知覚的特徴、特に視覚と触覚に作用する。テキスタイルを用いた調度は感覚世界を柔らかにする。それらは堅い家具の表面の角を覆い隠し、詰め物が座部と身体の接触の媒介となる」[23]と述べた。

「ソフト感」という考えはさらに進んで、さまざまなものにひだのある布地を使用するにまでいたった。一八八一年にジャネット・E・ルーツリーズは「カーテンは実に多くの喜ばしい可能性を隠している。ひだのある布地を使用することで、欠点をうまく隠すことができたり、とがった部分や角を覆い隠すことができたのはいうまでもない」(24)と述べた。イギリスとアメリカの一九世紀中葉のパーラーでは、ヴェルヴェットやダマスク織やレースを、窓やドア、家具にあわせて使った。それは空間のプライヴァシーを強調し、不快感の縮図とみなされた角部を隠す手段とされた。これらの重量感のある布地は音を殺し、光をやわらげ、インテリアにさらなる静寂さをもたらし、洗練度を発揮した。(25)同時にこの重量感のある布地は外界を閉ざすのに役立った。こうして領域の分断を強化したのである。

主要な窓やドアのカバーに加えて、より小さなものも堅い表面をやわらげるため布で覆われ、同一のメッセージ、すなわち快適さを詳細に説明する一体化したインテリアの一部となった。小さなテーブルは絹やヴェルヴェット、綿で覆われ、たれ飾りがつき、さまざまな房飾りまでつけられた。ソファの上にはクッションもある。クッションは一八五〇年から一九一〇年にかけてどんどん柔らかい素材になっていった。棚のたれ飾りはアメリカでは一八五〇年代に始まった。主婦は相当な時間を費やして、針編みでたれ飾りを作り、細部は鉤針編み、マクワリ編みを施した。これらは家庭内での女性の手仕事である。細部へのこだわりや工芸のレベルにみる装飾的なインテリアのアレンジは異常なほどだった。女性はまた羽毛やその他の自然物をあわせて小さな作品をこしらえ、それを針編みのたれ飾りで花綱飾りをつけている棚の上に置いた。こうした小さなアサンブラージュの細部は、同じ部屋にある他の飾り付けのレプリカであった。これは主婦が素材やモノ、あるいはインテリアを個としてではなく装飾全体の一部としてとらえていることの証である。ピアノや椅子といったマーケットで購入するものが家庭に持ち込まれて、主婦が作り出す刺繡や自然物と美的に混ざり合う、さらに主婦がもたらすもろもろの「芸術的」な作品と合わさり形が変わるにつれて、ヴィクトリア朝期のインテリアにおける生産と消費の区別はつかなくなっていった。

グウェンドリン・ライトはこういう類の飾りを創る「モノ作り」のレベルについて、「こうした〔自然の〕モノを彼女〔主婦〕は手作りの品あるいは鉤針編みのたれ飾り、手塗りのキャビネット、丸太作りの家具、陳列ケース、イースターの卵、屛風やリボンや花でごてごてと飾られたイーゼルなどを含む「家にある優美な品々」と巧みに並置させた」(26)と述べている。一九世紀の主婦の仕事として、生産と消費はともに不可欠で切り離しては考えにくいものになったのである。

こうした新たな「消費文化」のなかで、商店で購入し、装飾として利用できる商品が増えていく。ジョン・グローグは例によって侮るような調子で、再度このように説明している。

小売家具店が提供できるものの他に、「工芸品」と分類される高価できらびやかな張り子、小さな置物ブロンズ、ガラス製品、そしてありとあらゆる「雑貨」がぎっしり並んだ商店があった。(27)

一九世紀末、家庭の快適さという考えは東洋にルーツのある「居心地のよいコーナー(cozy corner)」というアイディアに直接の表現形式を見出した。グローグは一八九〇年代からの例を二つ記している。ひとつはロンドンを拠点としていた家具商のオーツマン社の広告に表されている。この例では、コーナーは詰め物がされたコーナー・ソファで作られた小さな環境で、ふわふわのクッションとクレトン更紗の掛け布、そして頭上には装飾的な鏡が備わっており、傍らに鉢植えの植物が添えられていた。もうひとつの例では、「バグダッド」カーテンがそうしたコーナーにひらひらと取り付けられ、カーテンを吊るす棒は金属製であった。このカーテンは、パーラーでの堅苦しい振る舞いから退散してプライヴァシーを守るのだという考えを補強するものであった。

カリフォルニア，サンタ・アナのJ.G.ベイリー家のパーラー．1876年頃．芸術的な古い装飾品で埋め尽くされ，典型的な飾り付け品やカットグラスのシャンデリアやレースのカーテンなどと組み合わされている．この19世紀末のアメリカのインテリアからは，いかにイギリスと似たような空間が大西洋を横断してつくられたかが分かる．（カリフォルニア，サンタ・アナ，バウアーズ文化芸術博物館の好意による複製）

しかしながら、快適さだけがヴィクトリア朝期のインテリアの唯一のねらいでも、主婦が没頭していたことでもない。家庭のインテリアは他にも住人の新しい社会的ステータスを表現する方法として、流行や目新しさというより明確な前向きの世界にも注目した。これにより家庭のマテリアルな美的文化とマーケットのあいだに明白な関係ができた。一八四七年に出版されたシャーロット・ブロンテの小説、『ジェーン・エア』で、女主人公はムーア・ハウスの改装をする際、快適さと流行の微妙な組み合わせを以下のように述べている。

> 私はそれまで皆が使っていた寝室やリビングはだいたいのところは元通りにしておくことにした。ダイアナやメリーが前からあるそこの家具に愛着があることを知っていたからだ。しかし私は帰ってくる二人の歓迎をできるだけ完全なものにしたかった。それにはある程度の新味を加えることは必要で、濃い色のきれいな絨毯にカーテンを新調し、陶器と青銅の念入りに選んだアンティークをところどころに飾り、寝台には新しい覆いをかけ、化粧台に置く化粧箱と鏡も新たに手に入れ、それで家のなかがけばけばしくではなしに新しくなった感

じがした。またそれまで使っていなかった寝室とリビングに、私はマホガニー材で紅の布を張った家具を新たに入れ、廊下にはキャンバスを、階段には絨毯を敷いた。そのすべてが終わるとムーア・ハウスはその季節外がまったく荒涼たる冬であるのと対照をなして、質素ながら明るく居心地がいい場所に思われた。(28)

快適さへの志向は、自然界への郷愁的な興味で安定化させる影響力と、静謐と保護をもたらす不変で心地よい環境を創りたいとの願望を伴っていた。その一方で、流行の世界との関わりは、家庭領域を別の方向に推し進めた。すなわち、変化とはかなさである。自分が流行の気まぐれを理解し、スタイルの変化についていくことを示すことで家族の社会的ステータスを示そうとする主婦は、次に何がくるかを見定めるために、趣味を作り出す出版物や仲間の家庭にたえず気を配っておかなければならなかった。

「モードの体系」のルーツは商業資本主義制度にあった。(29) これはまず第一に、かつ最大限に女性の衣装によって、次に調度品や装飾品の形で表現された。流行は変化と同義であり、その機能は社会的でもあり、イデオロギー的でもある。加えてそれは個人および集団に代わって行動する。(30) 家庭礼賛という社会的文化的要求が、家具備品類のモードの体系への参加を余儀なくさせた。このことによって中産階級はジェントリを見習い、そしてヴェブレンがのちに「顕示的娯楽」(31) と呼ぶことになるしるしを誇示することが求められた。流行に参加することは、欠乏の世界に距離をおき、贅沢の世界にふける力があることを意味した。

一八世紀までに衣装のジェンダーは特別な意味を持つようになっていた。そして工業化にともない、男性はファッショナブルな衣服を身につけることをやめはじめ、代わりに貴族やジェントリの仕事用の服が基となった標準化された制服のようなものを着るようになった。(32) モードを誇示としてとらえる考え方は、今や女性が特権的に追求するものとみなされた。一九世紀から二〇世紀を通じて、男性は明らかに流行に加担し続けたが、これ見よがしでないやり方になっていった。しかしながら、女性といえばもっぱらファッショナブルな誇示と結びつけて考える文化的なステレオタイプと、そのつまらない没頭に対する女性文化への非難は、この時代に生まれている。女性はモードの体系のなかで役割を演じており、男性はそれとは別の領域で行動しているのだというこのステレオタイプは、二〇世紀のジェンダーと不平等性を定義する際に非常に大きな影響を与えてきた。

一九世紀には衣服のジェンダー化におけるこうした変化は分業の出現と同時に起こった。フェミニティという新しい概念を創造するために、女性とファッショナブルな衣服が結びついた。そこではドメスティシティもまた重要な要素となった。ファッショナブルな誇示の形態としての衣服から顕示的娯楽の明示としての調度や家屋の装飾へと移行するのに時間はかからなかった。ちょうどモード産業が女性消費者にだんだんと集中していったように、家屋の装飾産業もまた必然的にそれに従ったのである。

マテリアルな、あるいは美学的な意味からすれば、これは非常に複雑な問題であった。家族のために家庭を創造していく上で、中産階級の主婦は自分のイメージを自分自身と他者の双方に伝達していた。同時に自分をある社会集団のなかに位置づけ、他の社会集団と相容れない位置に身を置くこととなった。飾り付けという言語は分かち合うものであると同時に分かち合えないものでもあり、創造されたものは労働と歓びの混合したものであった。これまで、自らのアイデンティティを構築し、自らの家族の社会的向上心や達成度を自分たちの仲間や他者に伝える手助けとなる家庭の細部にわたる装飾を作り出すときに、女性がいかに自らの美的感覚を発揮したかを考えてきた。グローグは非難がましく次のように記すとき、まさにこの点に焦点を当てている。

男性たちはおそらく家庭はいつも高価な新案物によって混乱させられていると不満を述べたことだろう。たえず新しい流行が侵入してきて、棚や腕木やテーブルは装飾小物や贅沢品、「時計、小像、蠟細工の花、雪花石膏その他の装飾品や骨董を覆い、保管するための」ガラス屋根で守られた「芸術的細工」の数々でごった返している、と。(33)

グローグは「芸術的細工品」というものを強調しており、実践にはほとんど実用的価値がなかったが、女性が趣味を表す際の要のひとつである非常に高いレベルの美的価値はあったことが分かる。

ヴィクトリア朝期の主婦にはインテリアにおける飾り付けの重要性を強調するための方法がたくさんあった。モノ、パターン、色、表面の装飾の量そのものでみせるのがひとつの方法であり、一方で特定のモノに注意をひかせる方法もあった。飾りはもっぱら視覚的効果をねらうものであった。カットグラスのデキャンタは光を反射し屈折を起こしたし、よく磨かれた金属や木目は注意を引きつけた。新しさには非常に魅力がある一方、明るい色彩や豊かな質感もまた眼を引き付けた。新しいアニリン染料は特にまぶしいほどキラキラと輝く効果をもたらすのに有益であった。

以上みてきたように、快適さと飾り付け（ディスプレイ）とは、しばしばヴィクトリア朝期の主婦を二つの異なった方向へと引っ張り、趣味の行使という課題を生み出した。こうした相違する要求の文化的ルーツはまったく別個のものであった。(34)快適さへの要求は本質的にイギリスとアメリカのものであったし、流行に対する希求はエレガンスと洗練が時代の風潮であったフランスにその源があった。後者とともに、特に一八四〇年代以降のアメリカでは、ヴィクトリア朝期の中産階級に金箔とパステルカラーを紹介した一八世紀フランスの趣味に由来する美的語彙も使われるようになった。アメリカの家具デザイナー、ジョン・H・ベルターの作品には「ロココ・リヴァイヴァル」と呼ばれるものの特徴がうかがえ、その後広く模倣された。この流行はアメリカの多くの社会コメンテーターたちによってある種の矛盾する感情をもって受け止められた。コメンテーターたちのひとりにハリエット・ビーチャー・ストウがおり、彼女は一八七一年に『ピンクと白の圧制』を出版し、フランス趣味の流行に焦点を当てた。それにはロココ式のインテリアについてこのような描写がある。

家は見栄えよくきらきら輝いていた。金箔をかぶせられ、フレスコ画が描かれていた。ポンピドー風であり、ルイ一四世、ルイ一五世風であり、ありとあらゆるフランス風であり、かわいらしく、きらびやかで白くピカピカ光っていた。(35)

この明らかにフランス風の趣味は、金箔とパステルカラーに関係し、家庭のインテリアに装飾を陳列する理想的な手段の代表的なものとなった。こうした美的な策略が最も色濃く出たのがパーラーである。パーラーと寝室が、女性文化とそれにともなう美的価値観が自由に振る舞える領域であったのだ。パーラーは最も実用性に乏しく、家の空間のなかで最もシンボリックであり、社会的な儀式がよく行われる場であった。装飾陳列はダイニングにもあったが、ここは主に男性の領域であり、装飾は抑制された。ダイニングの飾りは「狩猟という男性的なイコン」によって支配された。(36) しかしながらパーラーでは陳列は装飾豊かで流行や目新しさが幅を利かせた。パーラーは「主婦が家族のとっておきの所有品を見せびらかし、客を感動させ、子供たちに美と洗練という普遍的な原理を学ばせようとする」(37) 場であった。

パーラーは一連の標準的なモノからなる視覚言語を通じて情報を発信した。一九世紀前半には、モノのなかに絨毯や窓のカーテン、応接セット、凝った椅子、センターテーブル、ピアノ、マントルと無数の小物が含まれた[38]。これらの要素は必然的にさまざまな形態をとったが、人々の社会的ステータスが持つシンボリックな意味を読み取らせるために、普遍的なパターンだけは堅持しておく必要があった。微妙なヴァリエーションはそれぞれ、初めて耳にしたとき話者の社会的文化的立場を吐露する方言であった。装飾小物の飾られ方は、パーラーの精巧さないしはその反対と結びつき、訪問者に住人の実際の、あるいは住人が求める社会的ステータスを示す直接のサインとなった。

パーラーは総合美として機能しなければならない。調度類はすべて同時に備えつけられたようにみられる必要があった。そうするために、主婦には多くの知識が求められた。マニュアル本や受け売り情報が広く出回る以前には、アメリカで初めて家庭のパーラーのモデルとなったのは、ホテルや蒸気船、列車や写真スタジオにある商業用のパーラーであった。一八三〇年から一八八〇年のあいだにアメリカでは家庭用品の大量生産と大量消費が拡張したが、この時期になり、中産階級の主婦たちはこうした商業用環境のパーラーを見習うことができるようになっていった[39]。

パーラーのすべての家庭用品と装飾は、伝統的な装飾芸術にルーツがあった。快適さや飾り付けが最も重要である家庭という空間には、テクノロジカルな新機軸はほとんど持ち込まれなかった。確かに、テクノロジーはキッチンで駆使されることにはなったが、主婦にとってキッチンは重要な表現領域ではなかった。キッチンは本質的に実用の場であると考えられ、本来召使い（たち）、あるいは、主婦が、社会的な儀式というよりはむしろ仕事に専念しなければならないときに、居住する空間であった。「ジェンティリティの手回り品」のある外部よりもむしろ内部を一変させたコイルばねやその他わずかの発明品を除いて、当時パーラーでみられた唯一の技術刷新的なものはミシンであった。シンガー社が一八五〇年代に初めてミシンを売り出したとき、競争相手のウィーラー・アンド・ウィルソン社のような成功にはいたらなかった。なぜなら後者のモデルはより軽く、小型で、単純であり、家庭向けのマーケットに魅力的に映ったからである。ウィーラー・アンド・ウィルソン社のミシンは黒い漆塗りの金属本体に金箔エナメル塗りの花が描写され、ロココ風の装飾がつけられた。それは明らかに新しい技術獲得を「見せびらかす」ことができた主婦の注意を引きつけるものであった。シンガー社はこれに応じるために一八五八年に似たような装飾を施した家庭用モデルを売り出した。こうして二社は家庭領域に工業の進展を持ち込む手段を見出したのである。

真の躍進は、ミシンが家庭に置く機械としてふさわしいということを強調した広告キャンペーンにともなう低価格化から起こった。一八六七年の流行タイプの図版では明らかに中産階級のパーラーと思われる部屋にウィーラー・アンド・ウィルソン社のミシンが登場している。一八五八年のシンガー社の「新家族《ニュー・ファミリー》用」ミシンはペダル式で、作業台の上部は金属製だが、葉で覆われた枝に似せた精巧な作りとなっていた。紹介パンフレットでは以下のように説明されている。

数カ月前から、わが社は皆さんの趣味がもっぱら家族の目的にかなったミシンを求めていらっしゃるという結論にいたりました。より小さなサイズで、より軽く、よりエレガントなフォルムのミシンを求めていらっしゃる。そしてパーラーあるいはご婦人の私室の美しい飾りになさるために、最高の芸術スタイルで装飾されたミシンを求めていらっしゃるのです。(40)

「趣味」「エレガント」「芸術」ということばを使用しているのは明らかにミシンをフェミニニティと家

庭の飾り付けという考えに沿わせたのである。この女性の家庭に対する美的価値観をミシンに融和させようとする明白な試みは、目新しさや流行の誇示が女性の領域で果たす役割を製造業者が十二分に理解していたことを実証した。

流行に従うことは、当時の家庭領域ではひとつのスタイルがすばやく別のものに取って代わることを意味した。一八五一年にロンドンのハイド・パークで開かれた万国博覧会や一八七六年のフィラデルフィア博覧会などの大規模な博覧会を含む趣味作りが広がるのに影響を受け、たえず表面的な変化が生じた。

広く流布していた中産階級の家庭の表現形式のなかで根本的なスタイル上の変遷があったのは、一九世紀後半のことであった。「唯美主義」と呼ばれる運動が、それまでは一般に世紀半ばの「過剰」と考えられていたものの、部分的な修正を引き起こした。家具はより軽いものになり、パターンはよりスタイリッシュになり、色調は変化し、そして新しい影響、とりわけ東洋の影響が目立つようになった。しかしながら、家庭とつながるイデオロギーが関与する領域では、実質的な変化はみられなかった。いろいろな面でこの新しいスタイルは単純に美的な感性の変遷とみることができるが、他の新しい流行は単に視覚的な快適さと飾り付けの明示方法の変化にとどまった。「芸術」はより顕著にその姿を現したのだが、ヴィクトリア朝期の主婦の期待はそうではなかった。

しかしながら、このとき二つの大きな変化が確実に表面化した。ひとつは、イギリスでもアメリカでも中産階級の女性が目に見える形で家庭の装飾に参加するようになったことである。実際、ひと握りではあるが、女性が家庭装飾家としてプロの道に入り、領域分割を侵食しはじめたのである。そして、もうひとつは中産階級の主婦とその趣味に向けられる批評のレベル、つまり家庭の美的価値観およびその価値観を作り出したのは女性であるという含意から生まれた「不快さ」に根ざした、一九世紀の初めの何十年間かに俎上にのぼった批評が説得力を持ちはじめたということである。一九世紀末までには、「デザイン改革」運動と呼ばれることになる運動によって、「グッド・デザイン」の一連の基準が定められるようになった。これは趣味の問題を巧みに回避し、マテリアルな世界に関わるあらゆる議論を生産という男性領域に位置づけたのだった。

第3章 「あの途方もないひだ」──家庭らしさを競う

「我々は……ひとつの趣味をパーラーに、別の趣味を仕事場にと持つことはできない。」
──チャールズ・イーストレイク(1)

イギリスのデザイン改革者でありデザイナーであるチャールズ・イーストレイクが著作を出すころには、私的領域と公的領域の分割は、趣味と家庭というアマチュアの世界と芸術とデザインというプロの世界との分裂をも引き起こしていた。後者は公的で、男性の支配する組織機関を活動領域としていた。そのなかにはロイヤル・アカデミーや芸術協会、国立博物館やギャラリー、デザイン学校などが挙げられる。一方、前者は今までみてきたように、閉ざされた私的領域に属し、その範囲は宗教的信念や社会的ステータスによって決められた。結果として、特に製造品に関わる美学についての数多の公的な議論は、家庭の趣味の低水準と改良の必要性についての男性側の告発を導く傾向があった。必然的に、彼らの攻撃の矛先は主婦兼消費者としての女性の能力に向けられた。

家庭の趣味が低下した責任は明らかに女性にあると考えるイーストレイクは、そのような改良を求めた。

家庭生活のなかの親しみあるもののデザインの良し悪しを区別する能力は、教育を受けた大半の人──特に女性──が自分たちに備わっていると考える能力である。その能力がどのようにして獲得されるか、ほとんどの人は説明できない。一般的には、それは特別に立派な血筋から受け継がれていて、あらゆる訓練とは関係がないといった印象がある。一方で若い女性は学校であるいはガヴァネスの下で、一日のとても長い時間を音楽に、語学に、一般科学に費やすが、その間無意識に私たちが趣味と呼ぶ美的感覚を養っているように思われる。この感覚が一度培われると、特別に勉強したり、経験に頼らなくても、あらゆる面で魅力を正しく評価できるだけでなく、芸術製作のメリットを正確に見積もることができるようになるとも考えられる。この効果が積極的な説得力を持つほど広く受け入れられたということは、育ちのよい女性が非難を浴びないように警戒する点はこれ以外にはないという事実から推論できる。私たちは、不快感を抱かせずに、女性の政治に関する意見を非難したり、筆跡のあらを探したり、ラテン語の発音を直したり、お気に入りの著者をけなしたりすることができる。しかし、大胆にも女性の趣味に異議を唱えれば……間違いなく感情をそこねることになる。しかしながら、一般の無知な人々のあいだだけでなく、この国の最高の教育を受けた人々のあいだでも、まさにこの点が一般に不足しているのは、嘆かわしい事実なのである。(2)

女性の趣味が誤って導かれていると確信しているイーストレイクは、高飛車かつ滑稽な調子でこう責めているが、このような意見は当時典型的なものだった。実際に、多くの主要な「改革者たち」はイギリスにおける人々の趣味の低下が認められる点は、ことごとく家庭を飾り立てる義務を持った女性たちが従った「誤った」装飾基準に原因があると考えた。

しかしながら、人々の趣味を改良したいという気持ちは、孤立したものではなかった。一九世紀初期のイギリスでは、他国からは、イギリスにナショナル・アイデンティティを与え、また国際貿易におけるイギリスの地位を高めるための試みの一環としてこの改良プログラムがけしかけられているようにみられていたのである。一八三〇年代および四〇年代、イギリスは産業革命以来初めて貿易不振に陥り、政府はその原因を調査する。イギリス政府はただちに国際市場での、とりわけこの分野では「すぐれている」とみなされているフランス製品と比較して、イギリス製品が劣勢である理由の一因として「デザイン」を取り上げた。

一八三六年に、この問題を調査するために設立された政府の特別委員会による報告書が公表された。委員会は「自国の人々(特に製造業者)に芸術への知識とデザイン原理を広げるための最良の手段」[3]の調査に着手していたのである。この調査は広汎な人々から証言を取る必要があった。そのなかには建築家やデザイナー、製造業者、制作者、装飾家らがいた。この段階での調査では、消費より生産に注意が向けられた。証言者の多くは、芸術と製造業のあいだの亀裂を問題にした。そこで、これを改善する試みとして、委員会はフランスやドイツのシステムを見習って、新しい教育機関を設立することが勧められた。「デザイン」学校(デザインという言葉はイタリア語の disegno すなわち「製図」からきており、ここではその元の意味で使用された)には、技術にすぐれた芸術家やデザイナーが供給されはじめ、イギリスの貿易品の美的水準が高まるだろうという期待が込められて、主要な製造地域に設立された。[4]

委員会から質問を受けた証人のなかには、非熟練デザイナーよりも教育を受けていない消費者に問題があるのだと指摘する人がいた。ジェネンズ・アンド・ベトリッジという工場の代表で、パピエ・マシェ製造業者のサミュエル・ワイリーは、「大衆の趣味はひどいものだ。私は彼らに最もすばらしいデザインや最良のできのものより、最も粗悪な品を優先して売ることだってできるだろう」[5]と不満を述べている。同様の意見が小売業者のJ・C・ロバートソンによって強調された。彼は「客の趣味」でデザイナーが働かなければならない事実が問題の核心だと感じていた。[6]この問題を指摘された委員会は、博物館や図書館の利用、展覧会への参加を勧めることになった。この勧誘の直接的な成果の一例として、「良い」デザインと「悪い」デザインの違いを示す陳列を意図した公立の装飾美術品コレクションが設立され、物議をかもした(7)。

最良かつ最適な趣味の裁決者としてのプロの建築家やデザイナーの役割、そしてまた人々に「最も良い」デザインの実例を紹介する手段として政府が資金を出している博物館や展覧会の役割も問題にはならなかった。特別委員会の報告書を支えた「グッド・デザイン」の基準は、一度も表立って問題にされることはなかった。デザインには一貫して確固とした「基準」、つまり、あらゆる品物を評価し、鑑定することができ、実際にはそうするべき美的カノンがあると考えられたのである。こうした基準を、イギリス国民は当然理解し、趣味と消費に関する決定の基準として活用するべきだと主張された。そうすれば、製造業者、デザイナー、小売業者は消費者が作り出す新しい需要に応じるであろうし、イギリス製品の美的水準は上がるであろう。結果としては、この製品は国際市場で一層の競争力を持つことになり、イギリスの経済状態を改善するのに役立つであろうと考えられたのである。

この一見論理的にみえる計画の問題点は、二つの価値体系——すなわち、公的な男性領域の価値観と私的な家庭という女性の世界——が働いて、非常に異なった方法で美的水準に影響を与えるという事実を考慮しなかったことである。さらに、消費者、その多くは後者の領域にいた人々であるが、彼女たちに前者に属する人々が作った「グッド・デザイン」の基準が正しいものであると説得するのは容易ではなかったであろう。同様に、製造業者と小売業者を説得して、彼らが考えている収益への最短ルートから外れさせるのは困難だったであろう。

その結果、政府主導の成果は、望まれていたような大衆の趣味を急に変える状況にはいたらず、代わりに一九世紀中葉のイギリスでの趣味に関する議論に、新たに体制が是認した要素を注入した高度な文化運動を形成した。この文化運動の制度上の基盤はデザイン学校と新しく作られた博物館からなり、両者ともデザインの水準と大衆の趣味を高める必要性について、大衆を説得するよう目に見える形がとられていた。一八四九年に創刊された『ジャーナル・オヴ・デザイン・アンド・マニュファクチュアズ』誌が独自の意見を述べる場となり、雑誌は有力な個々のグループによって継続された。この人たちは全員、文化運動の形成に関わり、「デザイン改良」の必要性への責任を共有したのである。そのなかにはアルバート公やソサエティ・オヴ・アーツの会長などの影響力を持った人物がいた。その他サウス・ケンジントン博物館長のヘンリー・コールや、元官立のデザイン学校講師で、のちに科学芸術省の芸術検察官、続いて女王の絵画鑑定士となったリチャード・レッドグレイヴも重要な役割を担った。また当時の卓越した建築家も含まれ、そのなかにはオーウェン・ジョーンズとA・W・N・ピュージンがいた。ピュージンはジョン・バリーと共同で、ウェストミンスター宮殿を建設している。著名な作家、美術デザイン批評家もいた。なかでも代表的な人物といえば、この主題に関して多くの著作のあるジョン・ラスキンや、一八七八年にはナショナル・ギャラリーの管理者兼長官になっていたチャールズ・イーストレイクである。さまざまな方法でこれらすべての人が、自分たちの考えを公表するために、論戦的な著作や建築、デザインの実践、政府の報告、教育カリキュラム、博物館の陳列、企画展を通して改革者伝道の役割を負った。

従来の比較的単純な消費と生産の状況、つまり、製造業者とデザイナーが消費者の需要に合わせるといった競争のないやり方は、この段階にいたり、デザインの標準領域に高度な文化的強制が加わることでより複雑になっていた。新しい状況下では、ジェンダーが重要な役割を果たした。

デザイン改良家の複雑な議論は必然的に互いに相争うものになっていった。たとえば、いわゆるコール・グループは製造業に携わるデザイナーの考えを援護したが、一方ラスキンは時期的にはやや遅れて著述しているが、一九世紀後半にアーツ・アンド・クラフツ運動の支持者となり、全工程をひとりで仕上げる職人の仕事により高い価値を認めた。デザイン改良運動の主唱者たちは一八三〇年代から世紀末にかけ二世代目、三世代目にわたって一様に、一般的なイギリス国民の趣味を非難し、改善方法を模索した。ほとんどの場合、彼らは趣味を家庭環境に位置づけ、そこに改良の必要性を納得させるに十分なおぞましさを認めた。このようにして、彼らは芸術やデザイン、建築の実践や評価の改善に貢献しているさまざまな団体を通して公的領域で活動していく一方で、再教育して「良い」消費をするための「正しい」尺度を理解させるために私的領域にも訴えかけた。

そのようにアピールしていくなかで、彼らは攻撃の的を当時の女性文化を支えていた女性らしい趣味というイデオロギーを成り立たせているものと、その美的表現に集中させた。おそらく気づかないうちにだが、女性の趣味を筆頭とする女性文化に対する彼らの非難が原因で、女性文化は現在のような傍流へと追いやられることになったのだ。

最も騒々しい攻撃は、家庭のインテリアにある流行、目新しさ、飾り付けの役割に対して、さらにはそれらが絶え間なく存在していることに重きを置く女性らしい趣味に対して向けられた。これはとりわけ新しいことではなかった。女性は長いあいだ、虚栄心や外見や流行が頭から離れないということで、攻撃を受けてきた。こうした女性の特徴に対する侮辱は、宗教的、政治的あるいは哲学的なことばを借りて表現されてきた。たとえば、一八世紀に起こった奢侈論争は、ジェンダー化された要素を強く反映していた。贅沢ということば自体がしばしば「彼女」と擬人化されたのである。贅沢は歓びを受け入れ、実用性をはねつけるが、きわめて女性化されたものとして認識され、女性たちは、一八世紀の新しい奢侈品の主たる消費者だとみなされた。

ジョン・フォスターが絨毯に俗物根性に訴える要素を付け加えるために、ベクティヴ伯爵夫人を利用したり、ウェッジウッドが自作の陶器を社会的にも名声あるものだという印象を与えるためにデボンシャー公爵夫人を用いたとき、これは彼らが解放しようとした潜在的な欲望のようなものであった。彼女たちは実物を目にして「欲望という感染症」にかかった客なのであった。(8)

一八世紀の美学分野においては、イマヌエル・カントもまた『判断力批判』のなかで、「女性らしいやり方と趣味」は単に道徳に対しての心構えであって、それは男性らしさと結びついていると述べ、ジェンダーによる階層という思考を強化している。カントは「趣味もフェミニティも経験を整理し、形作るに十分な原理とはならない」(9)という主旨のことを意見した。カントの視点は、理性の力は本質的に男性に帰するもので、女性は広く「非合理的」なものと関連しているとする科学的合理主義という時代風潮のなかで一般に信じられてきたことと一致している。

関心のあるのは本体よりも表面であり、普遍性より一過性のもの、実用より見た目、不可欠なものよりは本質的でないものという女性とその趣味像は、一九世紀の改革者の批評に幅広い文化的枠組みを供給した。一九世紀のデザイン改良家たちが美的水準が低下している原因のひとつに女性の趣味を持ち出した底流には、自分たちの価値観の方がより広く、歴史的にもより深遠な文化的言説をもって実証されているのだという考えがあったのである。

女性の浅慮という発想は中心テーマとなる。たとえば、ピュージンの一八四三年のコメントでは「善意

スイカズラ模様のチンツ．非常に装飾豊かで，自然主義的な花柄であったため，この布地はヘンリ・コールがデザインの「誤った原理」の例として，1851年の万国博覧会出品作のなかから選んだ．

あるご婦人は、仕事部屋や、化粧台、そしてバザーで入手した装飾小物はすべて神の祭壇へと移す。結果は哀れである……かわいらしいリボンや陶器のポット、お気に入りの小さな安ピカ物、造花、あらゆるくだらないものが無理やり押し込まれる」[10]と述べている。特に彼の攻撃の標的になったのは教会の刺繍のありようで、彼はそれが、うすっぺらさ、浅薄さの運び手である俗世のフェミニニティに影響されていると考えていた。ピュージンのゴシック様式への深い傾倒は、建築とデザインを世俗的、家庭的、そしてマテリアルな世界から切り離し、より精神的で普遍的世界へと導く手段であった。

ピュージンの考えは次代のデザイン改良家によって何度も繰り返し唱えられ、のちの「モダン」な建築およびデザインを形成する過程で多大な影響を与えた。[11]ピュージンのご婦人方の「装飾小物」への否定的な言及もまた浮上し、特にイーストレイクの『家庭の趣味への提言』には以下のように明確に示されている。

この章の初めで、「装飾小物」は通常書斎からは追放されていると述べた。私は、現代のがらくたで作った異質な寄せ集め細工は、「陶器の装飾」その他さまざまな名前の冠してあるものを筆頭に、パーラーや女性の私室に運び込まれているということをいいたかったのだ。[12]

少し後の方で、「パーラーの趣味」が再び攻撃の対象となっている。

改めて述べる必要もないが、数年前、若い女性のあいだで非常に流行していたいわゆる「装飾的」な皮製品――彼女たちはそれを腕木やバスケット、額縁を作るのに用いていた――は刺繍や絹織物、その他パーラーに求められたものと同様、趣味の原理のまさに正反対にあった[13]。

女性たちのアサンブラージュとアマチュア的な創作努力は、彼女たちの美的知識と技術の欠如の表れとしてひと括りにされた。ドローイング・ルームやパーラー、ブードワ〔婦人の私室〕はこうした逸脱がよくみられる場と考えられ、それゆえに非難された。リチャード・レッドグレイヴも同様にパーラーについて非難している。

彼（家具デザイナー）が最初に考えなければならないことは、用途に完璧に適用できるかということである。このことは強調する必要もないほど自明であるが、今日のパーラーを訪れると、途端に真実を悟らされる。というのも、そこにはこの規則にまるで反したものがたくさんあるからだ[14]。

パーラーのシンボリックな役割に妻ほど介在していていない男性のデザイン改良家にとって、そこは異質な領域であった。実際に、領域の分断によって、当時男性はなかに入れないような経験を多くしている。理解できないことを認めるよりも、彼らは分からない、理解できない、そしておそらくはそれ以上に脅威を構成しているものを非難する方を選んだ[15]。ピュージンの作品を知り、同じようにゴシック様式を好んでいたアンドリュー・ジャクソン・ダウニングは「パーラーが彼にむかつきの発作をもたらした[16]」といわれている。一方ラルフ・ワルド・エマーソンは、おそらくは当時最も影響力のあったアメリカの思想家であるが、「質素な生活と高邁な思考」という理想を追求しており、彼もまた家庭の飾り付けやモノにとらわれることを非難した[17]。

ダウニングもジョン・ラスキンの仕事に影響を受けた。ラスキンの叙述のなかにデザイン改良の名の下で、女性とその趣味に向けられた強い感情がいくつか見受けられる。たとえば、彼の悪名高い講演である『女王の庭について』で、性別の役割分業と分断された領域での女性のふさわしい居場所に対する意見を明確にし、「女性は男性を助ける者として作られた」と述べた。さらに、「女性が若者を監視し、教え、導かなければならない」と語っている。男女の本質的な違いに関しては、

両性はそれぞれ相手の持たないものを持っている。一方が他方を補い、また補われる。両性にはまったく似ているところがなく、両者の幸せや成熟は一方が他方にしか与えられることのできないものを要求し受け取ることによって得られる。ここで、男女で異なる特徴を簡単に挙げてみよう。男性の力は行動的で、進歩的、そして守護的であること。男性は際立って実行家であり、創造者であり、発見者であり、擁護者である。男性の知性は思索や発明に向いている。戦争が正当な場合、征服が必要な限りにおいてであるが、男性の精力は冒険や戦争、征服に向く。しかし、女性の力は統治にあり、戦闘向きではない。女性の知性は発明や創造にはなく、思いやりある秩序や調整、決定に向いている。女性はモノの特性や主張や置き場を会得している。[18]

同じ講演の後の方で、ラスキンは家庭を安らぎの場とする考えを強調し、「家庭は平和の場である。あらゆる危害からのみならず、あらゆる脅威、不安、分裂からかくまってくれる場なのだ。……家庭こそ女性のいるべき場であり、力の発揮できる場であると私は信じている」[19]と陳述している。

この講演のなかで、彼は女性の教育に必要なものは男性とは必然的に異なるという信念を正当化している。『女王の庭について』だけをとってみても、男女の本質的な平等を奨励する一方で、男女の「本来」

の違いを述べているように思われる。ラスキンの趣味とデザインの基準に関する議論に目を向けて初めて、彼が家庭のフェミニニティについて実際にどんなことを考えていたかが分かるのだ。

カットグラスで作られたもの、一般には「クリスタル」と呼ばれているのだが、ダイニングルームのサイドボードに置かれたデキャンタやコップ、ぴかぴか光るテーブル用品、パーラーや玄関に吊るされたシャンデリアは、ヴィクトリア朝中期の家庭で最も効果的な飾り付けのアイテムであった。こういったクリスタル製品は、光を反映したり屈折したりできることで人々の目をくらませるような輝きを生み出した。デザイン改良家はしばしばそれを悪趣味の典型として引き合いに出したのである。イーストレイクはラスキンの講演から約一〇年後、クリスタル製品を彼が最も非難するところの顕示の兆候のひとつとして他のものと切り離して考えた。クリスタルを女性的な趣味のマーケットとして分類するときにはその考えは明白である。彼はこう主張している。

ツウィード川の北では「クリスタル」を家庭の祝宴には欠かせないものとみなす傾向が珍しくない。それに対して、贅沢のできるロンドンの主婦たちの大半は確実にその傍らに置かれるきらびやかな食器類と同じように、クリスタルのデキャンタやワイングラスを食卓に並べることには慎重になっている。(20)

イーストレイクは、そのころになるとカットグラスの多くは鋳型で作られ、手仕事で作られていたころの繊細さに欠けていることを指摘することで、その改良運動を続行した。しかしながら彼は、生産の世界に目を転じた場合でも、カットグラス製品と女性の趣味が作り出した家庭らしさ、つまり、彼がとても遺憾に思うこれ見よがしの家庭らしさとの結びつきをすべて隠しおおせたわけではなかった。

一八五〇年代初頭、ラスキンはクリスタルに関する批判を製造上の問題ととらえていた。実際に、クリスタルは熱いガラスより冷えたガラスで作られ、結果として、材料の「本質」であった可塑性を重んじなくなっていた。つまり、「誤った原理」に基づいていたのである。ラスキンはまたカットグラスの特徴を活かし、中産階級の誇示にふさわしくあるべきはずの完成、仕上げの段階に対して、美的な点からも愛想をつかしている。

わが国の今日のガラスは、見事に透明な材質で、寸分の狂いもない形を備え、正確なカットが施されている。われわれはそれを誇りとしている。しかしわれわれはそれを恥じるべきなのだ。かつてのヴェネチアのガラスは濁っていて、どこをとってみても不正確な形で、カットがあったとしても不細工であった。そう、かつてのヴェネチアのガラスはそれを誇りにしていたのだ……カットグラスというものはすべからく粗削りなのだ。なぜなら、カットはその可塑性を押し隠し、クリスタルと紛らわしくしてしまうからである。同時にガラスの小綺麗で、きっちりとした、完璧な形というものは、粗削りなものだ。なぜなら、これはガラスの持つもうひとつの大いなる長所、つまり、完璧な精度が求められない限り、この軽い物質は鋳型にはめたり、吹いたりして簡単にどんな形にも変えることができることをはっきりと示さないからである。(21)

多くのデザイン改良家が叙述した方法で、ラスキンは製造という男性領域の観点から、「目新しさ」という概念に関連した議論のなかで、女性の消費に対して、遠回しではあるが説得力のある攻撃を加えていた。カットグラスの持つ視覚的な魅力は社会への誇示にふさわしい形を供給し、一部で直感的な反応であった。その反応とはつまり、ラスキンがみせていた「女性」の中産階級の世界への美的かつ道徳的な反

カットグラスのサラダ・ボウルとサーバー．T.G.ホークス社製作．コーニング，ニューヨーク．1882～1892年ごろ．豊かな装飾の複雑なグラス・カッティングで，「ブリリアント」として知られ，19世紀末アメリカで人気を博した．目立つ商品ゆえにそれらは社会ステータスをはっきりと示すのに効果的であった．(コーニングガラス博物館)

発に基づいていたのである。

イーストレイクが女性は「流行」に取り憑かれていると攻撃するときに指摘したように、主婦にとって目新しさはとても重要なことであった。イーストレイクは、「流行は薔薇の花道〔安楽な生活〕かロココ装飾の危険な迷宮をもたらすかもしれない。だが、「ファッショナブル」でありさえすれば、それで十分なのだ。新しければ賞賛され、古ければ、皆はそれが「ぞっとするもの」だと認めるだろう」[22]と述べている。

デザイン改良家たちの発言の多くは中産階級の家庭の美的価値観を拒否するところから始まった。「派手」や「目もくらむような」といったことばが何度も繰り返され、たとえば、磨き上げた金属や新しいアニリン染織のようなヴィクトリア朝のインテリアに用いられた素材の色や表面効果に対して感情的な反応を示した。イーストレイクは絨毯屋の女性店主を評して、「上品なご婦人が絨毯から絨毯へと目を移すうちに、その色調で目がくらんでしまっている」[23]と述べ、少し後に当時の家具について、「ご婦人方は店から新しいおもちゃのように出てきたもの、最近塗られたニスや光沢を失っていない金メッキで新しくみえるものを好む」[24]と書いた。

ラスキンもまた同じように、中産階級の主婦のもうひとつのお気に入りであるメッキについてやかましく非難した。

メッキはわれわれが所有している荘厳さを表すのに最も濫用された方法のひとつだ。私としては、メッキの利用が歓びの喪失の帳尻を合わせているかどうかという点には大いに疑念がある。メッキを頻繁に目にし、たえず本物かどうかいぶかしがるので、本物の金目をみても疑いを持つようになってしまう。[25]

目立つということは趣味の敵とみられた。「フランス風の趣味」は、ルイ一四世式、つまり「ロココ」様式と呼ばれ、女性の顕示の極致なのだが、これもまた多くの改良家たちから攻撃された。イーストレイクが湯沸しの壺について述べた「魅力を加えるために、蓋と取っ手は十中八九、ポンパドール風に装飾されているのだ」[26]という滑稽なコメントはその証拠となる。

改良家たちは、中産階級の家庭の飾り付けとなっているものをひとつずつ取り出し、攻撃の標的とし、一八四一年にピュージンが概括した「真の原理」を無視しているということへの侮蔑の念を表明した。彼らは家庭のインテリアの目新しさや飾り付けのみに問題を限定しなかった。彼らはまた快適さという考えを表現する素材や美点についても否定的であった。それは今までみてきたように、ヴィクトリア朝期の中産階級の家庭にとって非常に重要な概念であったのだ。

詳細な攻撃をするために選び出されたものは、家具調度の全領域にわたった。ラスキンはこう述べている。

私は人目につかない美装つまり形だけのものに無駄なお金を使いたくはない。たとえば、天井蛇腹、ドアの木目、カーテンの房飾りなどがそうだ。これらは愚かしくもまた無関心なほど常習的になっているのだ。また、こういったものは全業種を展示することになるが、ひと筋の歓びを与えることにはならず、よそよそしく、とても卑しむべき消費となるだけだ。これによって人生の出費の半分はかけることになり、快適さ、男らしさ、リスペクタビリティ、新鮮味、便宜性の半分以上が台無しになってしまう。

……私は経験からこのようにいっているのだ。私は樅材の床や天井で、雲母の板でできた暖炉のある小屋に住むことがどのような感じなのかを知っている。それが多くの面で、スチールの火格子と磨き上げられた炉格子に加えてトルコ絨毯と金箔を施した天井の空間にいることよりも、健康的で幸福であることを知っている。(27)

カーテンの房飾りもピュージンの標的のひとつであった。それは「もともと原料のほつれた切れ端以外の何ものでもない。それ以上ほぐれないように束ねられただけのものだ」[28]とされた。房飾りは、機能上の正当性もあったので、「厚ぼったくしない」[29]との条件で、黙認された。

布張りはデザイン改良家の多くから必ずといってよいほど攻撃を受けた。布張り家具のかさばり「ふくらんだ」形状は、家庭のインテリアの度を越したものと思われ、ピュージンの唱えた構成原理とは明らかに矛盾するものとされた。この考えはイーストレイクによって頑なに受け継がれている。彼は次のように遺憾の意を表している。

いかに頻繁にわれわれはファッショナブルなリビングでクッションでしかないようなカウチの類を見ることか！　実際それは木あるいは鉄枠で支えられてはいるが、そういった内部構造は全体を覆う詰め物や別の材質で念入りに隠されている。私は自分の意見を勇気をもって述べたいが、若い婦人のなかにはこうした類の家具を「エレガント」だとほめる人がいることが恐ろしい。[30]

硬いものを布で覆ってインテリアを柔らかくみせたいという願望、つまり、今までみてきたように、室内の快適さとインテリアの統一感を高めようとするヴィクトリア朝期の女性によって使われてきた戦略もイーストレイクによって指摘されている。

ご婦人の趣味は一般的に寝室の家具に最高のものを用いようとする。私はピンクやブルーのキャリコ製クリノリンでこわばった、モスリンのペチコートの類で化粧台を囲うようなやり方に対して謙虚に、しかし断固として抗議しなければならない。これと同じ類のものがときに鏡台の鏡枠の周りに絡まっているのを見かけることがある。それらは単に婦人帽製造業者のいう「かわいらしい」ものを表しているだけで、それ以上の何ものでもない。この類のひだはそのような場所では望ましくないし、披露すべきものでもない。(31)

ピュージンは以前に怒りを表してこう述べたことがある。

現代の柱に巨大な折り重なったラシャを吊るすプランは、売るための目的か乾かすためにやっているかのようだ……。こうした際限ない花綱飾りや房飾りがもたらすのは室内装飾業者の勘定と利益をふくらますことだけだ。室内装飾業者とはこうした派手なひだ飾りの開発者である。ひだ飾りは部屋を寒さから守るのに使えないだけでなく、分厚いほこりの層を生み出し、ロンドンではしばしば害虫の要塞になっている。(32)

椅子張りとひだ飾りの使用はある素材を別のものに見せかける手段であるだけでなく、ヴィクトリア朝期のインテリアの虚偽と不誠実さを象徴することとなった。ラスキンは彼が受け入れがたいと考える、大理石に見せかけた木やレリーフに見せかけた装飾塗りに多くの章を費やしている。「虚偽」という批評はまた、機能を隠そうとして装飾されたものに対するピュージンの不賛成のコメントを支持した。たとえば、ピュージンは時計について、「よくみると、時間が片方の車輪で押さえつけられている疾走する戦車に乗ったローマの兵士の形に作られている」(33)と述べている。

おそらく改良家たちの最大の怒りは、「快適な」ヴィクトリア朝期のインテリア、つまり、装飾の必須条件に向けられたのだろう。改良家たちは装飾そのものに反対しているわけではなかった。実際、彼らは装飾をデザインに不可欠な要素と考えていた。だが、彼らは装飾は構成に対して二次的なものでなくてはならないと頑強に主張し、「不誠実」あるいは原理に基づいていないと感じられる装飾はすべてに対して好ましくないと思っていた。ピュージンとイーストレイクは二次元を三次元にみせるようなきわめて自然主義的な形の装飾をひどく嫌っていた。たとえば「間違ったレリーフ」という類のものだが、それらは非常に多くの家財道具の表面に使われていた。彼らはどちらも表面装飾の形態として影を入れて効果をもたらそうとするパターンや自然主義的なイメージにも不賛成だった。イーストレイクはこう書いている。

薔薇、リボンの束、廃墟となった城などの形をした偽の迫真性は絨毯や陶器類、壁紙上で再生産されうるが、これらはつねに、教育を受けていない眼にはある種の魅力に映るだろう。ちょうど雷の轟きからニワトリの鳴く声まで音楽で自然音を真似たものが、卑しい耳には楽しく聞こえるように。両方とも巧妙で、面白く、一瞬魅力的だが、どちらも正統な芸術の領域には入らない(34)。

こうしたモティーフのジェンダー化されたシンボルや、イメージのなかのロマンティックな要素はイーストレイクにとって興味の対象ではなかった。イーストレイクやその他多くの改良家たちの「趣味」を支える原理は、モノのシンボリズムやコンテクストがとても大事である消費のことばからというよりも、構成と素材を重大な関心事とするデザインと製造のことばから派生したものであった。

これまでに触れてきたように、自然はヴィクトリア朝期の中流家庭における家庭の装飾に最も重要なインスピレーションを与えた。デザイン改良家たちも自然界を出発点としたが、彼らは異口同音に、また頑強に、彼らのいう「直接的な模倣」を拒絶した。この拒絶は特にリチャード・レッドグレイヴによってうまく言い表されている。

メッキの茎と葉が自然を模倣するために描かれた陶器の花を支え、蠟燭はチューリップとアスターの花を表すために作られる。一方ガス筒口はオパールのアルムから噴出する。茎はさまざまな用途のため花を支えるが、辛うじて付いているような金属の葉から出てきている。すべての構造的真実、つまりはただ使うためという用途はセンスのない模倣された自然主義の犠牲となっている。[35]

それ以上に、自然は一連の抽象的な原理の適用によって支配され、指図され、変容されなければならなかった。いくつかのテクストには模写と幾何学でもって自然を制御する方法が示された。[36] レッドグレイヴは何が起こっているかをこう述べている。

真の装飾家とは過去の芸術家が立脚した原理と秀逸な作品に到達した規則を見つけ出している人物のようだ。そして彼らは単なる模倣や、細部の再生度を放棄して、新しいアイディアと新しい事柄を適用しながら、適合性と真理を通して独自性を獲得するために有効だと信じる原理の確立に努めるのだ。[37]

このようにして、文化は自然を支配しようとし、男性が女性を支配するようになった。消費と使用の社会的、心理的、文化的なコンテクストにおけるモノの意味が改良家たちの関心事ではなかったのだとすれば、彼らが大衆の趣味の水準が低下したと考えていることに対しては、その責任の一端は新たに出現しつつあった「消費者中心主義」という概念にあった。再度引用するが、イーストレイクは最も口やかましく、趣味が低水準になったのは主婦はもちろん販売員のせいでもあると語った。「カウンター越しに女性客に向かって何が「上品で」「貴婦人のよう」であるかを説明している若い店員の声を聞くことは非常にばかげており、生意気ですらある。しかしこの手のアドヴァイスが明らかに何かを選ぶときの唯一の指南となっているのだ」[38]。

一八六〇年代までには消費は明らかに主婦の義務の中心的な役割を果たしており、改良家たちからは趣味の問題の一部と考えられていた。一〇年後、クリストファー・ドレッサーは「お金を稼ぐのは男の義務で、費やすのは婦人の義務である」[39]と宣告した。これによって、男女の分業は勢いづいた。消費者中心主義が急速に発展してきた問題だったとしても、それはもともと女性に関係した問題であった。

一九世紀の最後の二、三〇年で、イギリスのデザイン改良の場ではウィリアム・モリスに触発されたアーツ・アンド・クラフツ運動の主唱者たちの作品や著作が優位を占めていた。モリスと、同じく社会主義者のラスキンの例にならって、デザイン改良は明白に政治的側面を帯びるようになった。そして、ブルジョワの趣味というよりむしろ、資本主義そのものが「趣味」の問題の根本的な原因だとみなされるようになった。だが、イーストレイクだけは、仲間の改良家の誰よりもより多くの聴衆に語りかけ、公然と頻繁に彼にとっては水準低下の根本的な原因である「ご婦人方」のことを引き合いに出した。他の人々はこの視点をたいていは共有していたようだが、非難はもっと遠まわしであった。同様に、産業資本主義の「愛のない労働」がモリスの主要な焦点であったが、彼は家庭の領域を「趣味のない」場の最たるものであり、改良の必要な場であるといい続けた。他の仲間の改良家たちと同様に、モリスもまた「飾り釘をちりばめた椅子、余分のクッションや絨毯」を軽蔑し[40]、「二流の芸術」は「つまらなく、機械的で、知性のないものになってしまい、流行と不誠実さという圧力からの変化に抵抗できなくなってしまった」[41]と主張した。モリスの一生の仕事および彼の弟子たちの全仕事はこれに対する答えとなっている。

アメリカにおけるデザイン改良はイギリスときわめてよく似た道を歩んだ。ピュージンの考えはダウニングに伝わり、ラスキンの作品は一八六〇年代のアメリカ東海岸で流行した。しかしながら、イギリスのデザイン改良のテクストのなかで最も影響力のあったのは、一八七二年にアメリカで出版されたイーストレイクの『家庭の趣味への提言』であった。その影響は家庭の調度の新しいスタイル、つまりは新しい流行の出現に非常に強烈に現れ、それまでの二、三〇年間の混乱を払拭するものであった。実際に、アメリカ、イギリスのどちらでも一八八〇年代までには大衆向けのマニュアル本はデザイン改良の調子を帯び、流行遅れの家庭の趣味を攻撃し、唯美主義やアーツ・アンド・クラフツ運動のデザインや考えに影響を受けてきた新しいスタイルの採用を提唱した。しかしながら、イデオロギーの面では何も変わらなかった。これは自分の反対者の意見を取り込んだり、おうむ返しにいったりすることに非常に長けた流行のシステムというものの作用における、かすかな変化にすぎない。女性たちが、なかには大英帝国のオリンスミス夫人も入るが、賃金の支払われる仕事場という男性の領域に進みはじめるにつれ、彼女たちが家庭のパーラーの趣味のなさを大いに楽しんでいる声を耳にすることができる。しかしこのことは基本的にジェンダー化された議論の本質を改めるものではなかった。[42]

すべてのデザイン改良家たちによって推薦された「グッド・デザイン」の基準は、この時期ある程度かたまっていた。ピュージンの「真の原理」――「デザインのための二つの重要な規則は以下のものである。はじめに、簡潔さ、構成、妥当性にとって必要でない建物の特徴があってはならない。二番目に、すべての装飾は建物にとって不可欠の構成となる装飾でなければならない」[43]――は良い建築とデザインのためのあらゆる規則を示している。これらの規則は後継者によって修正され、推敲されたが、基本的には変わらなかった。ジェンダーの点からいえば、こうした規則の意義はこれらが生産過程から引き出されてきたことにある。つまり、規則は本来「良い制作」に関することであり、「内部から起こる必要性」と呼ばれるものに根ざしているのである。要するに、「グッド・デザイン」や「良い趣味」に関する規則は、該当するモノの本質、つまり、素材や製造要件や機能との関連で初めて見出されるのだという考えに依拠したのである。モノや建物のコンテクストへの言及はなかったし、モノが意味を獲得し、また逆に意味を与えることになる社会的、心理学的、文化的枠組みへの言及はみられなかった。その結果、デザイン改良家の基準は、中産階級のヴィクトリア朝期の主婦に消費や趣味を決定し、そのような決断を無効にし、誤りとするよう動機づけたかもしれない基準を凌駕した。しかし、二組の基準が、それらを生成した二つの分断された領域内で並存し続けた。マスカルチャーのレベルでは、女性は流行と快適さの指令に基づいて選択し続け、彼女たちを取り巻く趣味作りの力のネットワークに導かれて、スタイルの好みを適当に変えた。一方、ハイカルチャーのレベルでは、論争のシステムは男性領域に根ざしており、強力な体制の支援の下、新しい道を模索した。それぞれのシステムは順に逆戻りして国の理想的なイメージと結びつけて考えられた。前者は道徳的な家族という概念に基づき、後者は国際市場における国のスタイルに基づいて考えられたのである。

一九世紀に、趣味の二つのシステムのあいだにあった緊張感は、モノの表面下に潜伏し、趣味のセクシュアル・ポリティクスはテクストと知的エリート層のために作られたわずかな建物と、家庭用品にのみ存在した。だが、西洋の工業化された世界で、こうした緊張感が日々の生活の一部となるのにそれほど時間はかからなかった。デザイン改良運動の少数派の声はより大きな世論の声となり、大量生産の環境での美的価値観を支配する力はますます産業に従事しているデザイナーたちの手に移り、主婦兼消費者としての力を持つ女性の手から離れていった。全体として社会や文化の一部としての「女性的な趣味」と考えられていた価値は、支配的な美的価値観の言説が、シンボリックで美的な機能よりもモノに対する実用的でテクノロジカルな点に集中されるにつれて、一層先細りしていった。とりわけ、新世紀の進歩的な思考を特徴づけたブルジョワの価値観への反発は、あらゆる点で中産階級的なものの全面的な拒絶を意味した。家庭礼賛と女性の趣味は真っ先にその中心から追い出されることになったのである。

第二部　近代とマスキュリニティ　一八九〇―一九四〇年

第4章　「万事しかるべきところに」——女性と近代

「過ぎ去りしものから近代を区別し、その独特の性格を与えるものがひとつある。絶え間ない時の経過のなかであらゆる事物が不変的に生成し消滅するのだという認識である。」
——ヘルマン・バーン(1)

一九世紀末には、日常の生活のなかで中心的な役割を担っていた趣味や美的価値に代わって、合理主義への関心が急速に高まっていく。西洋世界の外観を変貌させていく飛躍的なテクノロジーの進歩を追い風に、科学の領域に端を発する「理性」は再び勘定に入れるべき力としてみなされた。これは「近代」という概念によって支持された。著しい変貌は広範囲に衝撃を与えた。趣味の領域におけるセクシュアル・ポリティクスもご多分にもれず、その強い影響を受けている。

「近代」の概念は人々の思考や感情を大きく変革した。そこではヴィクトリア朝社会を支えた価値観とはまったく別の価値観が強調された。新規なものを受け入れようとする欲望が文化的に顕示されるとき、特に現実主義者や歴史主義者により表明される場合には、それは、古きものを拒絶しヴィクトリア朝文化から離脱しようという火急の必要によって突き動かされた。モダニストにとって、ヴィクトリア朝文化は歴史の末端にあった。ブルジョワ的な価値観に支配されたヴィクトリア朝文化は、既知の歴史を後ろ盾にすることで比較的安定していた。それは、その既知の歴史を公然と引き合いに出して自らを位置づけた。

ヴィクトリア朝文化は過去と未来を同時にとらえ、変化に適応し同化することができたのだ。その過程において、趣味を通じて表現される女性的なドメスティシティ、そしてそれに付随した美的嗜好が、進歩的な、つまり文化を不安定にする可能性を有した勢力に対抗するという大きな役割を果たしたのである。最も重要なのは、多くの人々の生活が途方もない激変にさらされたときに、そうしたドメスティシティが伝統との直接の連携となったという点である。

近代が一九世紀末から二〇世紀初頭にかけてさまざまな形で西欧社会に影響を与えた一方で、これらの多くは男性の領域を形成する現象と連関していた。たとえば通信システムや運搬の発達に、都市の拡大に、大量生産に、またマスメディアに現れている。これらはまた哲学的、政治的思考の転換を促した。社会科学の分野では、これらの現象すべてを解釈し意味づけるために、新たな学術分野が形成された。文化の領域は、変化を表現する新たな言語を模索して台頭した「アヴァンギャルド〔前衛〕」によって占拠された。新しい形態、新しい意味を描くための「タブラ・ラーサ〔白紙の状態〕」が求められた。科学は絵画、音楽、文学における新しい表現形態へ進出するための始点となった。過去を欠いた、もしくは拒絶した多くのモダニズム的な実験が、文化を何世紀ものあいだ支えてきた因襲――伝統的なものの見方であれ建築の装飾であれ――を儀式的に引き裂いたのだ。

ここにおいて、ジェンダーは重要なはたらきをしている。最も広義的には、広く効力を持った近代科学、技術そして合理性は、男性の文化的パラダイムの原理だった。これは特にモダニストの建築・デザインに顕著である。実際、建造物やモノの性質と形態を決定する過程としてモダニズムの範囲内で定義されるデザインの概念自体が、ステレオタイプとなっている男性文化により育まれたものである。これと明確な対照をなすのが、ドメスティシティやフェミニニティと同線上に置かれ続けた「趣味」の概念なのである。

そのため「趣味」は、次第にモダニズムの周辺へと追いやられ、モダニズムの主唱者にとってはとにかく排除すべき対象となってしまった。彼らが趣味の概念と同一視されることを拒絶したために、それはますますブルジョワ的なヴィクトリア朝主義と結びつけられる。そして彼らにとっては文化全般にわたって最たる攻撃の標的となる。女性的であるとジェンダー化された趣味と、男性的であるとジェンダー化されてハイカルチャーやそれに属する諸団体の権威を後ろ盾にしたデザインとは、相容れなかった。

　近代は概して男性的な性質を持っていたが、これはさまざまな方向から女性の領域に浸透していった。家事の合理化には、男性および多くの女性にとって近代化の力を意味した理性の力に女性文化が屈服するさまがみられるし、女性が消費者として公的領域に入っていくことは、工場生産という男性の領域が進展したことの直接的な帰結である。家事の合理化が趣味の役割を矮小化していき、消費の増加は家庭の領域から追いやられていった趣味の新たなはけ口となった。

　これまで近代を説明するときにはみな、歴史のなかの瞬間を特徴づける秩序と混沌の二つの勢力を強調してきた。大衆レベルでは、「秩序へのいざない」の代表的な例は、事務職から工場労働や家事、ショッピング、都市、果ては日用品の美学にいたる、あらゆるものを合理化しようとする全面的な衝動である。この衝動は、急速に宗教に取って代わり大衆の信仰の対象となった科学的な思考の求心性と関連している。[2] 哲学的なテクストからマニュアル本まで、多くの文章におけるライトモティーフとして、哲学的な思考は新しい教育概念を補強し、マテリアルな環境の性質と外観に大きな影響を与えた。さらに、高位も低位も含めて、多岐にわたる当時の文化的慣行のイデオロギーの枠組みを提供したのである。

　「秩序へのいざない」は、もしも「進歩」に自由気ままさを許したならば当時の社会を破壊させるであろう混沌、分裂、多様化に対する反動ともみなせるだろう。近代の経験の根底には、つねにそれ自体を刷新しなければならないという強制力がある。[3] もしその強制力がコントロールされないならば、それは社会を不安定にし、文化を分裂させてしまうだろう。秩序や統一への意志は、その防御策だった。フランスの詩人であり批評家でもあるシャルル・ボードレールは、切迫する崩壊の感覚を特定し表現した先駆者のひとりとして、よく引き合いに出される。彼のその感覚は、路上で互いに身を摺りあい、集団もしくは単独で個性も目的もなく蠢《うごめ》く群衆のなかで送る都市生活のなかに存在していた。彼にとっての近代は、「はかなさ、移ろいやすさ、偶発性、永遠不変の芸術のもう片方の側面」[4] である。芸術ははかなさ、また気づかぬうちに人類を淵へ吸い込もうとおびやかす近代の表層を手なずける手段だった。ボードレールは、「近代の芸術家のみが、非常に平凡なその外面的性質からその美しさを解放しうるのだ」[5] という。同時に彼はそうした「取るに足りないもの」が突きつける危険性にも魅了されており、近代の経験の中心にある流行や目新しさという概念を公然と迎え入れている。彼にとって、流行とは、「平常の生活によって人間の脳内に蓄積されるあらゆる未熟で世俗的で忌まわしい古物の表面に漂っている、理想への志向の現れ」[6] であった。それは曖昧さを内包するゆえに、不愉快であると同時に好奇心をそそるのだ。[7] 流行を追う努力から近代に固有の個人的達成感の不可能さを表す欲求不満の感情を連想した人もいるのだが。

ボードレールにとっては魅惑的だが多くの人々にとっては脅迫的な、些細なことへの執着、流行、目新しさといったものは、「フェミニニティ」の概念と絡み合っていた。同時に、都市生活が主流となり、近代の経験を堅固に公的領域のなかに位置づけた。それによって、女性よりも男性の経験が優位となった。リチャード・セネットの『公共性の喪失』の反響は大きかったが、彼はそこで題名を通して近代的な公共生活の本質であるマスキュリニティを確認している。[8]（文化的なモダニズムの一番の関心はまず公的領域にあり、大部分の女性は排除されざるをえなかった。[9] 近代という概念はある特定の歴史的瞬間および一連の経験を意味し、モダニズムはそのような経験へのハイカルチャー的な反応を表象するものだ。両者は必然的に相補関係にあった[10]。)

一九世紀後半までに、男女に分断された領域という初期のイメージは変化のきざしを見せはじめていた。イギリスとアメリカ両国において、女性は次第に公的領域に入り込み、より可視的な存在となっていった。未婚の中流階級の女性という肥大化しつつあった集団は、すでに有給の労働力であった数多くの労働者階級と並んで労働市場に参入していた。オフィスや工場、そして小売業の領域で仕事がたちまち増加し、これらはほんの二、三〇年前には多くの労働者階級の女性、また多少の中流階級の既婚女性の領域であった召使いほか家庭を中心としたさまざまな仕事に取って代わっていったのである。中流階級の既婚女性にとっては、慈善やボランティア活動に従事する機会は、彼女たちがこれらに参与したいという欲求や家から解放される道が欲しいという欲求とともに拡大した。アメリカでは、これは、従来は女性自身の領域であるとみなされてきた分野(装飾芸術も含む)において、特に著しかった[11]。

とはいえ、家庭における性別役割分業が変容したわけではない。ジェンダーの役割について普及していた見解は確固として存在したため、女性は外出できたとはいっても家のなかのことにはやはり全責任を負わせられていた。家庭は、国家的、経済的、社会的、そして文化的生活において重要な役割を担い続けた。労働者階級の主婦が中流階級の家庭の価値観と張り合おうと励んだところからも、その影響が社会に広まっていった。しかし、それには一九世紀半ばほどの文化的な重要性はない。

近代の衝撃を受けて、ドメスティシティの主要な論題は変化し、主婦に対する期待の中身も変容した。そのなかで、女性の家庭における義務の範疇であった趣味の役割が改めて位置づけられ再定義された。それは道徳とは切り離されたために、以前の文化的権威を失ってしまい、したがってきわめて周縁化され矮小化されていた。世紀転換期までに、主婦は、パーラーを上手に飾る能力よりもむしろ、母親としての能力を基準に判断されるようになる。この変化は、高い幼児死亡率や中流階級の出生率低下、そしてイギリスでは母親たちが帝国建造にふさわしい十分な数の健康な子供たちを産出していないのではないかという懸念に呼応している。この時期には、他のどの家庭の関心事よりも健康が逼迫した主要な問題となっていた。幼児の福利厚生を求める運動は、女性が子供とともに家にとどまることを奨励することにより、男女の領域の分断という考え方を吹き込んだ。両大戦間期までには、母性に対して要求される事がらは増し、母親は子供たちの身体的要求のみならず児童心理の基本までも理解するものとされた。こうした優先事項の入れ替わりを暗示するかのように、趣味はお役ご免となったのだ。

男性のみならず女性の生活においても、合理化や潜在的な混沌という問題が前面に出るようになる。男性が仕事場で進む合理化に身をさらしている一方で、女性はその影響を家のなかで感じていた。それとは対照的に、女性は消費者としての役割を発展させるなかで、「欲望」という姿をとる「非合理」な力と出会っていた。欲望は、合理化の影響を受けず、「秩序へのいざない」を逃れて、心の奥底に根づいた力である。それは主に趣味によって代行され、趣味が選択を左右する決定的な手段だった。この時期、消費を通して女性のドメスティシティのイデオロギーが強化され、趣味は重要な要素として残ったのである。

家事の合理化は、女性と家庭との関係の変化から、また女性の領域に「男性的な」科学と技術の分野の価値観を強要するところからはじまった。女性にとっては、それは多様かつ矛盾を孕んだ向上心を意味した。家事が楽になれば、家の外で費やす時間が長くなる。一方で、家事を専門化すれば公的領域における男性の仕事と同等の地位が家事に与えられる。要は、家庭から趣味の役割を削除しようというのだ。合理性は効率、専門性、そして熟練技能を意味したが、これらはみな直観や本能、そして素人芸の果たす役目を強調してきた家づくりの美的要素を緩和した。もちろん、女性が家庭において自分たちの趣味を実践し、フラワーアレンジを楽しみ、家具を磨き上げ、クッションをふかふかにし、部屋の表面を装飾小物で飾ることをやめたわけではない。こうしたものはすべて、もはや公然と奨励されることはなくなった、またより重要なことには、もはや社会全体から公然と評価されなくなったのである。「飾り付け（ディスプレイ）」の概念が「アイデンティティ」の概念に置き換えられるにつれ、多くの女性にとって、フラワーアレンジなどの活動は、次第に社会的に必要な儀式ではなく、自己のアイデンティティを示す方法と化したのである。(12)

家庭の合理化運動は数多くの異なる様相を呈したが、科学と技術の領域もしくは理性の力への傾倒、プロの概念、主婦の技能の更新、すなわち生産の領域ではなく消費や組織化の領域への関心という点ですべて一致する。また、家事を単純化し、それを示威することに専念した点でも一致する。何よりも、合理的な家庭は中流階級のヴィクトリア朝期の家庭が意味したあらゆる事柄、とりわけ美的でシンボリックな事柄を嫌悪した。(13)ごてごてと飾り立てられたヴィクトリア朝期のパーラーは、ほこりをため込む巨大な落とし穴以外の何ものでもなかった。とくに、ほこりをためるという理由でひだ織の掛け布が攻撃され、カーテンの代わりにヴェネチアン・ブラインドが推奨された。白は、究極の清潔さの象徴として格別に重要な色であった。世紀転換期のアメリカの、のろ〔水性白色塗料〕を塗られた無地のリビングルームやダイニングルームや新たに衛生的に配管された浴室の白いエナメル地の浴槽などは、この例証である。実際、エレン・ラプトンが論じたように、家屋の改装は主に浴室とキッチンにおいてなされている。

パーラーやリビングルームが家庭のシンボリックな心臓であり、建築上の「適正な」焦点である一方で、この中枢部は浴室やキッチンといった有用性の高い領域により取って代われていった。後者は、ビルトイン（作り付け）の詳細な構造や高価な器具と母親による継続的な維持管理とが集中する場所となった。[14]

家事の専門化、合理化の考えは、美と趣味が大いにまかり通っていた一九世紀半ばに起源がある。キャサリン・ビーチャーがこの概念を一八四一年に出版した著書『家政の物語――家庭や学校で若いご婦人方のお役に立つように』で紹介したとき、それは家庭や女性の持つドメスティシティの文化的重要性を最大限に高める手段とされていた。ビーチャーは、基本的に家庭は精神的な意義があり、所帯への理性と秩序の導入は、その役割と対立するのではなく、それを助長すると考えた。本が再版された一八六九年までに風潮はすでに変化しており、より進歩的な論調は、囲いストーブや最新型の暖房や給排水を含む新技術の使用を増やしたところに、また同書は「女性が携わる仕事も、最も名誉ある男性の仕事と同様に希求され尊敬されるようにする」のだと主張されたところに現れている。[15]

イギリスではビートン夫人の『家政読本』が一八六一年に出版されている。ビーチャーの著作よりは幾分革新さに欠けるが、この書もまた家事労働に対して合理主義的な立場をとっていた。一九世紀末までに、アメリカで関心が再び高まっていた家政学、もしくは家庭科と呼ばれるようになった分野からイギリスもかなりの影響を受けていた。[16] たとえば一八七〇年代には、女性たちが教育委員会で、女子のために家政に関する科目を教えるよう奨励していた。一八七九年には、J・P・フォーンソープ神父による『家庭の科学――若い婦女子に必要な知識の読本』が出版され、「家政学もしくは家庭の科学」に関する一連の情報を提供した。この本の目的は、召使いや「仕込まれた料理人や経験のある家政婦」を雇用する余裕のない主婦の教育にあった。[17] そのため所帯における物理学や生物学を扱い、物質の性質、自然ガス、熱、血液、呼吸、消化といったことに焦点を当てている。服飾のセクションでは最も実用的な布地を推薦したり、ショッピングでは合理的な消費者であるように勧告したりした。掃除洗濯といった家庭内の活動や健康、家計などのセクションもある。主婦や召使いたちは、繰り返し「清潔さは敬神の一部である」こと、そしてほこりと戦わなければならないことを認識させられる。[18] フォーンソープ神父は、以下のように警告した。

箒《ほうき》をやたらに動かして掃くと「ほこりが立つ」ので、特に注意しなければなりません。さもなければひどい結果になります。ほこりは単に空中に舞い上がり、あなたが大騒ぎを済ませてほとぼりがさめればまた積もるだけだからです。この場合、ほこりをかき乱すわけですから、百害あって一利なしです。[19]

この本はたった一回、服装に関連した部分で趣味に言及している。「今のところたいそう流行しているが、あの類の醜い頭巾を身につける」ことはよろしくないとされ、[20] 店で入手できる「派手でファッショナブルな」ブーツよりも、無地で実用的なブーツが奨励された。[21] 地味な麦わら帽子に造花を一束つける程度なら、身体を飾ってもよかった。だが読者はすかさず、「本物の花を最も精巧に似せた造花を用いるよう留意しなくてはなりません。自然をけばけばしく変形させるなど、洗練された趣味人にはもってのほかです」[22] と釘をさされる。それ以外は、家政が科学であり、その教えは改善のみをもたらすという主張の一点張りである。「家のなかのあらゆることは、無秩序にではなく、定められた法則もしくは規則に基づいて行使されるのです」。[23]

フォーンソープ神父と同じような意見は、以後二、三〇年のあいだ、数多くの類似した出版物のなかに繰り返し見られる。それが、イギリスにおける家庭科学の教育課程を、またアメリカの家政学の要目を支えたのである。後者は、世紀転換期に衛生化学の分野へ移行した応用化学者エレン・スワロウ・リチャーズ、それからイサベル・ベヴィエ、マリオン・タルボットが本格的に導入している[24]。彼女たちは、家政学を通して、科学の分野における自らのキャリアを高めた。アメリカにおける他の新制度としては、都市部での料理学校の発展がある。一八七六年のフィラデルフィアにおける独立百周年博覧会や一八九三年のシカゴにおけるコロンブス博覧会は、これらが公けに披露される理想的な機会であった[25]。これらの多くは、女性の平等を求める運動の一環として、女性自身の手で始まった。彼女たちが理想としたのは、本質的には、専門性、有用性、秩序、科学、技術進歩、そして理性といったものに根ざしたステレオタイプのマスキュリニティだった。世紀が進むにつれ、その理想は権威を増していく。趣味や流行、非合理性などは過去の産物として扱われ、ヴィクトリア朝期のパーラーはその装飾的なモールディングとともに、家庭の環境から取り除かれるべきであるとみなされた。健康を重視する合理的な所帯を支えたのは、自然主義のイデオロギーである。イギリスでは政治家や文筆家が、帝国主義国家の未来のために、女性が家族の幸福に留意し最大限の合理性と科学知識を用いるよう奨励した。家庭が再生産と同様に生産の場でもあるならば、それは国家自体の生産、再生産の場ともみなされる。軍司令官のフレデリック・モーリスが一九〇三年に述べたように、「一六歳から一八歳の若者の現在は、彼らの幼年、少年時代の訓練にかかっている」[26]のだ。一八八〇年代には、科学者が、バクテリアがチフスや結核を引き起こすことを突き止め、いわゆる「細菌論」が巷に広まった。公衆衛生が大西洋の両岸で主要な関心事となり、国家の健康改善へ向けての運動において、主婦はなくてはならない盟友かつ最たる助力者でなければならないとみなされた。ほこりには細菌が潜伏すると考えられ、最も害悪なものだった。二〇世紀初頭のバキューム・クリーナー、すなわち電気掃除機は、ほこりとの戦いのなかで両手を広げて歓迎された。イギリス・アメリカ両国で刊行された一九二六年の本は、ひとつのセクション全体を「家庭内のペスト」にあて、うち六ページをほこりの問題にあてている。著者は「バクテリアによる病気には、……空気で運ばれるものがある。すなわち、感染力のある物体が空中を浮遊しているのである。ほこりをためっぱなしにすることは危険である」[27]と説明した。ほこりの除去の必要性は、環境をコントロールしようというより一般的な欲求を部分的に表しており、これはこの時代に主流であった近代の原型であるマスキュリニティを強く特徴づけていた[28]。

アメリカでは、しばしば「進歩主義の時代」と呼ばれる時期に、合理的に改装された家屋の概念に幅広い変形が現れた。ドロレス・ハイデンが「唯物論的フェミニズム」と称した急進的な運動は、主婦の問題を集合的に解決しようとする。ひとつの家族だけがひとつの住居に住む場合、それにあらゆる仕事が付随しており、これが女性の倦怠感と劣等感の主要原因だというのだ。この運動は本質としては政治的なジェンダーの運動であり、公有と私有の分離、および家政学と政治経済学との分離の撤廃に専念していた[29]。運動の主唱者のひとりでありキャサリン・ビーチャーの姪であるシャーロッテ・パーキンス・ギルマンは、健康に関する議論を利用して、彼女が家庭の危機とみなすものを示した。「文明化した生活が危険にさらされている限り、下水口からのガスが、また細菌や害虫などあらゆる疫病が家を侵害するのです」[30]。彼女は月並みな家庭を嫌悪しており、まさしくダーウィン主義的に、これこそ女性の劣位の主要原因であると信じてこれを攻撃し、その代替策を提案することに一生を捧げた。ギルマンを含む唯物論的フェミニストは、公共の洗濯場とキッチン、そして共同家事を提案した。最新技術をできる限り導入した共有設備や新規の住宅複合体を有したアパートを提案し、実際にその建設に影響を与えたのである。内部にジェンダー化された空間を持つ核家族の郊外住宅は、彼女たちの主要なターゲットであり、彼女たちは実際のマテリアルな環境がイデオロギーの性質を変容させうるとして、新しい住居空間を創造する方法を探求したのだった。ここでもまた、有用性、利便性、そして理性が彼女たちの闘争の中心にあり、女性の美的側面は、男性との平等を勝ち取ろうとするなかで無視されてしまう。彼女たちは脱家庭化（de-domestification）を主張し、それは素人よりも専門家を優位に置くことになり、女性が伝統的に営んできた工芸や家づくりの諸活動の領域において女性を脱熟練化（de-skill）することになった。そうして、この時期の女性の生活と経験の男性化の一端を担ったのである。

しかしながら、唯物論的フェミニストたちの理想主義は、一九二〇年代にアメリカ大統領ハーバート・フーヴァーが公共住宅の建設を調査する膨大な計画を始めたときに、現実と衝突してしまう。この方針を貫くために、家政学の数多くの概念が厳守されたが、その根底にあったのは核家族の住居だったのである。一方で大統領が主催した家屋の建設および所有に関する会議の一環として一九三二年に出版された『家づくり、内装および情報サービス』と題された本には、典型的な家族は四人で構成され、「地方では約一五パーセント、都市部では約二〇パーセントが三人家族であり、地方、都市部ともに二〇パーセントが五人家族である」[31]という報告がある。ここからも、集合主義的な考え方が現実からはほど遠かったことが明らかである。

家事の合理化運動において、少なくともキッチンにおいて両大戦間期までに重大な影響を与えたのは、科学的管理の概念と関連した見方である。そこには工場やオフィスの影響が最も顕著である。この運動の先駆者たち、たとえばリリアン・ギルブレス（科学的管理を企図したフレデリック・ウィンスロウ・テイラーの妻）やクリスティン・フレデリックらは、キッチンにおける「ルーティング〔最適経路の選択〕」や「ステップ・セイヴィング〔歩数の倹約〕」を発案した。家庭における科学的管理、もしくは「家政工学（household engineering）」とも呼ばれたこうした考えは、必要な労働量を最小限にとどめて効率と生産性

AEG 製造の電気器具つきキッチン，1926年．壁にむき出しでかけられている調理用具やアイテムの配置から，これがモダンで「徒労を減らす」キッチンであり，「科学的家事」の合理的原理に基づいていたことが分かる．(AEG)

を高めようとする、工場で導入された戦略に匹敵した。フレデリックは彼女の著書のなかで、もはや頼りになる召使いがおらずキッチンにいる主婦の労働を軽減するための多数の方法を提示している[32]。彼女の提案は、キッチン——小さく実験室のようなものが望ましい——が、料理用レンジ、流し場、食料貯蔵庫、調理器具置き場、そしてダイニングテーブルといった仕事領域のあいだを最小限の歩数で動けるように配置し直すことである。これらは着手される仕事順に配置されなければならない。彼女の主張は、線図に明らかである。時間の節約のために扉のない棚が唱道され、主婦は背中や足を休めるために高い腰掛けに座るよう勧められた。フレデリックは、キッチンの脇に「ダイニングにキッチンの悪臭や騒音を伝えないよう、また食器を片づけられるよう」[33]に配膳室を設け、また労働者の長椅子よろしく調理器具をそれぞれの用途に合わせてまとめておくことを推奨した。「もしも卵の泡立て器とボウルとナツメグ挽きがつねに食卓の用意に使われるのなら、これらは食卓のそばに置くか、もしくは掛けておくのがよいでしょう」[34]。

これは科学的方法論を家庭で徹底させる極端な例である。あらゆることが有用性と利便性の法則に支配されており、美的な考慮の余地はみじんもなかった。実際のところ、台所の脱審美化があまりに極端であったために、主婦、すなわち「労働者」以外の誰も厨房に入るべからず、とまで提唱されたのだった。キッチンは、工場の工程線と同じくらいに装飾や飾り付けの領域からかけ離れていたのである。キッチンの男性化もまたあまりに極端だったために、主婦の仕事は今や完全に機械的かつ合理的性格によって定義された。それらは快適さや審美性、そして家族のための思いやりや滋養的かつ感情的な環境の創造とは無縁となった。ビーチャーの時代のだだっ広く田舎くさいキッチンや大きなセンターテーブルは、過去の産物であった。工場が規格化された自動車を生産するように、家族のために食事を作る効率的な「労働者＝主婦」の孤独が取って代わったのである。もちろん、もっと詳しく見るならば、食事の準備の他には主婦の日常の家事は生産そのものに特化してはおらず、主婦は工場の分業体制で働く一労働者というよりはひとりで働く工芸職人のようであったから、工場との比較は強引である。しかしそれを考慮外におけば、家庭の合理化は主婦の心理に不安を生じさせた。妻として母としての彼女の伝統的な役割の一部が奪われ、論理的要素に縮小され、より効率的な部分のみが残されたからである。

家政工学の影響は、欠点が明白であるにもかかわらず、ヨーロッパにおいてもアメリカにおいても強かった。これは、両大戦間期までに工業化した西洋社会にとって理性の文化がいかに堅固にこの世界を押さえていたかを如実に物語っている。その影響は、建築・デザインのモダニズムと連携していたアヴァンギャルド建築家に最も顕著に現れ、彼らを通してこれが近代の建築・デザイン言語のなかに導入された。その結果、キッチンやキッチン用品の効率性の文化およびそれに付随する美的価値が生じ、これはいまだに完全に消滅してはいない。この男性文化が彼女たちの家庭をコロニアル化することを女性全員が異議を唱えず容認したわけではなかった。彼女たちの多くは、まだヴィクトリア朝期のパーラーを熱望していた。これはとりわけ、パーラーがもたらす歓喜をいまだ経験していなかった社会階級に顕著にみられた。[35]

合理主義の教訓は広範囲にわたって普及し、重要なことには、量産されたモノで成り立つ環境のなかでさまざまな形で表象された。たとえ主婦がそれまでまったく「ステップ・セイヴィング」や「細菌理論」など聞いたためしがなかったとしても、彼女は小さな実験室のようなキッチンで、「家事労働を減らす」ための白く輝く器具に助けられて働いている可能性は十分にあった。たとえ意識的に理解されていなかったとしても、器具や環境そのものも、それを宣伝する広告やマーケティング資料により促進され扇動されて、「合理的な家庭」の言語を話していたのだ。[36] これは潜在的に、趣味を均質化し個性や差異を制限する力があった。規格化や合理性、利便性の原理によって家づくりという女性の活動の判断基準が支配されると、ほんの半世紀前には家庭や女性の理想を形成していた他の原理——たとえば趣味や非合理性や美——の価値を貶《おとし》めるおそれがあった。このように家庭という設定のなかで拒まれた女性たちは、合理化されないで済む部分を表現できる別の領域を探さなければならない。そして、新しい機器のおかげで容易にできるようになった主婦の義務の一領域、すなわちショッピングにこれを見出すようになったのである。ショッピングにかけられる時間は、この時期に減少どころか増加している。[37]女性は、両大戦間期までに一般的に利用されるようになった便利な自動車のおかげで、家庭における生産に費やす時間と比較すると、ますます多くの時間を消費へ費やせるようになった。家庭の産業化によりもたらされた消費全般の状況の変化は計り知れない。これは長い時間をかけた変化であったが、新世紀に入ると加速化した。ルース・シュワルツ・コーワンは以下のように論じている。

食用の屠殺や製粉、織物、皮革製品作りは一八六〇年代までに多くの家庭から消えてしまった。男性の衣類の縫い物はだいたい一八八〇年までに、女性や子供用の衣類の縫い物は一九〇〇年までに姿を消した。最終的には一九二〇年までに家族全員の服飾品の裁縫はほとんど家庭で行われなくなっていた。食物の保存——とりわけ豆、穀物、トマト、桃——は、一九〇〇年までに工業化した。バターやチーズなどの乳製品の作成は、ほぼ同じ時期までに地方ですら失われた技術となった。工場で作られたビスケットやすぐに食べられるシリアルは一九一〇年までにアメリカ人の多くの食卓に上り、一九三〇年までには工場で作られたパンがあたりまえになった。薬剤の準備は一九〇〇年までに工場や専門的な薬剤師の手に委ねられ、その三〇年後には他にも長期間の医療看護の多くの側面が、病院や療養所が制度化された。[38]

こうした家庭内生産その他の変化の結果、家の外でのショッピングが次第に厄介な仕事になった。それは、贅沢品を取得するのみならず、日常生活に必要な最低限物資を調達する義務的な手段となったのである。

もちろん趣味の実践があらゆる消費活動の中心的役割を占めたわけではないし、消費がいつも女性的な行為であったわけでもない。一九世紀アメリカの郊外では、家庭を持つ男性の方が町へ馬や馬車で出掛けていって、一週間分の食料の蓄えを買っていた。また宅配という洗練されたシステムがあり、世紀末までには通信販売のカタログもあった。地方ではまだ行商人もみられる光景であった。しかし都市化が進み、自動車が到来すると、それがその土地でとれるその日の食事のための食料であっても、また最短距離の都市のデパートからの贅沢品であっても、家族のための品々を買う役割は女性によって引き継がれる。

一九世紀後半までに、家庭のマニュアル本には「合理的な消費」のセクションがあり、賢くショッピングをし、気まぐれにお金を手放さないように読者に強要していた。フォーンソープ神父はこう警告している。「人はよく自分の買い物にがっかりします。その理由は単純で、彼らが十分に考慮しないでお金を使ってしまったからです。欲しい服の材質や分量についてしっかりと決心のつく前に衣料品商の店に入ってしまうのです」[39]。

これは、一九世紀の最後の二〇年間に出たこの類の本のライトモティーフであった。一九一三年までに、クリスティン・フレデリックは自信を持って、「購買者の強力な武器を持ち、これが社会的不公正を防ぐのに使われるということが、女性の名誉であり義務なのです」[40]と書くことができた。一方で、四〇年以上も前にビートン夫人がすでに、アメリカ人女性は「すばらしく賢明な購買者」であると指摘している[41]。世紀転換期までに女性とショッピングのあいだには特別な関係が築かれ、新しいデパートの登場がこれをさらに助長した。社会学者ルディ・レイアマンズは「デパートは女性のレジャー・センターとして機能した」といい[42]、文化理論家デイヴィド・チェイニーはデパートが女性を主なターゲットとしていたのみならず、そうでなければ家庭という定まった環境のなかにこもっている世間体のよい中流階級の女性の公的領域への参与を拡大するという重要な役割を担っていたと論じた[43]。ショッピングと女性とのあいだの特別な親密関係は、この時期を通して強化され続けたため、「消費文化」の概念はしばしばあからさまに女性的な用語で語られた。一八九九年に刊行されたソースティン・ヴェブレンの『有閑階級の理論』はこれをうかがわせる。ヴェブレンは、「金メッキ時代」のあいだのアメリカ社会を鋭く洞察した研究のなかで、彼がより分けて描いた初期の「消費社会」の女性的性格をよく認識していた。実際、彼が「顕示的消費」と呼んだものへ関与することで社会の価値観を具現化したのは、女性であった。ヴェブレンがこの社会を特徴づける価値体系を明らかに非難しているとはいえ、彼の主な仕事はその社会をそのものとして位置づけるメカニズムの分析を通してそれを描くことであった。顕示的なレジャーあるいは消費はそのメカニズムの歯車の中心

1900年のパリ万国博覧会の絵はがき．パリのデパート「ル・パラディ・デ・ダム」による製造・販売．ここにみられる電光効果のスペクタクルは，多くの側面からこのイベントを特徴づけた「女性文化」を特に強調するものであった．

であり、主に女性がこれを行使していた。さらに、それは「家庭の芸術」や「ファッショナブルな服、家具、装備品の所有」などの「疑似芸術的な素人芸」を通じて現れるのであった。(44)

ヴェブレンが女性的な趣味に対して下した究極の判断は、否定的であった。とはいっても彼は、趣味と消費という二つの現象の配列を前向きにとらえている方である。彼に続く消費文化の記録者たちは、その本質的にジェンダー化された性質に彼ほど洞察力を示さず、より抽象的にその原因やその心理的特質について語ったり、それが全国的なマーケットの台頭や、裕福な専門家や支配人たちの新階級や、新しい鉄道システムや流通システムや、倹約に代わって過剰さが新しい文化的理想となったことや、(45)広告やマーケティングの役割に負っていることを強調したりしてきた。(46)さらに、彼らは一八九〇年から一九四〇年の期間にアメリカにおいてどのように消費の概念自体が文化的理想となり、アメリカの民主主義の概念に含まれた「個人の自由」と連携していたかを強調した。これらすべての要素が消費文化の台頭およびそれを機能させるメカニズムを促す中心的役割を果たしている一方で、こうした説明はみな中心的な含意のひとつを見逃していた。公的領域における女性的な趣味の再規定である。

両大戦間期には、セールスマン教育のためのマニュアル本が、消費という行為の一部を占める要素を分析しようと試みた。文学史家レイチェル・ボウルビーは、古典的（合理的）とロマンティック（衝動的）との両極に消費を分けている。彼女の説明によれば、後者は、「女性化の過程を経たとしばしばみなされている」。これは、「これらの特質が自然に女性に備わっていると暗に意味する必要もなく、気まぐれで快楽主義で女性のよう」なのである。(47)「セール」の諸要素はこれらの同じマニュアル本のなかで「魅了、関心、欲望、そしてセール」を含む範疇に入れられている。趣味は明らかに魅惑の初期段階において、また確かに関心や欲望の段階でも重要である。これが、顧客を得んがために大きな努力を払う大きなデパートにおいてほど明白になる場所はなかった。見世物としてのレベルは、おそらく大規模な国際博覧会を除いては、他とは比類ないものであった。たとえばパリのボン・マルシェにおいては、

あちこちで、商品そのものに格別な品質を与えるように、商品が装飾的なモティーフを形成していた。絹展示室の壁からは絹が滝のように垂れ下がり、リボン売り場の上にはリボンが結ばれ、傘は色合いとデザインの行進のごとく全開で下げてあった。下の階の見物人のために、東洋風の敷物がバルコニーにかかっていた。特に大売り出しの日には、群衆も熱気も一段と高まっているのだが、商品や装飾が互いに溶け合って、人々の感覚をくらませ、店は色彩と興奮と夢からなる祭りやおとぎの国と化すのだった。ホワイト・セールスは特に有名な催し物であった。このときには店全体が白ずくめとなった。白いシーツ、白いタオル、白いカーテン、白い花、などなど、階段やバルコニーでさえも、一体となって白のモティーフを形成していたのだ。その後には、クリスマスの展示が同じように壮観であった。一八九三年にはブーローニュの森でのアイススケートの場面を表現するおもちゃが飾られた。一九〇九年にはバック通りのセクションでは北極が、バビロン通りのセクションではジャンヌ・ダルクの展示が、そしてセーブル通りの階段の上には「回転するプロペラつき飛行機と光り輝くおもちゃ」が、計画されていた。(48)

大西洋の反対側でも、これに負けないくらい野心的なディスプレイが行われていた。

アメリカのデパートでは、流行の中心であるヨーロッパもまた重要でエキゾチックな発想源であった。洋服や帽子その他の女性の流行はたいてい「流行の首都」パリを連想させた。「パリジャン主義」の効果を期待通り

に得るために、店の支配人たちはフランスのサロンを真似したり、「パリの街角」を再現したり、「本物のパリの大通りにあるアパルトマン」のインテリアを完全に模倣したりした。(49)

こうした大げさなアピールは、特に女性的な領域と関連しており、消費文化がどの文化と同義になっていったかがわかる。世紀半ばの中流階級のパーラーで重要な役割を担い続けてきたディスプレイに、デパートの公共的な環境が肩を並べ、領域を広げていった。この新しい状況の下、日常生活の束縛や実用性はもやは直接関連せず、そこにはパーラーのなかにずっと潜んでいつつも決して完全に自由に扱うことはできなかった幻想を完全に実現できる可能性があった。商業的交渉の観点から、今や夢と現実は境目なく混同することができ、女性の趣味は、公的領域はいうまでもなく私的領域においても、これまでにないほど思いのままに表現されたのだった。

このコンテクストにおいて、他の感覚を支配下に置いたのは「目」である。視覚的効果の強調は顧客を魅了し、彼らに一定の関心と欲望を抱かせた。(50)初期のデパートにおいて店内を視覚化した人々は顧客を誘惑し、明らかに商業的な成功を収めた。女性文化からみれば、こうしたデパートは単に操られる場ではなく、むしろ合理化の猛攻撃により家庭の領域で貶《おとし》められはじめた中流階級の女性の趣味が逃避できる安全地帯だったのだ。デパートでは合理的な消費が提示された一方で、それは明らかに非合理性や直感に対してアピールしていた。それは、一九世紀半ばの女性的なドメスティシティに根元を持つ、視覚的なモノの直接性と趣味の実践を呼びかけることを通して行われた。

まだ最初のころは「女性のたしなみ」がいくつか存続し、家づくりも文化的に高く認められていたが、二〇世紀初頭までにはどちらも大部分は姿を消し、あるいは少なくとも姿を消したかにみえ、女性は本質的に受動的であるという概念だけが残った。これは生産的な仕事に従事する男性的な能動性と対置された。消費は受動的なレジャーとして定義された。消費が骨の折れる仕事であることを認めていたヴェブレンですら、そのように解釈している(51)。その結果、消費における趣味の役割もまた受動的な現象とみなされ、生産される際に商品へ注入される美的要素であり、販売に際してディスプレイを通じて強化される「スタイル」へ応じることであるとされた。商品に意味や形態を与える行為は、消費よりむしろ生産と関連づけられた。趣味は、デザイナー（たいていは男性）の積極的な提案に対して女性消費者の立場から応じるという、受動的で無意識的ですらあるものだった。それはまた、製造工場からくる、ひとつのさやに収まる二つの豆のように規格化された商品に対する、個人というよりはむしろ大衆としての反応とみなされた。小売業ではしかし、個人主義という「幻想」はディスプレイによって達成された。こちらは、その環境の独自な点に焦点を絞り、商品そのものではなく特定の設定で商品をひと組にして並べるという特別の努力を払った。

　多様な商品が機械化され大量生産されることで、商品の美的内容の決定権はほぼ完全に主婦の手から剝奪された。こうしてデパートは、そして両大戦間期までには他の種類の店の多くも、デザインされ銘柄を付与され包装されたあらゆる種類の商品を販売していたのである。主婦はそこから選択しなければならなかった。彼女たちは、お金を落とすまで誘惑され操作される受動的な犠牲者に格下げされたともみなされる。しかし、別の観点からみれば、中流階級の女性は消費を通じて私的な領域から脱し、それによって、たとえステレオタイプなものであったにせよ、彼女たち自身の美的な経験のなかに身を置いたのだともいえよう。そして、それは疑いなく、彼女たちがこれまで公的には決して経験したことのない大きな快楽を伴っていたのである。

ショッピングが単に家事の一環でなく、社会的、文化的、美的な経験であったことは過小評価されてはならない。デパートは、レベルの高い見世物や、夢であろうが現実であろうが民主化された贅沢だけでなく、その他にもさまざまなことを提供してくれた。たとえばボン・マルシェでは、訪問者は毎日午後三時にガイドつきで店内の探索ができたし、定期的なコンサートも催された。多くの店舗には読書室があり、美術展も稀ではなかった。ルディ・ラーマンは以下のように述べている。

アメリカの主要なデパートは、女性客に対して多くの無料サービスも提供していた。メーシーは一八七八年以降、書き物机や新聞を用意し、一八七九年にはこの有名なニューヨークのデパートは豪華な昼食用の部屋をオープンした。世紀転換期ごろには、メーシーは女性のために五、六種類の無料の科目や自転車教習までも試していた。ワナメーカーは、彼が大切にしていた「公共サービス」の概念を、美術ギャラリー(一八八一年)、読書用キャビネット、軽食バー(一八八二年)、郵便局とインフォメーションオフィス(一八八四年)という形で実現し、一八九二年からは公式なパリのサロンで展示された絵画のセレクションを定期的に展示していた。一九〇七年に開いたニューヨークの彼の新しいデパートは、一〇〇〇席以上ある巨大な劇場まであり、クラシック音楽のコンサートのための大きなオルガンが設置されていた。(52)

商業の名において、中流階級の女性は自分たちの趣味を行使するだけでなく公共の場で社交をこなし、楽しみ、教育を受けながら時間を過ごすことができたのである。

デパートはステレオタイプな見方から女性の趣味を流行、目新しさ、心地よさ、そして美的な快楽と関連づけたため、女性が趣味を行使することが明らかに商品の販売であった一方、女性はその過程において文化的に脱女性化されることはなかったという事実が強化された。女性文化を男性の領域の価値体系とより密接に結びつけることによって趣味の権威を制限しようとした家事の合理化運動とは異なり、女性と消費との関係は、美的・伝統的に女性文化に属し、したがって大きな調整なしに趣味の価値体系を通して表現された。商品は規格化されていたが、この時期、選択の幅は急激に広がっている。創造的かつ想像力豊かに、視覚的な識別力によって選択がなされた。デパートは、このころまでには女性文化に本質的な要素であり、女性自身の仕方で近代に対処した主要手段のひとつとなっていた。これまでのように、女性と商品との関係は双方向であった。デパートは、展覧会、雑誌、広告がそうであったように、趣味を形成する装置の一環であったが、文化的生活における趣味の位置を否定するよりむしろ強調し、暗に女性文化を公認していた。

近代の到来とともに、家庭で文化的優位を占めていたものが置き換えられ、高いシンボル性と儀式性を有していたパーラーがより実利的なリビングルーム（特に子育てにおいて、家族生活の情緒基盤を与えるという家庭内で唯一非効率的な役割が残る場）に取って代わられた。そしてショッピングの環境が女性の領域の境界を実質的に押し広げ、女性が趣味を行使する主要な場としての役割を引き継いだのである。(53)

第5章　「空気の入れかえ」――女性とモダニズム

「私たちはヴィクトリア朝期の人々がかけたカビ臭い掛け布を破り取りました……マンションの隅々にまで空気を入れ、換気をするつもりです。」

――シンシア・ホワイト(1)

「ふき掃除や掃き掃除が終わり、再びモノの真の形態が明るみに出されると同時に、この形態の完全性を保つために、ギリシア人的なあらゆる忍耐、精神そして論理をもって努力しなさい。」

――アンリ・ヴァン・ド・ヴェルド(2)

近代に対する文化的な反応は星の数ほどあり、世紀転換期に絵画、文学、演劇、音楽とあらゆる分野の再定義に大きな影響を与えた。共有されていた社会的、文化的、精神的そして道徳的な秩序の崩壊とみなされたものに対抗して、科学技術が次第に台頭するにつれて、諸芸術はそれぞれの形態の分析へと内向した。それは、近代の実質的な建造物であり敷地であった建築や都市計画の分野に最も顕著に現れている。近代の容赦ない論理が都市部の景観を大いに荒廃させるさまをただ傍観するだけでは満足しなかった建築関連の人々は、彼らの周囲になだれ込む無秩序をせき止めようとした。彼らは建築物自体の運命のみならず、そこに住む人々の運命もまた創造するようコントロールする力を建築に与えようとしたのである。

家事の合理化推進運動の支持者によって提案された「秩序へのいざない」は、建築における家自体に関する、より大げさな定義と平行するものだった。世紀転換期と両大戦間期においてヨーロッパ、アメリカ、イギリスのアヴァンギャルド建築家の多くが、両大戦間期の合理的な改革計画を推し進めた。それは強力かつ遠大な計画であり、主に建築構造そのものによった。またそれだけではなくテクノロジーや政治、経済、美的価値を含む目標を明言することを方針としていた。その理論形成には、一九世紀の思想家たち、特にイギリスのデザイン改革者ピュージンやラスキン、そしてアーツ・アンド・クラフツ運動の先導者たちが利用された。両大戦間期までにはそれは近代的な要求に従って、こうした過去の思想をほとんど判別不可能なまでに変形する。モダニストたちは高度なレトリックを用いて、新たなテクノロジーを、新たな建築・デザインを、そして彼らがこれらの要素から自然と生まれると信じた新たなライフスタイルを賞賛したのだった。

建築のモダニズムは、近代化の過程で生じたマテリアルな混沌や断片化だけでなく、近代的な男性性（女性がこのコンテクストで語られることはほとんどなかった）が近代のあらゆる外観と格闘するところからくる疎外感までもコントロールしようとした。最初から、モダニストたちにとっては社会と建築は本質的に結びついていた。また、彼らは「問題」を定義し、それに対する解答は日常の生活に一定の合理性と目的とを組み込むだけでなく、ミース・ファン・デル・ローエの言葉を借りれば「新しい価値観を確立する」[3]、マテリアルな秩序の創造であると認識された。こうした目的のために、モダニストの建築家たちは、どの戦略が最良であるかを巡って論文や本を書き、講演をし、建造物を提案し（ときには実際にいくつかを建築し）、そして彼ら自身のあいだでも延々と議論しあったのである。少なくとも二世代にわたって広がった彼らの作品や言葉は、三つの主要な時期に分けてとらえることができる。一八九〇年から第一次世界大戦のあいだのプロト・モダニズム、一九一八年から一九二〇年代の終わりまでに顕著であったハイ・モダニズム、それから、第二次世界大戦へと続く、理念と同じくらいにスタイルの影響が国際的な舞台にまで広がった時期である。しかしながら、その影響はそこでとどまったわけではなく、さらに、より民主化され文化的に大きな影響力を持ったモダニズムの時期が一九四五年以降におとずれる。

この動きは世界的であり、数多くの西洋の産業化した国々で同時に興隆していた。アメリカやイギリスでの初期の動きは即座にドイツ、ベルギー、オーストリアへと伝わり、新たな勢力となった。世紀転換期のアール・ヌーヴォー——本質的に汎ヨーロッパ・アメリカであり（かつ強いナショナリズムの傾向を抱えていた）、新たな反歴史主義的スタイルを近代に与えようとした潮流——は、その発端において、いくつかのモダニズムの関心を強める役割を果たした。特に建築構造に関する分野ではそうであった。ゲルマン諸国での基盤から、二〇世紀初頭には建築のモダニズムはオランダや旧ソヴィエト連邦へと広がり、旧ソヴィエト連邦においては社会主義革命と同調した。しかし一九二〇年までには、モダニズム最盛期の理論的基盤が置かれたのはフランスとドイツにおいてだった。その堂々たる一〇年の後には、それは特にアメリカ、イギリス、スウェーデン、デンマークそしてイタリアにおいて先進的な建築・デザインに影響を与えたスタイリスティックな、またイデオロギー的な運動へと変容していた。モダニズムの時期は多くの人々を魅了し、彼らは無数のテクストに自分たちの思想を託した。それはその運動の成果でないにしても、その大望の証左なのである。建築・デザインにおけるモダニズムの年代的、地理的な広がりをみれば、この運動が、まったくのところ他の形のモダニズムと同様に、主唱者たちの共通の信念と同様にその内的な矛盾と不整合が特徴だとしても驚くことではない。それでもなお、現実ではないにせよ、理論上もたらされた劇的な一八〇度の方向転換の衝撃は、突如として懐の奥まで届いたのである。

モダニズムの影響下では過去との断絶があまりに完璧であったため、両大戦間期には一九世紀後期のマテリアルな世界は取り返しのつかないほどに変形した。新たな民主主義的、技術的社会から構想を得た、またそうした社会にとって的確だと考えられた語彙を基にして、建築言語が刷新される。それにともなう広義的な共通テーマの数々に人々が肩入れしたことから、マテリアルな世界の変形が影響力を持つことになる。さらなる自由や男性との同権を獲得する方法として女性たちが始め、参加した家事の合理化運動とは異なり、家自体や家が建てられる都市の構造の合理化は、ほとんど排他的なまでに男性およびプロによって提案されており、男性的な価値体系を完全に固守したものだった。

完全に都市化するためには、家族の住居の変化が必要不可欠だった。その変化への希求に根ざしつつ、再生された住居の主要な原型となったのは、合理的な家事の場合と同様に、家庭という聖域よりもむしろ近代的な工場である。さらには、その理想を指示した価値観は、公的領域と関連していた。合理化、規格化、客観性、機能性といった世紀転換期以来モダニストのプロパガンダが一貫して繰り返し主張してきたことは、近代化の運動が本質的に男性的な視点を有することの証左である。それは、マテリアル・カルチャーにおいて、またおそらく文化全体において、女性的な価値観が次第に周縁化していくことを強調する視点であった。

その見方を取り入れ奨励した諸機関を通して、また最終的にはその支配下に入った膨大な数の量産品を通して、モダニズムは二〇世紀半ばまでには力強い文化勢力となっていた。その影響は大がかりな公共住宅のプロジェクト、家庭の家具やインテリア、また一連の家庭内機器といったマテリアル・カルチャーの広い範囲にわたっていた。おそらくより重要なことに、建築のモダニズムが内包した価値観は、影響力のある「体制」の物理的環境の判断がつねに適用されてきた判断基準を特徴づけていた。建築物からティーポットまで、また世紀を通じてそうだったのである。マテリアルなモノのなかで籾殻と小麦を広く分けてきた「グッド・デザイン」の概念は、全面的にモダニズムのカノンに依存している。その究極の文化的優位は、それ以外の価値観をさらに置き換えてしまうことにあった。女性の社会文化的、そして個人的なアイデンティティの確立にモノが果たすシンボリックな役割と関連した価値観、一九世紀を通して女性文化の重要な側面を形成するにいたった価値観を、置き換えようとしたのである。それはまたもや、女性の趣味が中心的であることを、そして社会的、文化的、経済的そして政治的生活のなかでそれとともにあったあらゆるものを否定することによって現れた。初期の一九世紀のデザイン改革において否定されていたものが、今や国際的な舞台での否定へと社会の境界線を越えて移行したのだ。

モダニズムのラディカルな計画は、明らかに、ジェンダーではなく階級に向けられていた。社会主義の原則に同調したモダニズムは、階級差別のない社会を標榜し、量産がマテリアルなモノの民主化をもたらし階級差別のない社会の実現に寄与すると主張した。フランスの建築家リュー・ド・マイヨーは、「われわれ自身が民主主義なのであり、われわれはさらに民主主義へと向かっていく世紀に生きている。われわれは芸術を享受し、欲し、そうして欲することによって芸術の生産を承認する社会がなければ芸術もない、ということを決して忘れてはならない」(4)と述べている。スイスで結成された現代建築国際会議(CIAM)の会員たちもこの意見を一九二〇年代後半に繰り返している。

合理化と規格化は……社会生活の新しい条件に沿って再調整する方向へ消費者の需要を修正することを期待している。そのような修正は、真の正当な理由を持たない個人的な需要が今後は減少することに現れるだろう。

この減少の利点は、現状では制限されている、最大多数の需要の最大充足を呼び起こすであろう。(5)

彼らは、量産を支持する原理は民主主義の過程に帰結し、「真の需要」に対して個人的な欲求や欲望を拒否しながら有益なものをもたらすと信じていた。モダニストたちのヴィジョンの根本には、集産社会という仮定的な概念があった。新しく規格化された建築・デザインは、最初から、規格化された需要を持つ規格化された社会を想定していたのである。これは、五、六人の主唱者たちによる新しい住居の機能的な論拠を定義づけに最も明白に現れている。たとえばル・コルビュジエにとっては、家の本質は以下の通りであった。

暑さ、寒さ、雨、泥棒、そして詮索好きからの避難所。それは光と太陽の貯蔵所である。炊事、仕事、また個人的生活に適した特定の数の小室。(一方で必要な部屋数は)ひとつが炊事用、ひとつが食事用。ひとつが仕事場、ひとつが浴室、ひとつが寝室。(6)

生存の基準線まで機能的に縮小することとは、使い手の需要を規格化し、個人的な傾向や趣味を排除することである。飾り付けや社会的な相互行為、またそれ以外のどんなステレオタイプ化された女性の心理的充足のあり方も行き場を失ってしまった。ドイツの建築家・理論家であり教育者ヴァルター・グロピウスのいうところの「町の住民(townsman)」は、似たように規格化された男性的な存在で、その人にとっては「住居を選択するときの決定的な配慮は効率」(7)であった。デッサウのバウハウスでグロピウスの後を継いだハンネス・マイヤーは、建築や都市計画における規格化された必要条件について、さらに厳しくこう述べた。「今日の生活でわれわれが需要するものは、社会の層状構造によるだけでどれもみな同じである。真の共同体の最も確かな兆候は、同じ方法によって同じ必要が満たされることである」――これは、おそらく、モダニズムの最も全体主義的な側面である。[8] それはまた、近代的な家に置かれる量産された消費財にも広がった。そのなかには、「国際的に製造され統一されたデザインをみせる典型的な標準製品である、折りたたみ式椅子、たたみ込み蓋つき机、電球、浴槽、そして、持ち運びできるグラモフォン」[9] などがあったのである。モダニズムのひとつの極限とはいえ、マイヤーの考え方は、個人主義が建築内部とその調度品の美的機能とともにどれだけ消滅したかを表していた。「家庭を美しく飾る」主婦の役割をこうして根こぎにすることが、示唆にとどまったとはいえ、提案されたのだ。女性的な趣味は、この新しいモノの世界図には含まれていなかった。

モダニズム理論は、個人主義を拒絶し全体主義によって置き換え、また合理化された量産による消費の論理を決定した。これらは、一九世紀から受け継がれ、軽蔑の対象となったブルジョワ文化に対する反動とともに発展した。こうした主張は、一九世紀の終わりに近づくにつれ趣味や欲望、消費の概念とますます結託していった女性文化の役割を直接掘り崩した。こうした力の合理性や生産の力への従属は、あからさまにモダニズムの公的かつ男性の領域への肩入れを強調した。その領域において、モダニズムは改革計画に必要なあらゆる原則を見出したのである。

ブルジョワ文化への嫌悪、そしてそれと密接に結びついていた女性化された家庭の美的価値への嫌悪が、当時のモダニストの体内に脈打っており、多様なモダニズムの諸相を形成していた。モダニズムには共通の解決策はなかったかもしれないが、少なくとも共通の敵はあった。この共有観念は数多くのテクストにみられる。[10] 「ルイ＝フィリップの時代」のブルジョワ趣味を突き止めたマイヨーもこれに含まれる。オー

ヘンリー・フォードのハイランド・パーク工場．1913年．ここに図示されているのは，「T型フォード」のボディがようやくシャシーと出会った瞬間である．合理化と標準化の原理に基づいたフォード式生産の概念〔テイラー・システム〕は，モダニストの建築・デザイン理論に重要な影響を与えた．（フォード社）

ストリアの文筆家であり建築家のアドルフ・ロースは、初期モダニズムの主要な代弁者のひとりだが、彼も同様にブルジョワの室内装飾を酷評している。

そうして指物師による支配が始まったのだ。それは恐怖の支配であり、いまだにわれわれがみな骨の髄に感じている。ベルベットと絹、マカルト〔ハンス・マカルト。オーストリアの画家で室内装飾もてがけた〕のブーケ、ほこり、息の詰まるような空気に光の欠如、仕切りカーテン、絨毯に「お飾りの並べもの」――ありがたい、これらはみな過ぎ去ったことなのだ。(11)

他の多くのモダニストたちもロースと同じ意見であった。しかし、ブルジョワジーに対する嫌悪が最も激しいのは、フランスの建築家ル・コルビュジエの一九二〇年代の著作においてである。彼は『今日の装飾芸術』のなかで、「ブルジョワの王様」と彼の「装飾的小物ごころ」という、中流階級の室内装飾へのあからさまな言及をしている。[12] 彼は特に、中流階級のパーラーを連想させる「レースのカーテンが掛かった窓」や「ダマスクの壁紙」[13]を軽蔑していた。

ほぼ三〇年間にわたり、飾り付けの趣味や、女性を示唆するドメスティシティの美学と結びついていたブルジョワ趣味は、モダニストの建築家が反撃するためのイメージを供給した。彼らの改革計画の根本は、そのイメージに対抗し、マテリアル・カルチャーの言語を刷新することによってそのイメージを連想するすべてを一掃しようとすることにあった。その新しい言語を形成する上で、彼らは自分たちが何を拒絶しているのかを完全に、明白に見据えていた。家庭内での飾り付けや女性の趣味に少しでも関わる事柄すべてを拒絶したのだ。流行や目新しさは、退廃的な文化の兆候であるとして、繰り返し非難の対象となった。ロースは特に、断固としてこれを拒絶した。「流行！　ぞっとさせることばではないか」[14]。ドイツの建築家ハンス・ペルツィッヒも同様に、「われわれがいまだに、短期間のうちに一連の模倣者が出て俗化すると軽蔑の対象になってしまうような流行を追いかけている」[15]ことに失望を表した。彼はこれを彼の呼ぶところの「真の建築……一心不乱の芸術的熟考の産物」[16]と対置している。ほぼ二〇年ののち、ドイツの建築家・家具デザイナーで、バウハウスの学生となり最終的にはそこで大いに影響力を持つ教師となるマルセル・ブロイアーが、同じ信念を繰り返している。「われわれは流行的な建築に飽き飽きしている。意図的な新しい形態にもうんざりだし、個人的な偏愛や性向に基づいたものすべてが同じく無意味だと思う」[17]。

ほとんどのモダニストたちが同意しているように、流行は表層的であり、なによりも彼らがみな望んだ理想、すなわち普遍的な形態というネオ・プラトン主義により体現された理想には及ばない点が不満なのだった。純粋さ、普遍性、簡素さ、幾何学、そして規格化は、モダニズムのレトリックのなかでは、短命さを超越し本質と向き合うことができる点で繫がっていた。「われわれは教育の基盤をいかなる形態の先入観の上にも置かなかった」、とグロピウスは説明する。「しかし、われわれは不動に変化する生命の形態の活力に満ちたひらめきを模索したのだ。……バウハウス様式は失敗の告白、また私が戦おうとして生じさせた停滞そのものであり活力を失わせる惰性ともいえる」[18]。活力と惰性、能動と受動との対置は幾度もみられる。これは、逆説的には、実際にモダニストたちが単調さへのおそれから模索していたのは変化であり刷新――流行の本質そのもの――であったことを示している。しかしイデオロギー的には、流行の概念は密接に古きブルジョワジーの価値体系と結びついており、そこでは誇示や社会での向上心がとても重要な役割を果たしていたのだ。

流行と密接に関連していた目新しさもまた、あの「古き」文化と深く連関していたため、モダニストたちはその誤った考えに反対した。「われわれの運動に含まれている概念はわれわれにとってあまりに深刻であるから、変化する流行や目新しさのための目新しさなどの軽薄な戯れになど関わっていられないのだ」、とイギリスのアーツ・アンド・クラフツ運動の理念をドイツへ紹介した主要人物であるドイツ人ヘルマン・ムテジウスは書いている[19]。また、グロピウスも彼のいうところの「移ろいやすい目新しさ」[20]を拒否した。しかし、モダニストの建築家は、装飾の概念に最も強く反応した。彼らは建築の言語を刷新し、それによって建築がおかれた文化によって支配されるのでなく、文化を支配したいと奮闘していた。最も影響力を持ったテクストは、アドルフ・ロースが一九〇八年に出した、挑発的なタイトルを持つ論文「装飾と罪」であることは疑いない。ロースの考えは、それ自体が一八九二年に「装飾は精神的に必需ではなく贅沢である」[21]と書いたシカゴの建築家ルイス・サリヴァンに影響されている。これが一九二〇年代のあらゆる主要なモダニスト提唱者に影響を与えた。一八九八年にロースはまた、「自然の摂理から」女性が劣等であるというサリヴァンの考え方に乗じて、「女性はここ何世紀かの発展から恐ろしく後れている」[22]と主張した。しかし彼が「文化の発達する道は、装飾的なものが機能的なものから離反する過程と同じである」という主張で有名な『装飾と罪』を書いたころには、この「後れた」行動の責任とみなされたのは女性よりもむしろ、進化論のヒエラルキーのなかの別の劣等な存在である非ヨーロッパの「原始人」であった。「パプア人は彼の手が届くところすべてに装飾を加えている。彼の顔や体から弓やボートにまで」[23]。ロースは人間の進歩を自然世界から文化への進行だと定義したダーウィン主義的な進化論の枠組みを用いた。文化の進展は装飾の拒絶を伴う。ル・コルビュジエは装飾について以下のように語り、ロースに加担している。

〔装飾とは〕安ピカ物で、野蛮人にとっては魅力的な娯楽である……人々がより文化的になればなるほど、装飾が姿を消すのだ、と肯定するのは正当だろう。(ロースがこれをまったく適切に述べている。)[24]

遠まわしであったにせよ、こうした言葉に込められているのは、「野蛮人」と女性がどちらも「文化的な」男性よりも下等であり、彼らが共通して自然や装飾に頼っていることは彼らが共通して進化論的に下等であることの現れなのだということだった。

装飾に対する激しい抗議はモダニズムの文章や実践を通してライトモティーフであった。ロシアの芸術家ナウム・ガボやアントワヌ・ペヴスナーは、断固としてこう述べた。

われわれは三次元的な構築における画家の本質としての装飾的な色彩を拒絶する。われわれは具象的な物質が画家の本質であることを要求する。

われわれは装飾的な線を拒絶する。われわれは芸術作品のあらゆる線が、描写される身体にある力の内的な方向を定めるためにのみ用いられることを要求する。[25]

ドイツの建築家フーゴー・ヘリングは、その七年後にこう主張した。

われわれは今やパラス・アテナを器の底に適用するのは文化的でないと考える。われわれは動物の頭部の形に皿や壺をかたどったり、それらの内部を容器に用いたりするのは悪趣味であるとみなしている。われわれはもはや、テーブルの脚がライオンの足にみえるようにしたりはしないのだ。[26]

モダニズムの建築・デザインにおいては、どんな自然主義の装飾も、色彩や線の装飾的な適用も許されなかった。そのどちらもが機能の拒絶を、素材に対する「正直さ」というアーツ・アンド・クラフツ運動の原則を、純粋さを、そしてモノの本質的な普遍性の拒絶を示唆したからである。さらに、装飾はブルジョワ文化の一部であり、それは建築・デザインのあらゆる頽廃に根ざしたものであった。グロピウスが説明したように、「だからこそこの運動は、当初の目的が物質主義の厳しい束縛と剽窃や思い違いがもたらす誤ったスローガンから救われるために、内部から清められなければならないのである」。[27] グロピウスや他の人たちの反応を支えていた激昂の感情とモラル・パニックから、彼らは純粋さを追及する過程において極端な解決策を提案している。彼らはそうした解決策の形成において、当時ステレオタイプに定義されていた女性文化を無意識のうちに蝕み抑圧したのだった。

一九世紀を通して女性の自己イメージやアイデンティティを定義するのを助けてきた女性の美的価値観は、「家庭礼賛」において、特に家庭における飾り付け作業を通じて結晶化されてきた。家庭の装飾は、そしてなによりもパーラーもしくはドローイング・ルーム、寝室や化粧室といった女性の空間は、この過程で重要な役割を担った。モダニズムの建築の主要な提言のひとつは、自然や建築的構造の内部の重要性の徹底的な再定義であり、後者には家庭の生活空間も含まれていた。彼らは家庭におけるジェンダー化された空間という考え方を一掃し、代わりに室内が戸外の延長となるように開放しようとした。子宮のように固定され閉ざされた空間と、その厳格でシンボリックなかつ儀礼的な意味づけは一掃され、その代わりに、より効率的な機能と結びついた一連のより柔軟な可能性がそこに収まったのである。

インテリアの変化は、モダニズム建築の他の多くの様相と同様に、シンボルというよりむしろ形式的な形で、つまり意味よりもむしろマッス〔塊〕や空間に関連させて議論された。アメリカの建築家フランク・ロイド・ライトは、インテリアをラディカルに変えた先駆者のひとりである。彼によれば、

室内空間という感覚は、有機的な建築における現実として、近代の物質の拡大された用法と調和している。建造物は今や室内空間のこの意味において発見される。囲い込みは、もはや単なる屋根や壁によってではなく、「仕切りのついた」空間として発見される。この現実が、近代なのである。(28)

グロピウスも、壁の消滅という考え方を繰り返している。(29)建築的な構築における非構造的な要素は、鉄、

コンクリート、ガラスの新たな用法によって与えられていた。壁はもはや一世紀前と同様の心理的なバリアではなくなっていた。モダニストの住宅はむしろ開放的な空間であり、そこでは効率がその構成部分の用途を定めていると考えられた。この新たな開放感とともに、家庭の住居に存在した空間は再定義された。明白な差異化は消されなければならなかった。それぞれの部屋の機能が存続し続けた一方で、そうした空間における備品はより社会的儀礼を示唆しないものに、そしてより実用的な性質のものとなった。たとえばル・コルビュジエは、間仕切りやよろい戸の後ろにできるだけ多くを隠し、飾り付けは極力制限されるべきであると提言した。

したがって、家のなかにはもはやどんな家具職人による家具も存在しない。……家具を減らしていき、必要であるなら壁自体を形成する区分け棚にしてしまうことも、鉄筋コンクリートによる構築の基本的な方法で可能である。(30)

彼はまた、オフィス家具や、地元の店舗で入手できるような、扉、窓、暖房機、電球、流し台などの一連の規格品を家庭内で使うよう唱導した。建築家の仕事は、家がこれ以上の「飾り立て」を将来の住人によって必要とされないように設備することだ。本や絵画などのいくつかの個人の所有物を足すことが許された一方で、住人の役割とは、家のなかの機能的なゾーニングで期待されたように行動をとることであった。もやは、ラスキン風の「飾り立て」は主婦にとって必要ではない。対社会的なディスプレイや、家庭内での趣味の行使という彼女の仕事は、結果的に完全にお払い箱となったのである。

こうした考え方は、一九二五年にパリで開催されたアール・デコ展覧会のためにル・コルビュジエがデザインした、『エスプリ・ヌーヴォー〔新しい精神〕のパヴィリオン』において最も効果的に実現された。このプロジェクトの目標は、「家のなかの家具と美的内容との両方を同時に解決する」[31]ことであった。パヴィリオンの最も顕著な特徴のひとつは、内部と外部の連続感のあまり、両者の区別が曖昧になったことだった。これは、その会場に生えていた一本の木が建物に空けられた穴を突き抜けるように配置されたことでより強調された。のちに、彼の家具デザインの同僚であり、彼が「家庭内のインテリアデザインの達人」[32]と評したシャルロット・ペリアンとともに、彼はこうした考え方をさらに推し進めた。家から彼のいうところの「ごちゃごちゃしたもの」を剝ぎさることで、彼は熟考を促す瞑想的な環境を作ろうとしていた――「そして、おそらくわれわれはこの休息の時間において、この自宅でのくつろいだ時間において、ゆっくり考えることを楽しむだろう」[33]。しかし、「家庭を美化する人」が過去に属すのならば、今の女性にはどんな役割があるのか、という点は示唆されなかった。

一九二〇年代までに、女性は受給労働者として、また消費者として、公的領域にかなり進出していた。女性らしい趣味は、デパートが提供する「スペクタクル」によって、まだその役割を果たし続けた。ル・コルビュジエもこのことを認識していなかったわけではなく、彼はブルジョワ文化の批判をデパートやその中身にまで広げ、女性や店の売り子嬢を有罪とみなした。彼は「店やデパートのディスプレイ」が「偶像崇拝」[34]を――誤った偶像の崇拝を――奨励するといって非難し、挑発的にも「金ぴか安物だらけのご婦人の部屋のバザール」[35]と言ってのけ、女性的なドメスティシティと市場の美的価値とを結びつけたのである。女性と消費に対する彼の最も激しい攻撃は、下の歌にこめられている。

鋳物に施されたあらゆる装飾（鉄、銅、青銅、すずなど）。

布地に施されたあらゆる装飾（カーテン、家具、流行）。

白いリネンに施されたあらゆる装飾（テーブルクロス、下着、ベッドリネン）。

紙に施されたあらゆる装飾。

陶器、磁器に施されたあらゆる装飾。

ガラス器に施されたあらゆる装飾。

あらゆるデパートの装飾！　装飾、装飾、まさしく、あらゆるデパートの装飾。デパートは「ご婦人方」の喜びなのだ！(36)

『ご婦人方の喜び』（*Le Bonheur des Dames*）は、一九世紀のエミール・ゾラの小説の題名である。これを思い出しながら、ル・コルビュジエは、ゾラが挑発的に描き出した、ショッピングという公的な行動への女性の参加という歓喜あふれる経験の全音域をわれわれに想起させるのである。

ル・コルビュジエの最も強い非難は、売り子嬢に向けられた。彼女たちは、彼がたいそう蔑視した消費文化を広める役割を担った新たな労働者である。彼は、表層の装飾に対する嫌悪に磨きをかけ、表面の装飾は「あなたが好きなだけ魅力的に、楽しげに、売り子嬢のように」することができると皮肉り、続けてはっきりとこう述べた。「花模様のクレトンのドレスを着たかわいらしい小さな羊飼いのような売り子嬢は春のように新鮮で、このようなバザールにおいては人類学博物館の服飾部門の飾り棚から出てきた身の毛もよだつ幽霊のようにみえる」(37)。

ル・コルビュジエによる悪趣味の非難の対象は、売り子嬢自身ではなくその内容ではあったが、それでもなお彼は売り子嬢を共謀者とみなしていたふしがある。確かに、何十年ものあいだ小売業に従事した女性たちは道徳的に曖昧であるとみられていた。家族と離れて生活し、これまでは売春婦のみが生活する術を見出していた都市生活に参加した新しい女性労働者たちの身持ちは、大いに議論された。こうした女性を趣味の問題から問いただすことで、ル・コルビュジエはその道徳的議論に新たな次元を加えた。ル・コルビュジエは、女性は装飾芸術の頽廃に一役買っていた、と主張する。彼は、チャールズ・イーストレイクの語彙や道徳的に諭すような口調を想起させる。

とても若いご婦人方が装飾芸術に——火かき棒細工や金属細工や刺繡に——夢中になった。女性用の寄宿舎学校は、応用美術と歴史を時間割に組み込んでいる。……その時点では、装飾の全体的効果を説明する人が全体への配慮、統一感、バランス、均整、調和といった分野において男性の能力が必要不可欠であるということを彼らの名前を広め彼らの専門の職を確立することで示そうとしなかったならば、装飾芸術が若いご婦人方のあいだで沈没してしまうかにみえた(38)。

女性の素人芸に対するこの公然の批判と男性の専門職業意識の賛美から、美的嗜好には二つのジェンダー体系があり、男性のそれが当然女性よりもすぐれていることを彼が信じていたことが分かる。ル・コルビュジエがハイ・モダニズムの原則をはっきりと述べ、おそらく最も国際的に影響力を持ったモダニズム運動の主導者となった一方で、彼だけに当時の建築・デザインの男性化を帰するわけにもいかないだろう。家庭内の飾り付け、装飾、歴史主義、流行や目新しさ、概してブルジョワ文化全般への非難は、広範にわたっていた。集合的には、モダニストの建築家たちは彼らの非難を、一九世紀に発達していった女性文化を矮小化し周縁化するという方法で示した。その結果は、彼らが共通して持った女性文化に対する否定的な感情だけでなく、男性文化と男性の領域に根ざす彼らのモダニストとしての言明にも示された。これが最も明白であったのが、いわゆる「機械美学（The Machine Aesthetic）」の形成においてである。量産や工場はモダニストの建築・デザインにとって比喩的な着想源以上のものでは決してなかったが、それらはまたモダニストたちの考え方の中枢をなした規格化、普遍性や民主化といった概念へ彼らの注目を集めるという役割を担った。彼らの多くにとって、エンジニアは英雄となった。「彼らがしていることの本質は」とオランダの建築家でデザイナーであるアンリ・ヴァン・ド・ヴェルドはいう、「理性であり、彼らの手段は計算である。彼らが理性と計算を用いることから、最も純粋で最も確実な美へと導かれるのである」(39)。彼らにとっての直感の袋小路からの出口はここだった。一連の機械的な規則が新たな美学へと導いた。他の大勢がヴァン・ド・ヴェルドの論理づけに従い、彼らの信念を純粋な工学的論理においた。ハンス・ペルツィッヒはこう述べている。

> 負荷と支柱、さまざまな素材から構築される部分部分の正しい計測を統合して計算しデザインすることは、エンジニアに任されている。建築家は彼の救いを建造物の素材の上に強いて求め、その有機的な明快さをぶち壊しにするような装飾的構成だけに求めることがあまりに多い(40)。

工学にみる工場や量産の規則が、趣味の底なし穴からの避難路とみなされた。そこには理性と組織化を基盤とした一連の原則や規則があり、それらが確かな足がかりを与えてくれるのであった。この信念には無数の誤謬があったが、比喩的なレベルにおいてはうまく作用し、幾何学、客観性、そして「機能主義」の理論と呼ばれるようになったものに対する関心は直接ここから発している。ル・コルビュジエは以下のように述べ、彼の仲間の建築家たち多くの思想を代弁している。

幾何学は、われわれの周りを概観し、われわれを表現するために与えられた方法である。……幾何学は基本である。……それはまた、完全性、神性を象徴するための物理的基盤でもある。それはわれわれに数学の大いなる満足感をもたらしてくれる。(41)

客観性は、オランダのデ・ステイルの一派と関連していた建築家やデザイナーの作品と思想を支えていた。その主要な代弁者テオ・ファン・ドゥースブルフは、その理由をこう語っている。「新しいものを作り出すためには、われわれは方法論が、すなわち客観的なシステムが必要である。もしわれわれが異なった事柄のなかに共通の特質を発見すれば、客観的な尺度を発見したことになる」(42)。

モダニストたちは、彼らが化学の論理と、そこから枝分かれした技術的進歩の世界と機械化された量産の世界に追随していると信じていた。アメリカの工場やその生産システムは、彼らを魅了したのみならず、彼らにとってのモデルとなった。それはまた、彼らが用いる規格化製品も提供したのである。彼らの目には、生産システムの論理は製品の幾何学的な様相へと魔法のごとく変化したように映った。彼らはそれをほめ称えた。自動車、上下水道設備、ファイリングキャビネット、オフィス家具、電球、それに「日用のコップやさまざまな形態の瓶」が、モダニストたちの「カノンとなる形態」であった(43)。これらは簡素でモダンであり、対社会的な誇示のための美的価値という手垢に汚されていない製品だった。装飾芸術家ではなくエンジニアによる、ナイーヴで無邪気な産物なのである。

機能主義の理論はモダニストの建築プロジェクトの真髄にあった。単純化していえば、その理論は、内部構造と建物もしくはモノの実用的な機能がその性質と概観を決定するべきであると強制するものである。これはデザイナーや建築家にとって経験による方法となり、彼らがマーケットの「スリル」によって気が散るのを防ぎ、モノの心理的象徴的役割を最小限にとどめることを確実にするための戦略であった。一九二七年にヒューゴ・ヘリングは、「モノの形は、その目的によって導びかれる」[44]と述べている。これは「有用なモノの美はその目的に関してのみ存在する」[45]という、ほぼ三〇年前のロースの意見の反復である。グロピウスも同様の観念をバウハウスの仕事と関連づけている。

モノはその性質によって定められる。したがって、それが的確に機能するようにデザインするためには――容器、椅子、また家も同様に――その性質を研究しなければならない。なぜならそれはその目的を完全に満足させなければならない、すなわち機能の効率、耐久性、経済性、そして「美」を満たさなければならないからである。[46]

合理的に考慮された数多くの基準を満足させて初めて、美の概念が図式に入ってくるのである。機能主義の概念が単純にみえる一方で、その遂行はかならずしも単純ではなく、「一見機能的」というのがしばしば「機能的」の代わりとなっていた。新しいライフスタイルを決定づけるというよりはこれを反映する新しいスタイルが台頭しつつあったことは避けられなかった。そのスタイルとは、男性文化に結びついたあらゆる価値観を優先し、女性的であると考えられる価値観を脇へ押しのけたものであった。文化的差異を超えて働く建築・デザイン理論――普遍的言語によって表現されることを基盤に伝達される一種のエスペラント――を形成しようとして、近代建築・デザインは人口の半分を占める女性を追いやろうとしたのだ。近代建築・デザインは、階級と地理に基づく文化的差異を縮めるために、それが標的とした社会の半分にのみ関連づけられており、だからこそ簡単かつ直接的に伝達可能な形態をとっていたのだという事実を見過ごしていた。

近代建築・デザインは都市環境と運命をともにしていた。ル・コルビュジエの都市計画に対する関心は、彼自身による近代の経験への直接的な反応なのである。彼は、「われわれの都市がますます無秩序になることは不快である。こうした腐敗はわれわれの自尊心を傷つけ、われわれの尊厳を害する……それらの都市は時代にふさわしくない。もはやわれわれにとってふさわしくない」[47]という。これは特に近代のパリに対する彼の感情によって強められた。それは、六、七〇年前には「フラヌール〔散策者〕」であるシャルル・ボードレールが、近代が都市生活へ与えた影響に彼自身の詩的な反応を発達させた、都会の空間であった。

夕暮れ時、六時。シャンゼリゼではあらゆるものが突然狂ってしまった。真空の後には、再び猛り狂ったように交通が動き始めた。そして毎日、この大混乱は一層ひどくなっていった。外に出るときには、扉の外へ出た瞬間なんの過渡期もなしに、人は死と直面する。車が猛スピードで前を通るのだ。[48]

都市部の存在に秩序感を導入しようとする欲求は、さまざまな形でモダニストの建築プロジェクトを支えていた。戦略のひとつは、歩道と車道とを分ける機能的なゾーニングの導入であった。彼らの改良策を都市のコンテクストに置いたことで、女性文化からの根本的な距離が強調されたのは避けられない。これは建築の内部、そしてその内部に置かれた家具を、町や都市というより大きな空間体系のなかに存在する空間の相互関連と定義することで一層強められた。これは、女性が当面体験していた、個人的で閉ざされた空間としての室内の定義とは相反するものであった。女性にとっては、インテリアの物理的なモデルは都市ではなくて流行服であった。個人的かつ社会的なアイデンティティのシンボルであり、身体の、またジェンダー化された自身の延長であり、社会ステータスの標識であった流行服との関係は、中流階級の女性に、どのようにマテリアル・カルチャーを自らの目的のために用いるかを教えたのだった。一九世紀において、この関係はインテリアへと拡大し、それは社会的な誇示と自己の同一化の場となったのである。モダニストの建築家たちは、家の都市的なコンテクストを強調し、またその内的な位置づけを矮小化することによって、事実上、女性と家との関係を否定したのだった。

エリザベス・ウィルソンは、女性による都市の経験は本質的に男性のそれとは異なっているという[49]。都市のなかを秩序立てようとするモダニストたちの欲求は、女性が、消費や商業、レジャーそして都市のスペクタクルへの参加を通じて都市部の生活の中で享受した、まさにその特性を破壊する脅威となったのである。「目標を社会工学と定めた専門職業者による功利主義的な計画」こそは、女性と都市の関係にとっての大敵であった[50]。都市を合理化し、その意味よりむしろ機能を強調することにより、モダニストたちは女性にとっての都市の機能を矮小化していたのである。

衛生や家事を焦点とし、家庭の環境における女性らしい趣味の役割と置き換えられていった合理主義的な改良運動は、建築領域のモダニストにより熱烈に取り上げられ、彼らによって理念を推し進めるのに用いられた。ドイツの量産品のデザインを高水準にするために設立されたドイツ工作連盟の目的を定義した際、ヘルマン・ムテジウスは形態と清潔さとが類似していると述べている。「清潔さが高度の身体的ニーズであるのと同様に、形態は高度な精神的ニーズである」[51]。良い形態と清潔さを等式で結ぶことで、精神性と身体性は融合された。浴室は、清潔さ、衛生、近代技術そして近代デザインの主要な場としてモダニストの弁論のなかに頻繁に登場した。ロースは、最初に浴室に着目している。彼はアメリカの発達した浴室器具を賛美した。一方でル・コルビュジエも浴室には同様の執着を抱いていた。

たとえば昔のドローイング・ルームのような、家屋もしくはマンションのなかの最も大きな部屋の一つで、南向きの部屋を浴室にするがよい。壁のひとつは完全にガラス板をはめ、可能ならば日光浴のために外のバルコニーへ抜けられるようにしたい。最新型の造作で、シャワーつき浴槽と体操器具つきがよい。(52)

モダニストの建築のなかでは、身体の浄化の概念が文化的な浄化のメタファーとなり、その最も明白な美的表現は、白の優位であった。ル・コルビュジエはすっかり夢中になって、のろの利点を謳った。

全市民は、自分の壁掛け、ダマスク、壁紙、ステンシル模様の代わりに無地の白いリポリンで壁を塗らなければならない。そうすれば薄汚れた暗い部屋の隅はなくなる。すべてが、ありのままに提示される。そこに、内的な清潔さがくるのだ。……壁にリポリンを塗れば、あなたは自分自身を征服できる。(53)

白い塗料の塗布を通じて自己コントロールが達成されるというのである。

家庭における科学的な管理の応用と建築・デザインのモダン・ムーヴメントとを最も直接的に連携させたのは、クリスティン・フレデリックである。家事の合理化は数多くのモダニスト建築家たちにとって物質的な形態に関係した概念を翻訳する契機となった。住宅建設の領域におけるモダニズム建築の最も重要な功績のひとつである、一九二五年から一九三〇年のあいだにエルンスト・メイ、アドルフ・マイヤー、フェルディナンド・クレーマーら建築家が行ったプロジェクトは、グレーテ・シュッテ＝リホツキイがデザインしたキッチンが取り入れられており、これは直接フレデリックの指針に影響を受けていた。

システム化された家政とモダニズム建築は、住人の暮らしぶりを変革するために、家屋とそのなかで行われることの両方を合理化しようとする共通の目的があった。それまで女性的な価値観が浸透していた領域のなかに入り込み、彼ら自身がそのマテリアルな環境の性質と役割によって形成されていたが、彼らは男性的な価値観に根ざした理想をそこに植えつけていた。その環境のマテリアルな性質と機能を両方変革しようとすることによって、モダニストたちは女性の役割と価値体系の変革を提案した。しかし、合理主義的な家事合理化運動も建築のモダニズムも、その変革がどのように実現できるのか、もしくはどのように実現するべきかの案を提供しなかった。両方の運動のなかで、伝統的な性別役割分業はまったく問題にならなかった。ただアメリカの唯物論的フェミニストたちのみが、ジェンダーの役割を考え直した上で建築上の変更を提案したが、彼女らの考えはモダニストには知られていなかったし、知られていたとしても等閑視されたのだった。

建築のモダニズムは、家庭の領域における女性の趣味の統治の終末と、そのような義務の完全放棄を示唆したので、女性の影響はこれを最後に根絶される。その後に取って代わったのは、プロの（男性）建築家やデザイナーによるコントロールだった。彼らは男性的な語彙で定義される「近代」と協調して、マテリアルな環境の形成における女性的な価値観の再起の可能性を最小限にとどめるために刷新された建築言語をもって、活動した。デザインは専門的で支配的な活動として定義され、アマチュアで本質的に受動的な対応と定義された趣味と置き換えられた。そうした文化的な支配権を取得する企てのなかで、男性的な価値観が女性的な価値観を家庭のインテリアの領域でも置き換えるようになったのである。

　建造物やデザインされた消費財に関していえば、モダニズムは少数派の運動にとどまっていた。それでもなお、それは数多くの巧妙な手口でドミナント・カルチャーに入り込み、この時期以降の建築・デザイン理論や実践の多くにイデオロギー的な枠組みを与えている。二〇世紀に設立された建築やデザインの教育機関のほとんどが、モダニズムの原理に則ってカリキュラムを立てている。インダストリアルデザインにその理想が取り込まれ、多くの美術館が量産品を、モダニズムに根ざした基準に従って精選・収集した。このことが、結果的にデザインのひとつのカノンを形成し、多くのモノが「良い」もしくは「悪い」デザインとして判断されてきた。二〇世紀の主要なデザイン改良を推進する機関——ドイツ工作連盟、スウェーデンのスロイド協会、イギリスのデザイン産業協会やインダストリアルデザイン・カウンシルが含まれる——は、デザインのレベルを押し上げるために、モダニズムの原理を利用した。さらに、二〇世紀のデザインのプロパガンディストたちの多くは、印刷媒体やその他のマスメディアを用いて、モダニズムを取り込み、その理想をできるだけ広汎に普及させようと努めてきたのである。

　こうしたなかで、また他の数多くの方法で、建築・デザインのモダニズムを支持する理想は大衆の意識の中へ浸透していった。ほとんどのプロ的な実践はモダニズムの基準に照らし合わせて、成功か失敗かが決められてきた。その価値のヒエラルキーは、アマチュアの美的選択の世界にもまたわずかに進入した。そこにジェンダーの偏見があったため、女性たちがモダニズムに参入し、その価値観を彼女自身や他の人々を自由にするために適応する場合を除いて、女性は正当に扱われてはこなかった。

　だが商業の世界やその成功を導いてきたさまざまな価値体系が関係しているところでは、かなり異なった事態となる。その構図においては、ジェンダーの文化はそれほど簡単に順位づけがなされない。モダニズムが量産およびその双子である大量消費の理想化社会ではなく、「現実」に対面しなければならなかったとき、そこでなされた妥協の数々は、女性文化を再び枠のなかへと押し戻すことになるのである。

第6章　「芸術の市場価値」――女性とモダン

「モダニズムは、意識的な排除の戦略を、モダニズムの他者による汚染への懸念を、そして消費を増大させ何でも飲み込んでいくマスカルチャーを通して確立した。」
――アンドレアス・ヒュイッセン(1)

モダニズムとマスカルチャーとのせめぎ合いを説明するにあたり、ヒュイッセンは対立する両者にジェンダーの特質を認めている。男性的にジェンダー化されたモダニズムは「客観的で……美的方法をコントロールする」一方で、マスカルチャーの方は対照的に「主観的、感情的、受動的」であった(2)。モダニズムは男性的とステレオタイプ視される一連の価値観への依存を特徴とし、大衆消費文化を連想させる女性的な価値観とは対立した。建築・デザインのモダニズムは、自らをスタイリスティックかつイデオロギー的な規範へと変化させることで、そうした理想化された男性的な定式に急速に反応した。イギリス、アメリカ、スカンジナヴィア諸国はその呼びかけに応えた。これらの国々では、モダニズムが最も純粋に体現されしっかりと自制を利かせていた。ただしそれは、広告や大衆映画や消費財をメディアとして、さまざまに修正された形態で姿を現した。

ハイ・モダニズムを修正しようとする最も強い勢力は、女性文化であった。この時期に女性がドメスティシティや消費や商業――まさに、快適さ、飾り付け、流行、視覚的なスペクタクル、イメージ、直感的な反応、欲求そしてモノのシンボリズムが最高位を占める世界への彼女たちの参加——とともに築き続けたつながりは、文化全般に強い影響を及ぼす一連のフェミニニティの勢力の台頭をもたらした。彼女たちが文化から商業へと旅するなかで、建築・デザインのモダニズムはこうした勢力を懐柔していかなければならなかった。

女性文化は、大量消費との関連においてデザインに影響を与えている。ヘンリー・フォードによって大量生産の明確な特性が明らかにされ、新しいテクノロジーの消費財の生産者の多くが競争していくと、消費がますます広告業者やマーケティング業者、デザイナーら、潜在的な消費者の欲望を刺激することを生業とした人々によって操作されるようになっていた。操作するためには、消費者の無意識の考えや購買の動機へと入っていき、消費者を消費へと駆り立てる価値体系を理解し、それに合わせなければならない。またこうした価値観は、製品の定義やそれにともなう宣伝用の資料へ吹き込まれなければならない。こうして戦略が発達していった結果、モダニズムの理想は妥協と修正を余儀なくされたのである。

近代建築・近代デザインと女性的な商業文化とが最初に対面したのは、一九世紀末のフランスにおけるアール・ヌーヴォーの台頭のころであった。初の国際的なモダンスタイルであったアール・ヌーヴォーは、建築やインテリア、装飾芸術の製作に広く影響を与え、女性の世界にもさまざまな角度から作用した。それはヤヌスのような両面性を持ち、二つの方向、すなわちエリート主義的な過去の世界と民主化された未来社会を、同時に見据えていた。それはまた、美の体現および創造者としての女性という一八世紀の理想に根ざしていた一方で、(3)現代の大量消費的な商業世界を容認した。贅沢で貴族的なエリート文化の原型との連携——マリー・アントワネットとポンパドール夫人のエレガントさや優美さを特徴としたルイ一五世の時代の装飾的な「モダンスタイル」——が、しばしば喚起された。とともに、その同時代的な志向はマス・マーケットの「新世界」へと向けられた。これらの両世界はハイ・モダニズムの枠組みの外に位置した。そして両方が、あの男性的な本質を持つ運動の縮小的かつ機械的な論理を拒絶する女性文化と関連づけられた。これら二つの世界は、まったく異なる方向へと引っ張られていたとはいえ、どちらもモダニズムのプロジェクトの中心にある規格化や社会の均質化への引力を拒否したのだった。

フランスのアール・ヌーヴォーの形成にともなって、ロココスタイルが装飾芸術やインテリアに大きな影響を与えた。アール・ヌーヴォーは、ロココのスタイルが有機的、曲線的、自然的な形態に依存していることに、贅沢や職人による製造品との貴族的な絆に、美的に統一された室内や「有機的な統合体」や諸芸術一般の統合への肩入れに、装飾芸術に現れる美とエレガンスの重視への信念に、個人的で家庭的な空間の重要性の強調に、悦楽、娯楽、官能によって定義されるライフスタイルへの傾倒に、そして感性の作り手かつ着想源としての女性によって演じられる中心的な役割に、大いにすがっていた。ブルジョワジーを転覆する手段としての社会革命というウィリアム・モリスの考え方をモダニストたちが追随する一方で、フランス文化のなかへロココを再び導入しようとする欲求は、力を蓄えたプロレタリア階級よりもむしろ、古き貴族を好む中流階級の力を侵食しようというもうひとつの戦略を表すものであった[4]。

さらには、ロココは、家庭の場で展開される女性の趣味の価値を認め、それを優先したので、女性の趣味は視覚文化において中心的な役割を果たした。装飾芸術の生産の中心に女性的なドメスティシティの概念を再び置こうとする世紀転換期のフランスの装飾芸術ユニオンの試みは、文化を再び女性化しようとしたものである。彼らは、女性が絵画の世界でやっていけるとも参加にふさわしいとも考えておらず、また「領域の分断」を問いただそうともせず、また当時の「新しい女性」の重要性に気がついてもいなかった[5]。とはいえ、彼らの政策は、女性的な趣味を生産と消費の構図の中心に据え、それによって従来は「女性のたしなみ」と呼ばれてきたものを主流の文化が容認することを示唆し、またそれによって拡大的に、女性が今や作るよりむしろ購入して家庭の装飾に用いる品々を容認したのであった。装飾芸術ユニオンによって企画された一八九二年の「女性の諸芸術展覧会」は、女性が作り、用いるモノを含んでいた。「家具、皮革製品、バスケット、カトラリー、宝飾品、羽製品、造花、レース、刺繡、着物、アパレル・アクセサリー」などである。(6) 女性による生産と消費は、同じように創造的な営みとみなされたのである。

装飾芸術ユニオンが女性たちにデパートの製品を避け職人と直接働きかけるように奨励したにもかかわらず、アール・ヌーヴォーの運動は商業的な文化と――特に広告と――たいへん密接であった。このことはまた、もうひとつの女性文化との関連を示している。ジョージ・エイヴナルは同時代を解釈して、あらゆるデパートによる商品とサービスの宣伝方法の特徴として「贅沢の提示」という語句を造語した。(7) アール・ヌーヴォー様式の主たる展示ケースといえるパリの一九〇〇年の博覧会において、大きなデパートは自分たちの存在感を、宣伝資料を広く頒布してアピールした。一方で、アメリカではアール・ヌーヴォー様式のガラス工房の芸術家、ルイス・コンフォート・ティファニーが一九〇二年にシカゴのマーシャル・フィールドの店のために乳光色のガラス製品を作成した。(8) フランスのアール・ヌーヴォーのポスター芸術家ジュール・シェレは、アメリカの乾物商品のポスターデザインに多大な影響を与えており、(9) デパートのディスプレイで重要な役割を担った色彩すらも、アメリカの舞踏家ロイ・フラーから着想を得たものであった。彼はアール・ヌーヴォーと密接に関わっており、「ガーゼ、造花、羽、リボンの色調に新たなプリズム的なブレンドの色調をもたらした」(10) のである。

二〇世紀の初頭には、一八世紀との関連は近代フランスの装飾芸術の発展のなかでまだ強く残っていた。エリート主義、贅沢な品々、工芸的な製造品や女性文化といったものに肩入れしたため、モダニストの主導者でもあるル・コルビュジエはこの動きを嘲笑した。しかしながら、アール・ヌーヴォーのときと同様に、これらのエリート主義的な表明からマスカルチャーへは、消費文化へのそれぞれの連関を通して、直接的な線があったといえる。一九二五年のパリにおける装飾芸術展覧会以降、アール・デコと呼ばれる運動は、こうした諸文化を不規則に広げ、アール・ヌーヴォーのように、両大戦間期には、展覧会だけでなく大衆市場向けの映画というメディアを通して大衆の環境のなかへ広がっていった。アール・ヌーヴォーのように、アール・デコは近代的な装飾の運動、もしくはスタイルであり、職人的な製造という概念に根づいていたが、同時に産業生産に呼応する必要性を認識していた。そして、一八世紀のような「黄金時代」を待望し、「贅沢品」に肩入れしていた。

一九〇〇―一九三〇年の期間には、ドイツ工作連盟の功績に対抗して、フランスは自国の装飾芸術の改革を国際的な優位性と国際市場における強いナショナル・アイデンティティの地固めとみなした。しかし、集合的な社会ヴィジョンと民主化、規格化されたデザインの原型を持っていたドイツとは異なり、フランスの自己アイデンティティは「趣味」や「エレガンス」の概念と結びついており、それは独自性、流行、目新しさ、そしてさらには装飾芸術、純粋芸術の二つの世界の密接関係の卓越を示唆した。これは、ウォルト、ドゥセ、ポワレなどを含む初期のオートクチュールのファッションに最も顕著である。彼らは自らの創造をエリート主義的に主張したが、同時にまた彼らの斬新なデザインに対して広いオーディエンスを求めたのである。フランスのファッション・デザイナーのなかで、流行と現代芸術をつなげた先駆者のひとりであるポワレは、アメリカで、ニューヨークのワナメーカーやメーシーといったデパートでの手の込んだショーを通して衝撃を与えた。(11) 彼の「アトリエ・マルティーヌ」は、ファッションのコンテクストで形成された彼の着想をインテリアの領域へ拡張するために設立された。彼は、フランシス・ジュルダン、エミール＝ジャック・ルールマン、パウル・イリベ、少し後にはスー・アンド・メール商会などの他のフランス人の「アンサンブリエたち（ensembliers）」に加わって、しばしば一八世紀の趣味にちょっとしたリップサービスがついたかどうか怪しい程度の、趣味よく統一された装飾的なインテリアを提供した。アール・デコ運動はまた、「贅沢の民主化」にも重要な役割を果たした。デパートはまたもや、この過程の重要なエージェントであった。一九二〇年代にギャラリー・ラファイエットの家具デザイナーかつデザイン部門の部長であったモーリス・デュフレーヌは、彼らが果たさなければならなかった役割についてこう語った。

明らかに、大店舗は自らの流行を創造していないが、流行を広めているのである。それらは一般大衆に流行を入手可能にする。今では家具や装飾布地や調度品を服飾を宣伝してきたように――「目新しさ」や「流行」として――宣伝することができる。(12)

他の三つのパリの主要なデパート――プランタン、ボン・マルシェ、そしてマガザン・デュ・ルーヴル――もまたこの時期にデザイン部門を立ち上げ、大衆が新たに寄せた近代的なインテリアへの関心から儲けようと勢い込んでいた。それらはアール・デコ運動の主導者によって指導され、この投機での性向が、一九二五年の展覧会においてフランス部門でそれらが主要な場を与えられ、自らのパヴィリオンを建てて商品を宣伝することにつながったのである。アール・デコの物語は、民主化と国際化の物語であった。のちに「モダン」様式と称されるようになったこのスタイルは、豊かな装飾や、贅沢や異国性の暗示や、強烈なまでのモダニズムと、過去への引喩とが混ざり合っている。これは一九二〇年代と三〇年代のヨーロッパおよびアメリカの建築家、デザイナーの多くにとって初期の着想源となったのである。そこから出てきたのは、主に商業的な性格のモノであった。工場、ホテル、オフィス街、デパートや映画館は「モダン」様式で立ち現れ、同様に、新しい大西洋を横断するライナーの内部などかなり多くのインテリアも現れた。さらに、異国の木材から新しいプラスチックまで幅広い材料で作られた装飾的かつ実用的な過剰なまでの商品は、近代世界へ入るためにこの新しいスタイルを適用したのであった。

明らかに近代の女性版であるアール・デコは、装飾の伝統を意識的に用いた。それはマテリアル・カルチャーの商業的な枠組みを承認し、さらには、自身を消費の過程およびモノのシンボリズムの役割を担うと理解し、またそう定義した。それは二〇世紀前半の生活の現実についてであると同様に、夢や妄想についてである近代のイメージを提示したのであった。それは国境を越えて消費者を魅了し、近代的なものがエリート的から民主化された基盤へと移行する中枢にあった。この変遷は、男性文化と女性文化をつなぐ橋を築くことに貢献した。アール・デコの引力に呼応した品々は、伝統的な領域に限られる建築やインテリア・デザインやかつて装飾もしくは応用芸術と呼ばれたモノ、すなわち工芸製造の基盤を持ち、多くが女性を強く連想させる品々である傾向があった。家具、家庭用布地、プラスチック製の化粧テーブル一式、煙草入れ、ガラスの香水瓶、花瓶、そして宝石など、すべてがアール・デコのスタイリスティックな猛襲の下にひれ伏した。より男性的な技術の世界からの品々は、その魅力を納得するまでにやや長い時間を要した。しかし、一九三〇年代までには、自動車、オフィスの機器、家庭用機器なども「流線のモダン」「流線の形態」もしくは、最も一般的には「流線型」として知られる、女性化した大衆的な美的価値を見出した。これらはジェンダーの曖昧さを非常に強く表しており、たいていは暗色、モノクロで、一見継ぎ目がなく、クロムメッキされた鉄のハイライトか「スピードホイスカー」を持つ有機的な形態を持ち、進

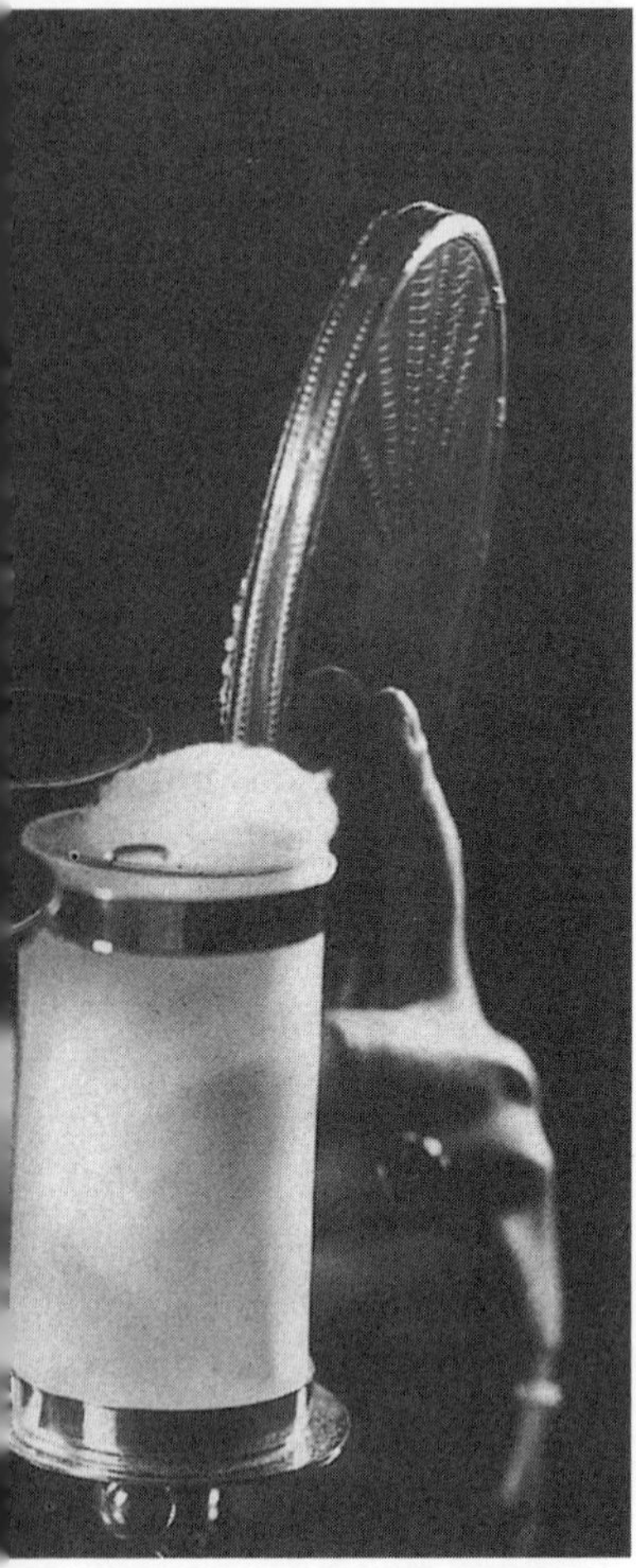

歩的な技術と美的なミニマリズムといった男性的な世界と、シンボリズム、官能とファンタジーといった女性的な世界とを同時に兼ねそなえていた。

視覚的な結果はいささか異なってみえたが、この美的価値の文化形成には、アール・ヌーヴォーとアール・デコを特徴づけた「贅沢の民主化」からの連続性が明らかである。これらの近代フランスの「伝統の数々」は大西洋を越え、急速に消費傾向を強めた戦後のアメリカに等価を見出していった。アメリカのデパートがちょうど世紀転換期にパリのデパートの拡販技術と競争してきたように、今やアメリカの商業文化はフランスから着想を得ていた。これはとりわけ、一九二〇年代にアメリカの主要大都市に広まった新しい店舗デザインに対する新たな関心に明らかである。文化史家ニール・ハリスはこう述べている。

「アール・デコ」の化粧台アイテム．1930年代．真に大衆的なモダンスタイルを代表するアール・デコの幾何学的なフォルムはさまざまな形で女性文化と連携しており，女性がモダニティと対面する重要な手段となった．

主要都市の店舗の建築はアメリカの小売業者がパリの一九二五年のアール・デコ展で明らかになったようなモダニズムの可能性をなんとか取り込もうとしたところから台頭した。……商人たちが、芸術には購買価値があると認識するにいたったのは比較的最近のことなのである。[13]

両大戦間期のアメリカ人のインダストリアルデザイナーのなかでも、最も広く宣伝され成功した数人は、駆け出しのころは店舗デザイナーだった。芸術の商業化にとって店舗デザインが中心的役割を担っていたのである。インダストリアルデザイナーの初期の世代、ウォルター・ドーウィン・ティーグは、ニューヨーク市のイーストマン・コダック社の新しい店舗をデザインした。それはウッドパネルの壁にクロムでトリムしてあり、とてもパリらしかった。[14] また、同様に先駆的存在であるドナルド・デスキーは、波形で亜鉛メッキを施した鉄、銅、そして青銅を用いて、フランクリン・サイモンのデパートでは初めてのモダンな窓をデザインした。[15] 彼はさらに同様の手法を五番街のサックスにも用いた。一方でその世代の「異端児（enfant terrible）」であるノーマン・ベル・ゲデスは、フランクリン・サイモン店にくっきりした、ひどく劇的な洋服の一連のディスプレイを行ったが、これはヨーロッパのアヴァンギャルドの舞台デザインやウィンドー・ディスプレイの技法に負うところが大きかった。

ディスプレイの概念はブルジョワ文化や家庭から、販売が最たる目的である消費文化の公的領域へと移行した。今や、主婦ではなく、専門的でほとんど排他的に男性的な「コマーシャル・アーティスト」たちが、その言語と意味とをコントロールしていた。ヨーロッパからの移民デザイナーで一九二〇年代にアメリカの数多くの店舗プロジェクトを手がけたフレデリック・キースラーの言葉を借りれば、「店舗のウィンドーは口を開かない大声のスピーカーであり、非生産的な貯蔵空間ではない。その言語は万人を魅了し、商品の宣伝に最も成功するエスペラント語であることが証明されている」[16]のである。

視覚イメージを普遍的にアピールすることにより、目が五感の頂点に立つ消費文化において無くてはならない伝達手段であることが証明された。欲求を引きつけ刺激するであろう新たな視覚化の形態について含蓄が深く視覚的な訓練を受けた個人は、必要なイメージを造り上げることを求められた。キースラーの言葉を借りれば、「モダンアートは店舗を介して大衆へ触れたのだ」[17]。大衆が目にするものを確実に好むように、店のディスプレイの創作者は彼らのモダンアートの知識と大衆的なイメージとを融合させた。そのための展示担当者とは、「何ダースもの雑誌を読む最初の人である。彼は無意味な芝居のこけら落としなどは見過ごすが、重要な映画や展覧会は結して見逃さない。彼はスポンジのように情報を吸い込むことができなくてはならない」[18]。

アメリカ人のデザイナーたちは、マスメディアから最も直接的に趣味を形成する領域から引き出される大衆のイメージの濾過装置として機能し、これをよりアヴァンギャルドでヨーロッパから引き出されるイメージと融合し、この大西洋の向こう側で始まった大量生産されたマテリアル・カルチャーの女性化を進めていった。伝統的に男性よりは女性の価値観と結びつけられる視覚文化の側面が強調された。女性が消費活動を行った環境は、量産された商品が市場に出れば出るほど、美的には女性文化とますます調子を合わせていった。

しかしながら、アメリカが芸術を商業と接触させる第一歩を踏み出したのは、製品デザインではなく広告であった。広告は大量生産の産業にとってその製品を売る必要性から成長した。広告業はほぼ完全に男性が担っていたが、彼らの商品がマーケットのなかで成功するためには、大半は女性が占めている消費者の趣味を理解し、これに訴えなければならないと気づいたのである。

階級的なオーディエンスをマス・オーディエンスへと変えたことば模様は、ジェンダー的には女性であった。階級であれ集団であれ（本質的に集団ではあるが）、消費者は「女性」なのである。プリンターズ社のなかのある広告がうまく述べている。「人間の適切な研究対象は人間（man）である。……しかし、マーケットの適切な研究対象は、女性（woman）である」[19]。

広告は、近代の概念がオーディエンスへと伝達される主要手段のひとつであった。その大半は女性であった。諸要素の統合が、広告を近代的で商業的な生活の本質的側面としたのである。その諸要素とは、合理化され規格化された大量生産と組織的な資本主義の技術的経済的緊急性、数多くの新しい商品の発明と大量製造へと行きついた社会文化的、人口地理学的変化、家庭の工業化とともに台頭した新たなブランド商品の創造[20]、そして、アメリカにおける大規模な製造会社の形成である。広告はこれらを生み出した男性文化と、それらが向けられた女性文化の橋渡しをした。それはデパートとともに、女性を近代のあらゆる顕示と顔を突き合わさせることに主要な役割を果たしたのである。生産と消費の中間の立場を供給するというその役割において、広告は一方から他方へと足をかけるための中道を歩まなければならなかった。このようにして、広告はますます女性に焦点を向けつつも片足を生産の世界に残しており、その足が、ますます隠蔽されたとはいえ、その根元的な存在理由であった。広告は男性文化を女性も理解できる言語へと翻訳した。そのために数多の戦略が編み出された。たとえば、製品自体やそのブランド名を売らずに、製品の利点を売るようになった。これは、「消費者の心理的な過程」への「「工場中心の視点」からの移行」を表すものであり[21]、同時に、コピーからイメージへの依存軸の移行である。これが、女性の「より大きな感受性」にさらに働きかけると一般に信じられていたのだ[22]。

両大戦間期のアメリカの広告の裏にあった考え方は、本質的に「女性」的であった。それは、女性がこう生活したい、と思うフェミニニティのイメージや理想と信じられていたものに焦点を当てることによって、女性の心理的な化粧を突き通し、欲望を刺激しようとしていた。女性的な世界を取り込もうという広告側のあくなき戦略は、ヴェブレン的な上昇志向の考え方を取り入れ、あらゆる階級の女性に、多くの場合は宣伝される商品に内在する美を表現することによって贅沢の世界に参加するように呼びかけることであった。民主化された贅沢というのは逆説だが、それを解決する、いやむしろ隠し通すのが広告の仕事であった。贅沢はユニークさや職人魂、オリジナリティを示唆し、それとともに、ステレオタイプ化した女性文化においていまだに重要な部分を占めていた一定の洗練や伝統、快適さをもたらした。これらはしかし、目新しさという要素を補われなければならなかった。広告はこうした要求をすべて満たすことを約束した。「目新しさ」を商品に与える明らかな手段のひとつは、そのファッショナブルな外観を宣伝することだ。色彩は、それが「今月流行の色」であると確認させるための比較的単純な手段である。一九二〇年代半ば以降は、キャノンやマーテックスのタオルからパーカーのペンやフージャーのキッチン棚まで広い範囲の広告で特色のある色彩が強調された。さらに時代が進むと、広告業者かつコメンテーターであるエルモ・カルキンスのことばによれば、「美」がたいへん重要な「拡販の道具」となる。[23]

商品自体もまた、「スタイリッシュ」な外観を持ちはじめた。多くの若いインダストリアルデザイナーたちは広告業や小売業の世界で下積みをしており、彼らは消費者の需要や欲求に呼びかける術を知っていた。ジョージ・サキア、ルリール・ギルドそしてノーマン・ベル・ゲデスはみな、駆け出しのころにはアートディレクターを経験している。またタイポグラファーかつリトグラファーであるウォルター・ドーウィン・ティーグは若いころ、ニューヨークのカルキンスやホールデンの広告代理店で働いたことがある。

レイモンド・ローウィも、ジョン・ヴァソスも、フリーランスの広告イラストレーターをしていたことがある。建築業に根ざし、大量生産が日常の現実よりはむしろ抽象的な理想であったヨーロッパのより純粋主義的なモダニストの仲間たちとは異なり、アメリカのインダストリアルデザイナーたちは、技術的経済的な近代が向けられたモダニズムにまっこうから取り組んでいたのである。彼らのモダニズムは、量産・量販のあいだの逆説的な関係のなかに存在した。彼らの使命は、この二つの領域の分断によって作られた溝の上にまたがり、両者の価値体系に橋をかけられるような自由な言語を案出することであった。広告と製品デザインは、この野心が暗示するすべての矛盾を隠すひとつのイメージを創造し、ジェンダー化された生産と消費のあいだに継ぎ目のない結合部分を作ろうとしたのだった。

こうした矛盾や逆説のすべてに鉄をかぶせてしまおうとするこの動きを最もよく表現しているのが、一九二〇年代後半からアメリカの流れ作業の工程線でどんどん運ばれていった流線型の自動車、冷蔵庫、フードミキサー、アイロン、オフィス機器であった。流線型は、美や贅沢や快適さの近代化されたヴィジョン――ほぼ一世紀も前に作られた女性文化と関連した概念――とともにヨーロッパのモダニズムや進歩主義のミニマルな審美感を持っていた。そうであるから、それは二〇世紀のジェンダー・ポリティクスにおいて主要な働きをした。世紀転換期以来、アメリカの大量生産を支配してきた消費財用の機械に美を注入しようとする刺激は主に、本質的に経済的なものであった。一連の産業、経済、社会そして人口地理学的な状況が、第一次世界大戦以後の消費の急速な展開を起こしたのである。しかしながら、一九二〇年代後半までには、消費のグラフは下降しはじめ、飽和状態となった市場が大規模な製造業者たち多くを破滅の危機へと導いた。同時に、女性消費者の勢力は増大した。女性は前よりも多額のお金と少数の子供を持ち、可動性をより高めていた。そして、家庭の電化にともなって、ショッピングをする時間が増えてい

キャッシュ・レジスター．ナショナル・キャッシュ・レジスター・カンパニー製，1930年代．アメリカのインダストリアルデザイナー，ウォルター・ドーウィン・ティーグがこの製品をリデザインし，前型の表面装飾を取り払ってすべすべで流線型的というプロフィールは，消費世界の視覚的な近代化の一部を担っていた．

た。一九二〇年代後半を特徴づける緊迫した競争状況のなかで、マーケティング要員や広告業者やデザイナーの助けを借りて商品を売ろうと躍起に努力する製造業者たちにとって、女性を標的とするのは論理的帰結である。こうして、彼らは公然と商品における「美」もしくは流行の要素の必要性を認めたのだった。これが「装飾的」もしくは「応用」芸術の範疇にある伝統的な製品においてはあたりまえのことであったが、新しい技術産業から生まれた製品においては、これまで強調された側面は美的な特徴よりもむしろ有用性であった。家事使用人によって用いられ、家のなかで飾り付けのために割り当てられていない空間に仕舞われていた多くの品々には、美的な議論よりもむしろ単純で工学的な品質証明がついていた。屋内でも公的な空間に入り込んだほんの一部の製品――ミシン、電気暖房機、吸引式箒、トースターといった品々――のみが、ファッショナブルなロココやアール・ヌーヴォーの影響をみせ、パーラーやダイニングルームに置いてもよいと美的に認められる付属物となった。これらに施された美的な修正は表面的なものであった。その他の品物は、見慣れて脅威的ではないように、外観は明らかに古風なデザインであった。たとえばコーヒーメーカーは、昔ながらのサモワールのようにデザインされた。猫足〔アン女王様式〕や動物の足の形は、初期の家庭用機器の典型的な特徴である。これがなじみのない家庭用機器に一定の「家具らしさ」を吹き込んだのである。

初期の家庭用機器はこうした美的多様性を特徴とする。一九二〇年代以前は、その製造業者たちは、多くは中小企業であったが、様式の問題に対しては実質的なアプローチをとり、彼らの製品を消費者や予定された環境の象徴的な必要条件に適応させていた。しかしながら、一九一三年にハイランドパーク工場で製造された「T型」フォードを作ったときに形成されたフォード式の大量生産においては、その生産方式に必要となる合理化の程度を考えれば、この柔軟なアプローチはもはや実用的ではなかった。ヘンリー・

フォードの有名なことばでは、フォードの顧客たちは彼らの車を「黒である限り」[24]どのような色調でも入手できた。結果的には、製品の規格化がますます規範となっていった。

皮肉にも、テクノロジカルな消費財の女性化は、最もシンボリックに男性的であるモノ、すなわちアメリカの自動車を介して始まった。多くの商品の広告は――そして商品自体もまた――すでに「付加価値」を消費者製品に取り入れることで色の挑戦に応えていた。消費者製品はもはや単に性能や価格、または労働を軽減する衛生の向上のみを訴えてはいなかった。一九二〇年代半ばまでには、おそらく消費者の合理的な判断に訴えるようなひとつのメッセージが広告のコピーで強調される一方で、その製品の外観は、おそらくより感情的な反応を起こさせるよう意図されたようなかなり異なるメッセージを送っていた。二〇年代の終わりまでには、製品自体が自分についていろいろと語るようになっていた。それらは形態と装飾の洗練されたシンボリックな言語を話し、多様な仕方で、しかし同じ瞬間に、顧客の無意識に訴えていたのである。

大量生産され規格化された自動車が「金属の広がりを救済するための装飾が一切ない、薄汚い退屈な機械」[25]であった約一〇年間の後、一九二三年に、ゼネラル・モーターズがシボレー・スーペリアに色を導入した。従来のエナメルより多くの色素を含むことができるニトロセルロイドのラッカーの新しいタイプ、デュコによって革新が可能となったのだ。この些細だが非常に重要な決断は、概して製品デザインを急速に追随していたアメリカの自動車デザインが、有用性だけでなく美も必要だと認識したことを示している。すぐに色彩は線や形態の考察も加わって、安価で大量生産された自動車は、マス・マーケットに出回る車よりもずっと早くにエレガンスと洗練の法則を認識していた高価で馬車のような贅沢な車と競争するようになった。フォードがスタイルの肝要さを初めて認識して作られた「A型」の広告のテクストには、流線型の自動車の「一貫した線（through-line）」と呼ばれたものへ新たな専心がみられる。

あなたは、フォードの敏捷かつ有能な性能に満足してやまないように、そのスマートなスタイルと新鮮な美しさを真に誇りに思うでしょう。新しい深部のラディエーターから曲線を描いている前部のフェンダーの端まで、そこにはさし止められることのない一本の線の流れがあります――これまでは高価な自動車においてのみ可能だと思われていた、流れるような輪郭線のエレガンスと色彩の調和があるのです。職人魂が大量生産に導入されたのです。[26]

すべての主要な製造業者が早速新しいアプローチを採用していったので、一九三〇年代初頭までには「スタイル」が自動車製造と消費の必要条件となっていた。その含意は、生産の組織という面とアメリカのマスカルチャーにおける自動車の意味という面の両方で広く行き渡っていた。

このようにこれまで規格化されていた実用的なモノへ美を導入することは、製品の多様化と急速なスタイルの変化を伴っていた。またもやゼネラル・モーターズが、一九二七年から美術・色彩部長であるハーレー・アールの補佐で、ファッション産業ではすでに長年行われてきた諸原理を自動車製造へ持ち込んだ。女性的な流行のあり方は一九世紀に女性の服飾からインテリアへも移行したが、それが今や新しい領域に、しかも、明らかに男性的な領域に広げられたのである。「パーラー文化」と自動車製造で起こっていた変化とのつながりは、関係者たちも認識していた。一九一二年にウォルター・クライスラーは、「もしパーラーに置かれるのであれば、車台の見えない部分を洗練して何の意味があろうか」[27]と述べている。それからちょうど一〇年後、「自動車は消費の仮定的な避難所の一部であり、人々はパーラーにある何にも負けないくらいそれが美しくあることを欲している」[28]といわれた。あたかもそれこそが自動車製造業者の意図であるかのように。

視覚的な全体像の創造や内部の複雑なメカニズムの隠蔽を強調する流線型の美学――その戦略は、おそらく厳しい現実や生産の領域における単調さ、疎外感や断片化をも隠蔽した――は、ヴィクトリア朝期のパーラーと比較される。[29]連続感と流れを作り出しその構成部分の分離を隠すためにふんだんに布地を用いたパーラーもまた、「隠蔽」作業の場だったのである。鉄がチンツやレースに取って代わったとはいえ、つながっていない部分の上をなめらかに覆いたい、視覚的に統一した印象を押しつけたいという欲望は、どちらの例にも類似している。

こうしたパーラーの美学の押しつけが自動車の女性化を引き起こしたとはいえ、このことは女性の趣味の復権によって新しい文化的な価値を与えられた空間を女性に与える、ということではなかった。女性たちは今や、主に消費者として、広く自動車を使ったが――「男性は車を買うが、それを選ぶのは女性である」[30]――自動車の女性化は女性よりむしろ男性に利益をもたらすものだった。分断された領域というジェンダーのイデオロギーでは、男性は自らの美や目新しさ、自発性、非合理性への必要を承認できなかった。文化史家デイヴィッド・ガートマンが論じたように、ますます大量消費は労働者階級が彼らの労働を大量製造を営む会社へ売ることとの代償として機能するようになった。彼によれば、「日用品の消費」に関与することは受動的ではなく能動的な現象であり、それは人間の精神の真の必要性の上に成り立っていた。これらのニーズはレジャー活動において主要な役割を果たした製品に「女性的な」特徴を取り入れることで処理された。一九二〇年代の半ば以降は、ガートマンの議論によれば、自動車は主に労働者階級の男性の生活を改善するために「女性化」された。多くの女性の生活が改善されなかったわけではないが。

家電製品のデザインは、懸命に自動車デザインの後を追った。それらは同じ「スタイルへの意志」に応じていた。これまでは、こうした商品には、その消費の用途によって三つの視覚的選択肢があった。美的アルカイズム、「工学的な外観」、それから最新流行の表面仕上げ、である。これらは今や、両大戦間期に優位を占めていたモダンな電化製品の美学である流線型によって取って代わられた。流線型はアメリカ生まれのアメリカ育ちであったが、それは初期の「デコ・モダン」に影響を与えた「フランス趣味」やアヴァンギャルド的なモダニズムとの共通点が多かった。[31] 美術史家テリー・スミスは、こう書いている。

ローウィのモデル66（グステトナ社の複写機）は、ポール・T・フランクルの有名な一九三〇年の超高層ビル型の本棚のように階段状の形態をした木目塗りのベニヤ板のキャビネットからそびえ立っている。木目の、ツートンの、そしてクロム塗りの銀のハンドルと暗色のボディのコントラストはみな、アール・デコの趣向である。上へそびえる形態の「抑制力」、それらの二次元の表面、そしてキャビネットや本体の形態の丸みはより純粋主義的なモダニズムからきている。[32]

高度にヨーロッパ的なモダニストの遺産として自らを主張することは、この文化価値を得ようとしたインダストリアルデザイナー自身によって強められた。しかし同時に、新しい冷蔵庫や掃除機やフードミキサーやオーブンは、最初はパーラーではなくキッチンであったにせよ、女性の領域へのモダニズムの進入であった。これらのすべすべして統一された白い一枚岩の到来は、同時に多くのことを象徴していた。インダストリアルデザイナーたちが追随した自動車のように、そのような美学は「正直さ」を拒否し偽装や隠蔽に肩入れしたのと同様に、モダニズムの女性的なヴァージョンであったのだ。彼らは自然で有機的な形態を四角張った形態よりも好んだ（プレス加工された鉄がこの方向へ押し出せる限りであるが）。表面装飾には、方針としてクロム塗りのディテールを取り上げた。彼らは精神よりもむしろ目に訴え、なによりも欲望を喚起したのであった。さらに、ちょうどシアーズ・ローバック社のためにレイモンド・ローウィが一九三〇年代にデザインした一連の「コールドスポット」冷蔵庫に明確に提示されたように、彼らはスタイルの陳腐化の方を好み普遍を拒絶した。美と目新しさはこうしたモノのなかで融合し、モダンで、キッチンを基盤とした、ヴィクトリア朝期のパーラーの等価物を提供したのである。

しかしながら、こうした家庭用品の外観に女性が直接与える影響は最小限であった。それらが「女性的な趣味」の身振りをしたにもかかわらず、こうした製品はやはりまだ本質的には規格化され、大量生産された工場製品であり、女性による消費の重要性の認識の上に判断が下されているとはいえ、それは男性によってデザインされた。それらの本質的な規格化は、贅沢やオリジナリティへのシンボリックな言及によってのみ相殺された。それらの前にあったデパートや広告と同様に、こうした製品は「贅沢の民主化」の概念に暗示される矛盾を隠蔽し、いかなる交渉の余地も拒否する固定された折衷的な審美形式を女性に提示したのである。

流線型はしかし、モダンな機械の家庭への普及をもたらした。これは家庭と女性の生活に大きな衝撃を与えた。一方ではこれらの機械の大多数が、特に大きなサイズの機械が、白いエナメルで覆われ、それらがT型フォードと同等であるかのような高価を与えた。この美的規格化によってシンボライズされる秩序へのいざない、均質性と合理化は、清潔さと衛生との強い連想を生み出した。さらに、鼻高々と自慢された、家事労働を軽減する「掃除しやすい」という特性は、それらをさらに「合理的な消費者」の陣営へと推し進めた。一方で、それらの官能的な曲線と劇的なクロムのディテールから、それらは空想と欲望が達成される世界を喚起した。それらは男性文化と女性文化とに、男性も女性も許される本質的に両性具有的な審美感を通して、またがっていたのである。おそらく最も重要なことには、それらの前に現れたデパートや広告と同じように、それらは女性に近代の世界と対面することを奨励し、その対面の半永久的な物的証拠を提供したのだった。

近代デザインがキッチンに与えた衝撃はあまりに大きかったので、リビングルームの追随は避けようがなかった。大衆に普及した映画や雑誌に大きく影響を受け、モダンなリビングルームの理想がアメリカ文化に登場した。一九三〇年代のニューヨークに住む四人のヴァッサー大学の卒業生に注目する小説のなかで、メアリ・マッカーシーは、そうした自意識的にモダンな空間を風刺している。

ケイはまだみたことのない人には誰にでも、アパートをみせていた。二つの部屋に小さなダイニングルーム、キッチン、それに玄関の広間がつき、ケイの誇りであり喜びであるすばらしい小さな化粧室がついていた。その化粧室はとてもコンパクトでクロゼットや戸棚や衣装ダンスが作りつけなのだった。純白の壁に木壁……最新型のストーブ、炊事台、アイスボックス……置いてある家具はすべて最新型であった。金色のスウェーデン製の椅子や折りたたみ式テーブルが……ダイニングルームにあり……、居間には鮮やかな赤のモダンな長椅子と、それに合うような肘つき椅子が置かれ、灰色と白の縞のマットレス、金属製の立てランプ、ハロルドがガラス屋で切った一枚のガラスに鉄の足をつけてできたコーヒーテーブル……まだラグはなく、カーテンの代わりにはヴェネチアン・ブラインドが窓にかかっていた。花の代わりに、白いポットに蔦が生けられていた。(33)

ヨーロッパのアヴァンギャルド主義と、アメリカに固有の流線型と「日曜大工」的モダニズムとの融合が、このファッショナブルなインテリアの特徴である。二度も「代わりに」ということばを使っていることから、それがこの疑う余地なくモダンな空間にカーテンの不在と花の却下という形でいまだ憑依している一種のみえない影、ヴィクトリア朝的なインテリアの代替物として提示されたことが明らかである。

大多数の女性の家庭空間は、しかしながら、これほど厳格ではない。彼女たちがまだ自分の趣味を実践することができた領域においては、女性は近代のイメージに対してさまざまな反応をみせた。近代は女性に示されたが、どのようにそれを扱うかは彼女たちに任されていたのである。

第7章　「私たちはみな創作者なのです」――女性と保守的モダニズム

「私たちは身の回りに好みのものを集め、自らの趣味に従って、モダンな「ピリオド・ルーム」やさまざまな時代や国の作品が仲良く共存する家で暮らすべきです。」
――マーガレット・バリー(1)

流線型は、進歩を続ける近代と女性との最初の遭遇を表す、出来合いのシンボリックな言語を提供した。パッケージとして改めて提示された自分たちの文化との同一化を通して、女性は技術志向かつ未来志向を持つ近代世界の外観と新たな関係を築く可能性を与えられた。しかし、女性文化にとって同じくらい核心的である保守的な構成要素、すなわち快適さや伝統の概念、また製造業と商業の世界からの避難所としての家庭観は別である。イギリス、アメリカ両国において男女に分断された領域が依然として存在しており、女性の大多数が家づくりや母親としての役割を担い続けたことを考慮すれば、そうした構成要素はいまだに重要な必要条件なのだ(2)。

家庭への愛着という保守的モデルを改めて強調する、家庭的な女性のイメージは、女性向けの雑誌、家事マニュアル本、小説、映画、新聞といったマスメディアを介して奨励された。その結果、両大戦間期の社会の全階級にわたって、それが理想となる。これはほぼ一世紀前のヴィクトリア朝社会のドメスティシティと似通っていた。「完璧な貴婦人」のイメージ――「天使のような妻であり母親である女性は……家庭にしっかりと腰を据えている。彼女は産業や不潔さといった外的世界から隔離された、家庭の温かさと安らぎのシンボルである」[3]――が、両大戦間期には、戦後の新たな社会秩序の死活に関わる重要な構成要素として改めて登場（一度たりともこのイメージが姿を消したといえるなら）したのである。イングランド地方では、実践すべき隠れた義務は、もはやヴィクトリア朝期にひそんでいた無秩序を安定させることではなく、減少傾向にある人口を増やさねばならないという、より実質的なものだった。女性のドメスティシティが仕事場における女性の役割をせばめたので、労働に従事する既婚女性に対してはかなりの反感が存在した。イギリスでは、結婚は多くの職種で障壁となり、多数の女性は家庭の外で有給労働に従事することを妨げられた。女性にかかるイデオロギー的な圧力はあまりに大きかったため、進歩的な近代のモデルは、新しいテクノロジカルな消費財にみる女性化されたヴァージョンのそれでさえも、女性のシンボリックな必要条件をすべて満たすことはできなかったのだ。実際、この時期の女性が携わっていた芸術活動において、近代のモデルに対してかなりの抵抗があったため、彼女たちは妥協を余儀なくされた。

デザイナーとして、消費者として、工芸職人として、また家事を切り盛りする者として、女性はモダニズムや「モダーン〔アール・デコ調をイギリスではこう呼び、厳密なモダニズムと区別しようとした〕」にさまざまな形で応対してきた。女性の多くは、「保守的モダニズム」と呼ばれるようになった固有のモダニズムを発展させる。文学史家アリソン・ライトによれば、

それはヤヌスのように過去と未来を同時に見据え、過去を新たな現在形に適用することができた。それは近代の据え置きであるが、なおかつ以前の保守主義とは異なった性質の保守主義を必要とした。[4]

アリソン・ライトは「保守的モダニズム」を、当時の「ある程度の教養を持つ」中流階級の女性小説家による作品に見出した。アイヴィ・コンプトン＝バーネット、アガサ・クリスティ、ジャン・ストラザーやダフネ・デュ・モーリエなど、ほとんどの文学批評家からは「正統派文学」の範疇外とみなされていた作家に着目したのである。彼女たちの作品と当時のマテリアル・カルチャーに現れた女性的な趣味との対比は、力強く意義深い。確立した「グッド・デザイン」のカノンからは周縁化され、文化批評家の多くによって瑣末で「趣がない」とみなされた女性の両大戦間期のマテリアル・カルチャー――女性自身が作り上げた「顔」――は、アガサ・クリスティの殺人ミステリーよろしく、進歩的なハイカルチャーの世界から遠く隔たっていたのである。

この時期の女性は、職業の有無にかかわらず、自らの趣味を多種多様に表現している。女性の作品の守備は広く、モダニズムが提供できるものの容認やモダニズム的プランへの同調を試みたものから、意識的にしろそうでないにしろ、その美的なモデルとイデオロギー的実践を完全に拒絶するものまであった。彼女たちの作品は、仕方なく、モダニズムの理想と女性的なドメスティシティの理想との融合のあいだに位置していた。その帰結が、ダフネ・デュ・モーリエの小説に出てくるような家庭の調度品やインテリアの情景なのである。

モダニズムへの傾倒はこうした、少数派かつ「インダストリアルデザイナー」という新しい職業に参加した女性たちの作品のかなりの部分を特徴づけている。今日にいたるまで、ヨーロッパの建築・デザインのモダニズムの英雄たちとともに働くことで自らをその理想と形態に合わせた、ごくひと握りのプロの女流芸術家に、ほとんどの焦点が当てられてきた。なかでも、ル・コルビュジエと彼の家具デザインを共同製作したフランス人デザイナー、シャルロット・ペリアンや、ドイツ人建築家ミース・ファン・デル・

ローエの数多くの建築プロジェクトに参加したドイツ人デザイナー、リリー・ライヒや、一九二〇年代にパリのアヴァンギャルド建築家やデザイナーとともに働いたアイルランド人デザイナー、アイリーン・グレイらである。彼女たちのプロとしてのキャリアはみな、インテリアデザインや家具デザイン、装飾芸術など、女性の伝統的な役割や領域に最も直接的に結びついた領域に根ざしていた。この点はあまり認識されていない。とはいえ、彼女たちの出身にかかわらず、彼女たちとモダニズムとの関係は完璧に妥協のないものである。

きわめて多くの女性がワイマールおよびのちのデッサウのバウハウスで学んでいる（デッサウでは一九一九年の最初の学生の四分の一が女性であった）[5]。グロピウスが、産業のために無名の（これはジェンダー化されないことを暗示する）デザイナーを輩出する意志を主張したにもかかわらず、バウハウスにいた女性の多くは——たとえば一九二九年には全体五〇人のうち一九名が——グンタ・シュテルツルが率いるテキスタイル関連の仕事場で働いたように[6]、伝統的なジェンダーと芸術生産の考え方は根強かった。ヘレネ・ノンネ＝シュミットは、本質的なことばでこれを説明している。

ディテールに注意を払う能力と、表面における実験的な「お遊び」への関心から、女性はこの仕事〔テキスタイル関連〕に適している。加えて、女性の色彩への感情は、多種多様のニュアンスを表現できる[7]。

ここに暗示されているのは、女性は半永久的に本格的な実験とは関わるべきではないということである。グレテ・マルクスは、セラミック・デザイナーとして実際に形態デザインを生業とした、バウハウスの学生であった。しかし、彼女が一九三〇年代にイギリスに来たときには、バウハウスの卒業生であり、同じ時期に訪英した三人の男性モダニストたち——グロピウス、マルセル・ブロイアー、ラスロ・モホリ＝ナジ——ほど英雄扱いされなかった(8)。グレテ・マルクスは、モダニズムをイデオロギー的な理由から取り込んではみたものの生活の生業として仕事にするにはとてもたいへんだと気がついた女性デザイナーの典型である。あるレベルからみれば、これは単に一九三〇年代にプロとして仕事をしたいと願う女性の一般的な状況を反映していた。または、それは特にマーケットに着目し、本質的に保守的な性格のものとして女性的な趣味の動向をとらえたイギリスの製造業の保守性を反映してもいる。デザインの分野で働く女性が少ない理由は、特に産業と関連した領域では、他にも数多くの要因がある。アメリカでは一九二二年に、C・R・リチャーズがこう述べた。

訪問した機関では女性デザイナーはどこにもいなかった。それは、デザイナーたちがしばしば工場の家具生産の監督をすることを要求されるためだろう。また出張やバイヤーたちを訪問しなければならないとき、女性より男性の方が進んで引き受けるからでもあろう(9)。

端的にいって、デザインは女性的な領域内にあるとはみなされなかった。アメリカのインダストリアルデザイナーのヘンリー・ドレフュスは、男性デザイナーの強みが「商業取引、すなわちどのようにモノが作られ流通し展示されるかを理解している」ことにあると述べ(10)、この文化的偏見を強調した。彼がモノの循環を完成して、リストに「消費」と「使用」とを加えていたなら、女性がデザインの過程に貢献していたことは明らかになっただろうが、彼はその一歩手前でとどまり、女性をこの過程から一掃したのだった。建築・デザインのアヴァンギャルドと協調することによって、男性の領域に参加した女性のモダニストたちは、一九世紀から相続した典型的な女性的な美意識を、そしてこれまで特徴とされていた中流階級のドメスティシティの概念への関与を、否定しようとした。彼女たちにしてみれば、これは文化的な解放であり、ジェンダーの平等を達成する手段であった。彼女たちの戦略は、女性が男性と同等に政治的、公的な生活に参加することに女性解放の基盤があると信じたフェミニストたちとまさに平行している。この戦略を実施するには、保守的な女性らしさを拒絶し男性的な見方をとらざるをえない。モダニズムのイデオロギーにあまりに説得力があったため、多くの女性が、特に建築・デザイン教育を受けた者は、その勢力圏に引きつけられ、それが典型的な女性的趣味の圧政からの出口だとみなした。ラスキンや彼の女性文化に対する猛烈な却下すら、あるイギリス人モダニスト建築家サディー・スペイトのことばのなかにみることができる。彼女は自分の信じるところの「正しい」ガラス製品のデザインをこう語った。「ガラスの特徴は透明性である。特にワインに用いられるとき、この透明性は手の込んだカッティングや着色で台無しにされてはならない」[11]。

カットクリスタルがまたもやその「誤り」を理由に取りざたされ、無法であるとみなされた。しかも今回はそれが女性によって表現されたのである。一九世紀、二〇世紀を通して、光り輝くカットグラスの表面は、幾たびも、中流階級の行き過ぎのシンボル、「真の」モダニズム的価値観を邪魔するものとして特定されてきた。二〇世紀初頭のあるアメリカの家事のマニュアル本は「花を活けるためのカットグラスの花瓶がないからといって、嘆くことはありません。それらやその安価な模造品も持ち手に最もふさわしくないものの部類に入っているからです」[12]と説明している。ラスキンのレトリックは、遠大な波紋を起こしていたのである。

女性建築家のなかには、疑いなくモダニズムが女性の立場を改善すると考えてこれに引かれた人がいる[13]。

なるほどモダニズムは、より良い住宅建設、学校、病院、保育園、それに家事を軽減するキッチンを約束してくれた。しかし、たいそう必要とされたこれらの社会進歩は、女性的価値観よりも男性的価値観を、美より用を、個人主義より集団主義を優先していたのであり、そのなかのいくつかが女性の必要を満たす方向へ向けられたにすぎない。

女性モダニストたちは「フェミニニティ」を超えたいと願ったが、彼女たちの仕事はそうでもなかった。彼女たちがマーケットに近かったことから影響を受けたのか、それともただ単に「彼女たちにはそういう血が流れている」のかは分からないが、彼女たちの多くは明らかに「女性的な」性質のものをデザインしている。たとえばグレテ・マルクスの陶器は、様式化された曲線的な植物と花のモティーフが表面に描かれているが、そんなものはバウハウスでは非難の的となったであろう。また、(ウィーン工作連盟として知られる)ウィーンの工芸工房では、第一次世界大戦後に、ヨーゼフ・ホフマンやコロマン・モーゼルら師匠から受け継いだより厳格なモダニズム的な形態が「やわらぎ」、あるいは「女性化」していた。イサベル・アンスコームはこう述べている。

ウィーン工作連盟の戦後デザインを発展させた女性たちは自らのマーケットをよく把握しており、格好のよいハンドバッグやかわいらしいスカーフの魅力を認識していた。そして家具のモデルを創作することよりも売れるものに集中したのである。(14)

女性が消費と「欲望」の世界へ向かった結果、大衆芸術から想を得た彼女たちの仕事は一九二〇年代にアメリカに輸出しようとしたときには洗練さに欠けるとみなされた。(15) マーケットに関する知識のおかげで、女性はインダストリアルデザイナーにうってつけであった。多くの広告代理店は、女性が自らのジェンダーをよく理解しているという理由で女性を雇用した。イデオロギー的に強い反商業主義を基盤としていたモダニズムは、この商業との共謀に皮肉な酌量の余地を与えるが、最終的には、女性デザイナーが消費者の趣味に近いところで働いて生まれたこうした製品は過小評価されることになる。

このことと、他の専門職に就く女性に対するよくある偏見が理由となって、多くの女性デザイナーは「歴史の裏に隠された」存在であった。製造業者が女性デザイナーを雇用する利点をおそらく、いやしばしばよく分かっていた一方で、文化的制度としてのデザインという考え方自体に特徴づけられたモダニズム的イデオロギーの強さのせいで、製造業者は、自分たちの製品が商業的な実用主義の結果以外のなにものでもないとしかいえないほど無力だったのである。

ドメスティシティと消費の美的言語は、この時期の女性が達成したデザインの多くにみることができる。それには、自己選択であれ必要性からであれ、多くの女性が働いていたメディアが家庭の環境、とりわけ飾り付け（ディスプレイ）や儀式に関連した環境か、もしくは身体的な装飾と密接に関連していたからという理由もある。『クィーン』誌のファッション編集者は、女性が持つ主な七つの動機を「母性愛、個人的な見栄、家庭づくりの本能、貪欲さ、職人的技能、ロマンスや娯楽、知的渇望」[16]と並べ上げた。インテリアや家具、陶器、ガラス、宝飾品、金属製品、テキスタイルや服飾の分野において女性のデザインが威力を発揮したが、このことは、美的な行為が関係しているところには「個人的な見栄」と「家庭づくり」は確かにリストのなかでは高い位置を占めているという典型的な見方を強化することになった。しかし、女性のインダストリアルデザインへの関与に直接影響を与えたのはステレオタイプの見方であった。一九三〇年代までに女性デザイナーはモダニズムに何らかの形で直面していた。とはいえ、彼女たちの仕事はしばしばより「モダン」な外見であり、モダニズム化された変形ではありながらもしきりにドメスティシティの美学を表していた。このように色彩、パターン、そして表面装飾——たいていは様式化されており、しばしば花柄だった——は、彼女たちの仕事の大部分を特徴づけた。たとえばイギリスでは、スージー・クーパー、クラリス・クリフ、デイム・ローラ・ナイトら陶器デザイナーやジョイス・クリソード、マリオン・ドーン、マーガレット・カルキンス・ジェームズらテキスタイルデザイナーはみな、多かれ少なかれこの図式に当てはまっている。

最もステレオタイプ化されたのは、女性のインテリアデザイナーの仕事である。一九三〇年代のイギリスではこの仕事はヨーロッパの建築モダニズムよりも、「インテリアデザイン」と「室内装飾」の区分けが明確化しはじめた二〇世紀初頭からアメリカで勢力を持った室内装飾家に影響されていた。インテリアデザインはモダニズムの計画が根底にあり、建築が出発点であったが、室内装飾は少なくとも一八世紀まで遡ることができ、明らかに女性的な贅沢とエリートの世界にとどまっていた装飾の伝統の一部であった。

一九世紀の後期以来、室内装飾は裕福な女性が家庭づくりの技能——彼女たちの「女性的なたしなみ」——を仕事の世界に適用する方法のひとつとなっていた。一八八〇年代のイングランド地方ではアグネスとローダ・バーレット姉妹を含む幾人かの女性装飾家がこの道を辿った。一方で、この道が熱心に辿られたのはアメリカにおいてであった。女性が特定の職業に就くことに対する制約がイングランド地方よりも少なかったからである。一八九七年には小説家イーディス・ウォートンが建築家オグデン・コッドマンとともに室内装飾に関する本を出版した。彼らの口調は、おなじみの、改革礼賛と激烈な反ヴィクトリア主義であった。彼らは過度の装飾を徹底して拒絶した。そのなかには、重たいカーテン、ピアノ、小物、「避けがたい装飾用ポット」、それに「近代にとって不毛なあの銀のテーブル」があった。[17] 彼らはまた、目新しさのための目新しさを却下した。「美しい家具がマリー・アントワネット時代に作られたと知られるや否や、「マリー・アントワネット」調の部屋が国中で人気となるなんて」[18]。その代わりに彼らは、もっと「均整の適合」や「あらゆる装飾のプロセスの調和」を重んじて装飾するという、より常識的な対処法を提案した。彼らの室内装飾プランは過激な合理化や厳格な機能主義というよりはむしろ、過剰なものすべてを取り除くことによって到達できる美的改革である。それはインテリアを簡素化し内在する美を引き出すこと、軽やかさや端麗さを増やして「潔癖な人の目」[19]に訴えること、そして科学的な厳密さよりも常識を当てはめることによる改革であった。そこにはテクノロジーの役割はなく、ガスや電気の明かりよりも蠟燭の方が柔らかい光を出すという理由で好まれた。新品よりも古いものの方が、「ほとんどすべてのアンティークには内在する価値がある」[20]と感じられるゆえによしとされた。その上、彼らはこうした装飾の原理を裕福な家の部屋に適用するべきだと主張した。そうすれば、新しい「趣味」が社会の上層から下層へと広がり、一般的なレベルの向上につながるからである。一八九〇年代のアメリカで、「金メッキの時代」の最高潮において、自分の室内をこのように変えたいと願う顧客は山ほどいたのだ。

ウォートンとコッドマンの感受性と彼らのエレガントですっきりした美の概念は、疑いなく室内装飾家エルシー・ド・ウォルフに影響を与えている。彼女は彼らの選択の多くに賛同し、彼らのように、室内の「簡素さ、ふさわしさ、プロポーション」を追究した[21]。彼女もまた、重たいヴィクトリア朝風を踏みつぶしたいと願い、それをチンツの使用や「くすんだ薔薇色、灰色、象牙色、淡い青」といった淡色に特徴づけられた、新しくより柔らかで、明らかに女性的な家庭の美学によって代替しようとした[22]。エルシー・ド・ウォルフの考えでは、女性の身体から得られる女性らしい美の性質——優美さ、エレガンス、端麗さ、柔らかさ——は、家そのものが理想化された美しい女性となるように家庭の領域を変形するものであった。

一定の官能性と快楽がこの変形に伴い、その結果、この時期にはインテリアの美学はこれまでになく高度に女性的なものとなった。

ド・ウォルフの主要な発想源は一八世紀フランスである。彼女は、たとえば一八世紀のジャック・フランソワ・ブロンデルのテクストから発展させて、インテリアにラティスを用いるという大きな影響力を持ったアイディアを出した。さらには、彼女はありとあらゆるインテリアに花々をあわせて、「花なしではどんな家庭も冷たいに違いありません」[23]という。のちに到来したモダニストたちのように、エルシー・ド・ウォルフは光と空気の導入にも熱心で、そのために白い塗料とモスリンのカーテンを大々的に用いた。しかしながら、彼女は同時代のテクノロジーよりもむしろ過去をモデルとした。アンティークが重要な役割を果たしているので、そうでなければ明らかに現代的な環境も、彼女が過去によって現在を定義していることが強調された。ルイ一五世の世界を懐古したフランスの「アンサンブリエたち」のように、エルシー・ド・ウォルフは、女性を強く連想させる、すでに確立された装飾の伝統のなかで仕事をしていた。そうすることで、あらゆる社会階層の数多くの女性たちがさまざまな仕方で熱心に見習った、美的なドメスティシティのモデルを形成したのである。彼女は食卓やサイドボードの上の花瓶の導入、壁の白い塗料、花柄のチンツのカーテン、もしくはマントルピースに置かれた先祖伝来の家財を通して、アリソン・ライトの保守的モダニストたちのように過去と現在とをつなぐことができた。だからこそ、それは両大戦間期に過去と現在をつなぐ手段を模索していた女性たちに大きく訴えかけたのだ。

アメリカやイギリスの一九三〇年代の室内装飾家は、中流階級の女性が切望し、少なくとも彼女らがそれなりの形で真似をしていた貴族的な趣味のモデルを提供した。イギリスでは、シリー・モームやレイディ・シビル・コウルファックスが、フラワーアレンジをするコンスタンス・スプライの助力を借りて、

ウィリアム・マグレガー・パクストン，「フロント・パーラー」．1913年．この写真は，1870～80年代アメリカにおいて，非常に女性的なインテリアと「フランス趣味」を連想するスタイルのドレスが，20世紀の初頭においてもまだまだ健在であったことを物語っている．（セント・ルイス美術館）

すでにアメリカで着手された仕事を進めていた。第一次世界大戦へ向かい、消滅した世界だと万人が考えたヴィクトリア朝的なものすべてがそこなわれるとともに、中産階級が連続性と美的着想源を求めて振り返ったのは、それ以前の時代であった。室内装飾家の解釈した一八世紀のエレガンスと優美さは、歴史的言及と現在への傾倒の絶妙なバランスを、アルカイズムと近代の容認できる結合を、提供したのである。

女性の近代建築家、近代デザイナー、室内装飾家や装飾芸術家（その多くは作業場や工場でささやかに人知れぬ役割を果たしていた）に加えて、当時の女性たちはまた工芸製造にも参加していた。そのイデオロギー的な根元は、一九世紀後半のアーツ・アンド・クラフツ運動で、女性が、まずは視覚的な着想源として、次いで制作者として重要な役割を占めたことにあった。[24] 最初は、これは主要な主導者の妻や家族に限定されていたが、二〇世紀初頭にはそれが視覚的に訓練された多数の中流階級の女性と「貧しいジェントルウーマン」、[25] それから「伝統的な田園工芸の復興に携わった労働者階級と農業従事階級の女性」[26] にまで広がっていた。その男性的な同価物（アーツ・アンド・クラフツ運動のこと）と同様に、それはイギリスとアメリカに広まり、マリア・ロングワース・ニコルズ率いるシンシナティのロックウッド・ポタリーにみられるように、特に陶芸の製造が重要なはけ口となっていた。

イギリスではアーツ・アンド・クラフツの女性たちは、主にテキスタイル関連（特に刺繍とレース）、本の装丁、宝飾品や金属製品に関与していた。[27] これらはみな、伝統的な「女性のたしなみ」から発展した分野で、確立された性別分業をおびやかさなかった。この仕事が女性の男性への従属を増大させたのか、それともより創造的になれる空間を彼女たちに与えたのかはともかく、両大戦間期までには中流階級の女性工芸家は十分に確立し、地方では伝統的な工芸技能の復興が起こっていた。陶芸家キャサリン・プレイデル・ブーヴェリー、ドロシー・ラーチャーとフィリス・バロンのテキスタイル捺染のチーム、そして編み物をするエセル・メーレはみな、その証左である。

また、工芸活動にイデオロギー的には関連しているが基本的にはアマチュア、という別のレベルもあった。手工芸は概してレジャーとみなされた。こうした技能は夜間クラスや婦人会（Women's Institute）の全国的なネットワークを通じて教えられた。そこで製作されたもの、なかにはラフィア織パピエマシェなどがあったが、それらは美学的ヒエラルキーの底辺に位置づけられる傾向があった。デザイン史家パット・カーカムがいうように、その手の仕事は「かつては刺繡やその他の「女性の工芸」に向けられていた一連の軽蔑的な反応を招いた」[28]。工芸の概念を根本的に家庭的な技能にまでイデオロギー的に拡張することは――それにはW・R・レサビーの「テーブルをすてきに飾る」[29]ということばも含まれる――、伝統的に女性の仕事とみなされてきたものを復興させ、それに男性の労働と同価を与える可能性を内包している。しかし、それが仕事よりむしろレジャーであると判断したことは、その製作品に対するドミナント・カルチャーからの軽蔑的な反応と相まって、まったく反対の効果を持ち、それを文化の「中心」からさらに矮小化し周縁化してしまったのである。「趣味」の概念はますます問題となり、明白に女性的な領域と関連づけられるようになって、再びこのコンテクストのなかで頭角を現した。男性文化は、「クリノリンをまとった婦人」[30]などのイメージ――両大戦間期に編み込みのティーポットウォーマーや寝間着入れなどを含む数多くの変装形態で再現した数え切れないヴィクトリア朝期の刺繡から着想を得た、とても好まれた主題――が、女性文化において演じたシンボリックかつ美的な役割を理解することも、ましてや評価することもできなかった。事実、それは婦人会とデザイン産業協会とのあいだで白熱した議論の主題となったのである[31]。そのような作品がどれほど上手に作られていようとも、それらは女性的なドメスティシティの世界や女性的な趣味にあまりに深く根ざしていたために、決して男性的な「グッド・デザイン」のカノンに入り込むことはできなかったのだ。

レスター市に基盤を持つドライアド手工芸と呼ばれた会社は、この時期大きな影響力を持っており、手工芸の製品と教育的訓練とを両方提供していた[32]。「ものづくり」の一定のレベルを人々の生活に再導入しようとする正しい意図にもかかわらず、それは一度たりとも工芸活動におけるジェンダーを問題にしたことがなく、そのままこれを強化している。「女性の仕事」はますます真剣な考慮の対象から離れていった。たとえば、華やかな「マーガレット・ロック」ピンクのつぼみが描かれた『もっとフェルトの花々を』と題された「一二四号」に含まれていたステレオタイプの女性らしさがこれをくつがえすことはまったくなかった[33]。網細工の仕方についての説明が掲載された「九二号」は、ジェンダー的には一見より中立的だが、この印象は、どのようにこの手芸がショッピングバッグに応用できるかに関するアドヴァイスが伴っていることから、即座にかき消されるのである[34]。

女性の美的な実践活動は消費と家づくりの領域に及んでおり、それは同様に趣味の実践と創造的な意志決定を含んでいた。しばしばそれは、たとえばフラワーアレンジやケーキにアイシングを施すなど、厳密に「つくる」ことに関係している。「家庭工芸[35]」と呼ばれた、消費がますます重要性を増してきたこの領域は、いまだに女性的な趣味の中心であった。その理由は最悪の場合には無視され、よくてもドミナント・カルチャーの側からは取るに足らないものとみなされた。またレジャーやただ働きとはみなされても「富を形成する」仕事と同様とはみなされなかった。消費がない生産などほとんど富を生み出さなかったであろうが。

女性もまた両大戦間期に自らの家庭づくりと消費のなかでモダニズムに対処してきた。プロのデザイナーと同様に、アマチュアたちもそれに対してさまざまな反応を示している。一方ではモダニズムが提供するものに応じ、他方ではそれを拒絶して歴史主義のなかに慰めを見出した。この時期までにイギリスとアメリカでは、ほとんどの中流の女性と、多くの労働者階級の女性が、インテリアや家の切り盛りのなかで近代と伝統の双方にまたがろうとしていた。これは家庭が都心に、また郊外に、もしくは田園地方にあるかどうかという家の地理的条件によっても、また関係した女性の年齢にも、また家づくりをする人がさまざまな形の趣味の形成にどのように接触したか、そしてもちろん、個人がどのような嗜好を持っているかによっても異なっている。家事のマニュアル本は現在と過去のあいだにある緊張関係の特徴を図示した。これらは広告やエスタブリッシュされたプロパガンダと異なり、レトリックよりは実用的な口調を適用し、「地に足のついた」現実的な図を描いたのである。

数多くのマニュアル本が家事の軽減を奨励し、家の合理化と組織化がより多くの自由をもたらすと女性たちを説得した。まったくのところ、モダニズムのスタイルで包み込まれた近代のこの側面は、数限りないマニュアル本のページを埋めつくしていた。クリスティン・フレデリックやリリアン・ギルブレスの先駆的な著作は、一九三〇年代には広汎にわたり国境を越えた読者を持っており、多くの女性消費者団体の考え方や信念へそれが浸透していった。そのなかには、イングランド地方の「婦人電気協会」がある。一九二四年に設立されたこの協会は「婦人エンジニアリング協会」の分派であった。この協会はその高度に実用的で明らかにフェミニスト的なアジェンダに、一切審美性に関する問題を含んでいなかった。それにもかかわらず、数多くのデザイン的判断に影響を与えている。「一九二七年に、あらゆる支部へアンケートを送り、電子調理器に関する議論が組織された。当時市場に出回っていた一一種の調理器が精査された。その返信で、プレス加工された角を持つ裏張りのために、着脱可能のエナメルのより多くの棚板渡しの必要性を推奨する声が寄せられた」(36)。そして、「五年後には、『家庭用電化製品のデザインと効能』と題された冊子のなかで、「婦人電気協会」は、あらゆる調理器は角を丸くするべきであると推奨した」[37]。この集団が一九三五年にブリストル市にモデル展示用の家屋を設置したとき、それは平らな屋根、付随した車庫、そして大きな金属製の枠の窓を持つモダニズム的なデザインであった[38]。実利性が、ほとんど彼女たちにとっては未知だった美的領域へと移行したのである。「婦人電気協会」は、自分たちの関心事を最も密接に象徴した建築上の語彙を探して、公然と建築のモダニズムを支持した。さらに重要なことは、その家が「召使いいらず」であったことである。おそらく、モダニズムが提供した「文化資本」よりもこのことが、最終的な分析で彼女たちを、またその他大勢の女性を、飾り付けを捨て実用的な利点を考慮し、より簡素でモダンなスタイルを家庭環境に取り入れる方向へと駆り立てたのである。一九世紀末から徐々に召使いの数が減っていき、第一次世界大戦後さらにこれが急減したこと——とりわけアメリカにおいて顕著な現象だった[39]——が、疑いなく、多くの中流階級の主婦がヴィクトリア朝的な文化を捨て、新しいミニマリズムを受け入れる主要因となっていたのである。

その新しいミニマリズムの証拠は、科学的なマネジメントと家庭の健康や衛生に関する概念の両方に対する関心を伴って、この時期を通じて何十冊と本屋の棚に並んだマニュアル本にあふれている。ある一冊のアメリカの一九一三年の本は、完全に合理主義に則ることには慎重であったが、「毎朝ホースの水で掃除できるコンクリートの調度品」[40]の導入を奨励していた。

衛生と防火の名の下に犯された罪は多い。レースのカーテンや他のひだ布は姿を消し、絨毯はラグやタイル、リノリウムにすら取って代われる。壁紙は限定され、建築家はわれわれの家が病院にできるだけ似るよう主張する[41]。

1930年代のイングランド郊外．1930年代に新しい郊外の持ち家に住む人々は，花柄模様の窓カーテンといった保守的な趣味と，自分の家のドアまで運ばれる家電製品というモダンな世界に参加する欲望とを併せ持っていた．（エレクトロラックス有限会社）

常識と保守主義の声が家政工学の極端な合理主義のバランスを取ろうとしているのが見てとれる。

第一次世界大戦へと続いた時期は、マニュアル本は、アーツ・アンド・クラフツ運動やインテリアデザイナーの影響により家庭の家具や環境の簡素化へ向かう動きを反映していた。ごちゃごちゃしたヴィクトリア朝風の兆候はすべて消し去ろうとする熱意が広くみられた。ハラン〔植物の名〕やその他、ときにはピアノまで投げ出されたが、女性的なドメスティシティのシンボルは残っていた。新しい形態、新しい装飾、そして新しいアレンジが、飾り付け、目新しさ、そして快適さの要求と合わせて登場した。かつてと同様に、美は主婦のなかでは最も重要なものであった。一九一三年の別のアメリカの本は、主婦にフラワーアレンジを推奨していたが、今や彼女たちはヴィクトリア朝期の先祖たちによる想像力豊かな飾り付けを捨て去り、ただ「何本かの簡素な花を的確にアレンジする」[42]ことをアドヴァイスされた。著者は日本人から「同系列の花はひとまとまりにし、その調和と色彩が溶け合うことが最も芸術的効果を保持するのに必要」[43]であると学んだのだった。スタイルは変わったかもしれないが、家庭における花のシンボリックな機能は変わっていない。

モダニズムは、両大戦間期のイギリスとアメリカに多様な外観で入り込んだ。あるレベルにおいては、われわれがみてきたように、フレデリックとギルブレスは合理化の原理を家政に導入した。一九二八年のイギリスの本はその重要性を強調している。「あらゆる不必要な一歩が疲労の付加を意味し、掃除の必要性を増大させるすべての付随的な空間、廊下や玄関は避けるべきである」[44]。この関心は、アメリカにおいては一九三〇年代に最高潮を迎えた。それはフーヴァー大統領による「家屋の建設と家の所有者」に関する会議の報告書から明らかであった。そこでは、こういわれている。「分離された家事仕事に関する実験室での研究は、必要とされる時間および動きをかなり減少することができることを示している」[45]。

また、美的な近代化は、光を導入し、表面を輝かせ、室内の垂直性を強調し、概して全体のインテリアを簡素化することを意味した。簡素化を進めることは、家の所持者が自分の家具を自分で作る可能性を担う。ある本は、今や簡素な家具が時の流行であるから、「簡単に運べ、学生の部屋に設置できる単純で安価な本棚」の工作を提案している。そのデザインは、「スパナとねじ締め」[46]を要するだけで、表面装飾は施されていなかった。男性らしきアマチュアの木工作者は、十分に自信がついたら簡素なモリスの椅子を作ってみることすら提案している。その一一五年後、イギリスの出版物はそのような仕事の可能性を述べた。「なぜなら今の時代を制している家具デザインがより簡素になったからである。軽い溶接ビード、もしくは控えめな円形模様を除けば、今日売られている家具の多くは「ひらひら」の装飾はついていない。それでも一世代前の家具と比較して満足がいかないわけではない理由は、デザインがよりよいという事実によるのである」。[47] モダニズムの理想主義に根ざした新しいスタイルは、かなり民主化されていたのだ。

一九三〇年代までには、大西洋の両岸で出された多くのマニュアル本のページ内では今やダイニング（ルーム）にも装飾のない家具が置かれた。一九三〇年代半ばのイギリスの出版物は、装飾されていない箱のような肘掛け椅子や小さく背の低い近代様式の本棚や大工の道具箱のようなコーヒーテーブル、といったものでできているリビングを描写している。デザインは最小限であった。[48] アメリカの出版物では、著者があたかもル・コルビュジエによって書かれたようなことばを使って、「モダニズムのメッセージ」を評している。

われわれの家や内装を担されるデザイナーは、過ぎ去った過去の亡霊を呼び出すのではなく、われわれの時代精神を解釈している。ゴシック―イタリア・ルネサンス―テューダー朝―ジャコビアン―ルイ一五世――これらの偉大な家具様式のそれぞれがその時代精神を表現したが、それらは今日のわれわれには役に立たない。われわれはより新しく、より高スピードのなかで生きている。われわれの習慣や視点、理想は変化する。複合的でスピード狂の時代、偽物、ジャズ、無節制、切迫、そして神経症が混ざった一種のアイリッシュ・シチューのようだと描写される[49]時代に生きているのだ。

しかし、マニュアル本の中の描写には曖昧さもある。[50] 疑いなく「新しい職業婦人用」のモダンな寝室が、タイプライターを載せた机で完成された一方で、別のインテリアはエルシー・ド・ウォルフばりにひだがあり、レースを使い、房飾りがついたカーテンや壁紙、多量の布地や籠いっぱいの花を有していたのである。[51]

これらのマニュアル本から分かるのは、スタイルの選択が広く多様で、近代から伝統までの広域を横断しており、それが両大戦間期の家庭づくりに携わる人たちに入手可能であったことである。

当然ながら好みというものは地域によって異っていた。イギリスの郊外では「テューダービーサン様式」が好まれたが、それはネオ・ジョージアン様式の公共建造物とは違い個人所有の家屋であることを示す「ここちよいコテージ風」であった。一方、アメリカの郊外では、コロニアル様式つまり初期アメリカ様式に好みが傾き、屋根裏部屋に追いやられていた先祖伝来の家財が使われたりした。歴史的スタイルへの関心の広がりは、キッチンや寝室よりもリビングルームやダイニングルームの方でより顕著であり復刻家具の商売（ビジネス、マーケット）を拡大したが、これはモダニストの不興を大いに買った。米国ではGD社が、英国ではHW社が、大多数の消費者のこのスタイル上の要望に応えるために、生産（力）のほとんどを復刻家具につぎ込んだ。

過去を取り込むことが単にスタイル上の目新しさの別の形態とみなされることができた一方で、女性にとっては、それは彼女たちの文化的根源との継続を維持する手段を表象してもいた。パーラーやドローイング・ルームは、もっとより非公式の家族の部屋であるリビングへと変容したが、それはヴィクトリア朝時代の家庭においてと同様に同じシンボリックな機能を持っていた。さらに、それは女性にとっては趣味の表現の主要な場であり続け、飾り付けや社会ステータスのための、また家族のためのマテリアルかつ視覚的な快楽の創造のための、過去との連結を維持するための、そして、家庭での手作り作業が減少したこの時代の創造性、自己表現、独自性のための機会を与えてくれるものだった。

郊外は、家庭の理想像のなかで明確に表された女性的な趣味の継続を促進する特別な役割を担い続けた。アメリカとイギリス両方で、両大戦間期に郊外が急速に拡大し、それとともに家庭づくりにいそしむ新たな階級が急速に拡大した。アリソン・ライトはいみじくも、文学における保守的モダニズムを郊外のものとみていた。それは保守的モダニストの視覚的趣味の本家本元でもあった。創造力を大きく働かさなければできないフラワーアレンジの実践ほど、家庭における女性的な美的感覚を視覚的に表すものはなかった。イギリスではビートン夫人が特に有用なテーブルの装飾の話題を挙げている。彼女は「平底の色ガラスか陶器で」できた「花を浮かせたボウル」を推奨した。「ボウルには少量の水を入れ、茎を根元から短く切った花を水に浮かせるのです。明るい色彩の鳥やトンボ、蝶をボウルの端にくくりつけておけば、効果はさらに高まります」[52]。『主婦の読み物』誌では「銀の葉を持つ彩色造花、オーガンジーでできた花びらに中央部から小さな装飾用ランプが出ているもの」[53]を提案した。子供たちの誕生パーティーは「自家製」の軽食と同様に高いレベルのテーブルの飾り付けを要し、主婦が自らの美的判断力を行使するさらなる機会を提供したのであった。

ヴィクトリア朝期のパーラーで用いられた過度のひだ織り布がかなり嘲笑された一方で、一九三六年のアメリカの本はこの分野が今なお着目されるべきであることを明記し、家庭の環境のなかでこうしたひだ織り布が、とりわけ「時代」を感じさせる部屋ではなおさら、今なお果たしている役割に着目している。「厳密なピリオド・ルーム〔過去の時代の様式で再現された部屋〕は、」とその著者は説明した、

今となっては博物館の外では少ないです。しかし、それらを遠い昔に思いついた精神は生き続けています。そして「コロニアル精神」を持つ何千もの人々、もしくはジョージ王式、総裁政府時代式その他歴史的モードへの傾向が気質的にある人々が存在し続ける限り、壁紙や絨毯のように適切な生地の供給は続くと結論づけても問題はないでしょう。[54]

「保守的モダニズム」の真の精神において、ある部屋については彼女はヴェネチアン・ブラインドに織ひだカーテンをかけることすら提唱したのである！

装飾は大部分において専門的な画家や装飾職人の手にあった。装飾職人の訓練を受ける人向けに一九三二年にイギリスで出たテクストには、いまだに「ドローイング・ルーム」と呼ばれた部屋をどうすべきかについてはっきりと述べられている。

それは一段とすぐれた貴婦人の部屋である。その装飾においてダイニング（ルーム）を男性的に扱うのとは対照的な、弱々しくないフェミニンなスタイルを奨励する。ここも、家のどの部屋よりもすり切れたり痛んだりはしていない。装飾小物や骨董品の類があると、より掃除に気をつかわなければならない傾向がある。[55]

著者がその部屋の明らかに近代的な用途――「作業、音楽、舞踏、その他の娯楽に用いられ、しきたりが無いために無限の可能性を持つ部屋」[56]――を説明する描写をこれにつけていなければ、これがヴィクトリア朝中期のパーラーについて語っているのだと思われかねない。居住者たちはピアノではなくグラモフォンの奏でる音楽に合わせて踊ったに違いない。

ヴィクトリア朝期のパーラーと両大戦間期のリビングとは、スタイル上のディテールではないにしても雰囲気が劇的に似かよっていた。主婦たちは家事の義務の一部として飾り付けに従事し、家庭の快適さや暖かさについて考えるよう奨励された。リビングは「ディスプレイ」空間であった、そこでは装飾小物が大いに編集され、存続が許され、空いた表面のそこかしこを飾った。一九三〇年代末のイギリスの本は、青銅の置物や石膏の像、ガラスの小瓶をどのようにきれいにするべきかに関するセクションがある。こうしたものがまだ家庭内で重要であり続けたのだ。[57] 家庭づくりにまつわる数多くの審美的な決断へ女性の眼識を用いることは、明らかに両大戦間期の主婦の義務であった。これまで以上にマニュアル本や雑誌、展覧会、「映画」、そしてモノそれ自体によってアドヴァイスを受けてはいたが、これは義務を果たすために必要とされた個人の想像力のレベルを完全に置き換えるものではなかった。大量生産の影響がますます強まると仮定すれば、マスメディアの偏在、そしてスタイルおよびイデオロギーとしてのモダニズムのヘゲモニー的性格のため、女性はいくら自らの趣味を向上させる機会があったとしても、自分の趣味に自信をなくしていたであろう。しかしマニュアル本は、これとは異なる様相を呈する。マニュアル本などのメディアが示す可能性の多様性自体が、最終的には女性は、どのマニュアル本に追随するかを決めるときでさえひとりきりであることを意味していた。マニュアル本のページからはどれひとつとして優勢なスタイルは現れず、女性には確かに選択するための幅広いオプションを持っていた。

初期のころと同様に、女性的な趣味はますます広がる文化領域のなかで熱心に批判された。今や批判者のなかには女性自身もいた。特に、エレン・リチャーズやクリスティン・フレデリックは飾り付けや快楽的な消費が女性の生活の最たる過ちを反映していると考えた。他の批評家たち[58]も女性に対する大量生産の影響を嫌悪したが、多くの女性が家庭づくりと消費においてその引力を拒絶、あるいは少なくともくつがえそうとしていたということを理解できていなかった。家庭生活の多くの領域において、ますます自らの目標を過小評価する文化のなかで、女性は自律とオリジナリティを保とうと懸命であった。この時期を通して、古いコミュニティが解散していったことによって、多くの主婦が社会の一員としてよりも疎外された一個人として自らの趣味を形成していったのである。広告やマーケットやデザインが女性のライフスタイルをコントロールしたが、女性の趣味を形成しようとする潜在的な操作に対して、女性自身は弱かった。

しかし同時に、女性的な趣味と消費者としての役割は、生産・消費システムの潤滑剤となった。需要はますます供給に影響する。しかし逆は真ではなかった。そうでなければヘンリー・フォードは彼の工場を一年間閉鎖し、心理学者が広告業者の支援に借り出されはしなかっただろう。第二次世界大戦後には、趣味の概念が再び前面に出る。セクシュアル・ポリティクスによって提起された重要な問題が取り上げられたこの時期には、消費が生産に与える影響はさらに明白なものとなっている。

第三部　近代とフェミニニティ　一九四〇—一九七〇年

第8章　「幸福な主婦」――装い新たな家事

「キー・パターンのひとつが、個人の外見、家庭の調度品、文学や音楽のような文化的な事象に現れる「良い趣味」のそれである。おそらくかなりの程度にわたって、人間的で文化的な伝統と生活のアメニティがますます女性によって主導されようとしている。……これらのことは、われわれの文化的価値観の尺度において大いに内在的な重要性を持っているのだ。」

――タルコット・パーソンズ(1)

現代生活か核家族中心の第二次世界大戦後の二〇年間に大いに影響力を持っていたことを見据えたアメリカの社会学者タルコット・パーソンズのことばは、女性にとって重要な、そして潜在的には、少なくとも大いに満足すべき役割を示唆するものであった。しかしながら、フェミニストたちが考察するところによれば、このような楽天的な構図が示されたところで、彼女たちは、女性の生活はわれわれによって手なづけられているという支配的なイメージと根本的に争っていることになる。われわれは、数多ある著述のなかでも、女性にとっての現代の都市生活は不安と憂鬱と満足感や目的感の完璧な欠落によって特徴づけられているという構図を描くベティ・フリーダンの記述から、一九五〇年代および一九六〇年代初頭にかけて、女性の生活は深い抑圧によって特徴づけられていたという考え方を受け継ぐことにした(2)。それゆえに、一九六〇年代末から一九七〇年代初頭にかけて、自らの置かれた条件に対する女性の自覚とともに到来した好機の黎明に先行する暗闇のイメージこそが、支配的なものとなる。仮にわれわれが、女性的な価値観や趣味の物質的、美的な表出を通じて表現された女性文化が、その時点において女性に対して「生活の向上」のための源を提供したのか否かを発見したいと目論んでいるのだとしたら、パーソンズのヴィジョンと女性解放運動のリーダーのヴィジョンとのあいだには、再見に値するリアリティが横たわっているわけである。

いずれにしても、戦後の二〇年間は、イギリスにおいてもアメリカにおいても、なじみのある考え方と新しい考え方の組み合わせに根ざした、再度活性化された女性の家庭生活を目の当たりにしてうんざりしていたのだった。女性の家庭生活におけるこの過度に評価され、また過度に正当化された新たな一節は、例によって、ひとつの社会全体というヴィジョンと結びついたより大きな構図の一部となっていた。イギリスでもアメリカでもともに、人口減少に対するおそれが家庭生活における女性の役割を再度強調するようになった。有償労働経験をはじめ、家庭生活や労働と格闘せねばならなかった真のフラストレーションという戦時中の体験から解放されてからというもの、戦後の主婦たちは後者を放置して、家事だけに専念することを奨励されたのだった。

ドメスティシティとフェミニニティのイメージは、一九世紀には同じような仕方で相互に深く絡まり合っていた。社会の安定という同じニーズが両者の結びつきを強化し、そして今度は、家庭はモラルが無秩序なマーケットからの避難場所としてみなされるようになったのである。人間的な価値観にとっての場所としての家族が、ますます核を占めるようになっていった。エリザベス・ウィルソンの説明によると、「力を均衡させ、文明化する存在としての女性の伝統的な役割——というヴィクトリア朝期のイデオロギー——は、女性は市民であるという現在のコンセンサスの楔とされたのである」(3)という。公民権を付与され、新たな教育を受け、少しずつ快活になって能力を解放されていった女性は、今となっては、家計という領域を維持し、子供を育てるために、自らの知識を余裕を持って適応することができるのだと信じられるようになった。彼女たちは家事の技術や、労働力節約のための新機器や、潤沢さと消費の可能性を身につけ、社会学、心理学、精神分析といった領域における専門的な学問による後押しもあって(4)、家庭を堅持し、子供を育てることは、もはや単調な骨折り仕事ではなく、むしろ快楽であり、専門的な職務と挑戦の組み合わせであると考えられるようになった。久しく敬遠されていた満たされない仕事によって、今や主婦はひとりの慈善家、審美者、消費者へと専念することができるようになったが、その役割はあたかも女性の男性との本質的な差異を反映しているかのようでもあった。

しかしこの理想化された構図も、召使いのほぼ完全な消滅によって崩れてしまった。中産階級の女性は、今まで以上に多くの仕事をこなさなければならなくなったからである(5)。一九五〇年代半ばには〔男性を対象とした〕「家政士」ということばが頻繁に使われていたが、しかし彼の介助は夕刻と週末だけに限られており、しかも子供の遊び相手、芝刈り、洗車しかしないことが公言されていた。家事労働は相変わらず主婦によって営まれており、たとえ機器類や簡易食品が労働の一部を減らしてくれるにせよ、家事労働に費やされる時間が減少するわけではなかった(6)。家の装飾とメンテナンスが考慮される期待のレベルの向上、子育ての新たな基準、新たな仕事の出現、郊外生活という新たな地理学から出現した右往左往するベビーシッター、そして潤沢さとより多くの商品を購入することのできる能力の向上によって創出された消費に対して高まった圧力は、その相互の結びつきによって、戦後の主婦の生活をかつてなく怠惰なものとすることを確実にしてしまったのである。

中産階級の女性が今や、自分自身と労働者階級の既婚女性とのあいだに存在してきた区別を衰退させる

『幸福な家庭』誌に掲載された図版．1950年代．戦後期を迎えて，20世紀初頭の「実験的キッチン」は，新型の家事用機器とリビングから借り受けた装飾的な飾り付けを組み合わせた家族のためのリビングに取って代わられた．「家事労働者」は，徐々にグラマラスな妻，母親，ホステスへと変貌していったのである．

ために自らの家事労働をこなさなければならないという事実。加えて労働者階級の豊かさの増大と消費文化へ参入したいという彼女らの欲望は、現代のジャーナリストが概して「大衆のブルジョワ化」と呼ぶ事態を招いたのである。

今日、三人の子持ちでなおかつ母親から介助を受けていないウィンブルドン在住の法務官の妻が、多くの時間を家事に取られると主張しているのはあたりまえのことであるし、またそれは同じ規模の家族を持つミドルズバラ在住の製鉄工の妻が享受している生活と何ら変わりはない。どちらの妻も、キッチンにはモダンな機器を取りそろえ、バキューム・クリーナーによって食器棚を清掃している。(7)

イギリスでもアメリカでも明らかなのだが、この変化は、マーケットの一層の均質化によって地域や階級のヴァリエーションが乏しくなっていく事態をもたらし、また製品を規格化し、隔たった趣味の文化を形成するにあたって、階級よりもジェンダーという役割を強調することによって、量産業者に協力していたのだった。製造業者はこのマーケットの細分化をいち早く活用して、多くの製品をそれに応じて「ジェンダー化」されたものとした。社会の均質化という原則は、「複数の階級を統一し、労働者階級の関心事を国民の関心事と同一化しようとするイデオロギー的な企て」(8)の一部をなしていた。これはまた、公的にせよ私的にせよ、消費者を「良い趣味」を理解させるように導こうと教育する、多くの機関の精力的な努力とも結びついていた――その一方では、万人に中産階級のステータスを与えようとし、それによってコンセンサスを創出して社会的な安定性を高め、また同時に、生産と消費のプロセスを可能な限り効率的で、円滑なものにしようとする努力も、また別に行われていたのである。

一九五〇年代に女性のドメスティシティを正当化した労働の性別役割分業という考え方は、依然として男性と女性の差異というダーウィン的な理念によって導かれた、根深い信仰に根ざしたものであった。この当時はしかしながら、とりわけマスキュリニティとフェミニニティという観点に関しては、ジークムント・フロイトの理念も強い影響力を及ぼしていた。フロイトによれば、これらの差異は、少年と少女が生後五年間のうちに辿る異なった成長過程によって決定されるものであるという。ジェンダー及び分断された役割という問いは核家族への関与にとって根本的なものであり、翻ってそれは社会的な均衡をも意味している。この均衡はマスキュリニティの危機によっておびやかされることとなった。戦時中の生活の刺激からオフィスや工場でのありふれた日々に戻った男性は、自らが細分化され、アノニマスな生活へと導かれていると感じたようであった。この疎外と降格の感覚は、慰みを求める男性を家庭生活へと送り返したのだが、それはただそこに「誇大妄想症になったママ」と呼ばれていたものを見つけただけだったのである。[9]

女性たちは性別役割分業によってエネルギーを分散させられ、その結果として、一層受動的で、マゾヒスティックとなり、家族の成員には「奉仕する」立場となる。それゆえに夫のマスキュリニティを保存する一方で、息子の女性化を防ぎ、娘に対してはフェミニニティの「適切な」イメージを与えることになるという、複雑なシナリオが描かれることになった。少数とはいえ、戦後期に出現した家事をする「女性化された男性」と、「新たな女性」の戦後の後継者であり、戦時中に男性の世界へと前例のないアクセスを行ってきた「男性化された女性」の組み合わせの脅威は、憂慮すべき潮流とみなされてきたものを転倒する試みにおいて、フェミニニティとマスキュリニティのステレオタイプなモデルの唐突な転倒をもたらした。これらのモデルは、広汎なプロパガンダ・マテリアルとマスメディアによる発表を通じて促され、戦後の環境のなかで遍在的な存在感を獲得した。ある特定のレベルで、多くの女性はおそらく、戦争中の性のイメージを廃棄し、あからさまに男性的で、合理的で、都合よく触発されたイメージに対するグラマラスな解毒剤を求めることを望んでいた。そして別のレベルでは、彼女の夫を喜ばせ、自らも子供のために献身するという内容の幸福な主婦としてのモデルが、あらゆる角度から彼女に押し付けられていたのである。

おそらく、新たな戦後の家事を特徴づけるすべてのテーマのなかでも、最も支配的であったのが「一緒にいること（togetherness）」というものだ。女性は彼女の夫に対して、友人であり配偶者であることを促された。主だった買い物は一緒に計画が立てられ、家の美化や機能向上も一緒に行われた。「ＤＩＹ（日曜大工）」運動は、その名前を示していた雑誌の表紙がそうであったように、夫婦ともども力を合わせて取り組むものであったが、しかしもちろん、そこには明らかに性的役割分業が存在していた。配管修理や電気工事が夫の役割である半面、カーテン作りは妻の仕事であり、妻の役割といえば、夫が天井を塗装するためはしごを上るその合間に、それを足元から支えることであった。それは性的関係の完全なメタファーともなっていた。それゆえに、一緒にいることは共有を意味するその一方で、家庭内における労働の性別役割分業を、減少させるよりはむしろ洗練し、向上させる一助となったのであった。

一緒くたとなったこれらの要因は、とりわけアメリカにおいて当時のメディアを覆い尽くした「非本質的な」フェミニニティというコンセプトの興隆をもたらした。主婦に、美の実践者と創造者というステレオタイプな役割と結びついたフェミニニティというモデルを与え、また今や女性的なセクシュアリティという観念がかつてないほどにあからさまとなったために、メディアはまた女性に対して、そのようなイメージと並行する衣類や化粧品に依拠した、新たに見出された財産を消費することを促そうとした。しか

『理想の家庭』展の会場風景．1954年．電子機器によって表現された現代の理想の家庭は，イギリスの戦後文化の中枢を占めていた．ここで食い入るように食器洗浄機を見つめる新婚ホヤホヤのエリザベス２世の姿は，この時代の若い主婦が演じるべき役割のモデルを示していた．（ソーン EMI）

し、ドレスアップが施されるコミュニティの一部は閉ざされていて、もはや公共の社会的誇示の一部とはなっておらず、郊外の主婦は夫ひとりだけのために孤独にドレスアップする羽目になった。しかしながら同様に、彼女がコミュニティのなかで自らのために、あるいは同僚のためにドレスアップを行い、それによって、明白にジェンダー化され、また確固として近代的自我からなる自己のアイデンティティを確立する可能性もまた強固なものであった。たとえば、ハイヒールをめぐる議論では、この原型的な「女性らしい」モノは複数のメッセージを伝達するものとしてみることができる。[10] 男性と女性の役割が大いに二極化されたまさにそのときにジェンダーを克服しようと意図していた、あからさまに女性的なモノと同様に、それは「最新のモノ」とする女性のニーズにおいて生き生きとした役割を演じているものとしてみることができる。また戦時中の衣服の有用な特徴を拒否しているのと同様、それらは近代という世界へと介入していくひとつの可視的な兆候として捉えることもできる。「グラマラスな主婦」という本質的にパラドクシカルな観念は、特定の見方によっては、女性がドメスティシティのなかに入り込み、それと同時に、開かれた抵抗の記号として作用するハイヒールとロングスカートの非実用性を内側から拒絶してもいるようにもみえる。デザイン史家のリー・ライトは、「一九五〇年代におけるハイヒールの着用は、いかにして――戦前の価値観や伝統的な役割に満足していない――「新しい女性」を表現するのかというより幅広い議論の一部をなすものであった。その意味でいうと、着用の習慣は回顧的であるというよりも進歩的なものであるように思う[11]」と述べている。この観点に立てば、ステレオタイプなフェミニニティというイメージを受け入れることは、追従というよりは抵抗の一形態として考えられるし、またおそらく男性と競合する以上に、男性文化の支配へと挑戦するにあたってより効果的な方法としても考えることもできる。

女性がしばしば描かれてきたようなパッケージ済みのフェミニニティの受動的な消費者にとどまること

がないその一方で、戦後期の空気は、彼女らの集団的アイデンティティの形成を困難なものとしてしまった。ヴィクトリア朝期の中産階級の女性が果たしていた家庭における美の発見者にして創造者という役割は、高度な産業化の拡張という雰囲気において本質的なものとみなされてきたのだが、彼女らにとっての一九五〇年代の等価物は何ひとつとしてそうした認証を受けられなかった。彼女らの先達には一貫した社会的、宗教的、政治的な枠組みが欠落していたので、彼女らのそれは一層私的な努力へと傾いていったのである。対外的に認知された唯一の見返りは、彼女らの夫によって欲望され、そこに居り、お行儀よく子供を育て、住居を効果的に美化する、好ましいレベルのフェミニニティを達成することだけであった。これらの成果は、ただ私的に認識されたものにすぎず、公的には——女性が役割を効果的にこなしている限り、現状は何もおびやかさないという事実によって——ただ否定的な意味によってのみ認識されてきたのだった。必然的に、家庭の外側で労働する女性という考え方は、この時期大いなる不満をもって憂慮されることとなった。ワーキング・マザーは、多くの物事のなかでも、青少年の非行の増加によって非難された。また皮肉なことに、ワーキング・マザーの収入が増加したにもかかわらず、広告主にスペースを売ることで収入をまかなっている女性誌は、女性の労働という考え方を支援したりはしなかった。というのも、彼らは主婦たちがショッピングのための十分な時間を失ってしまうのではと懸念したからである。[12]

しかしながら、第二次世界大戦後一五年ものあいだ支配的であった家事に専念する女性という観念の複雑なイデオロギー的支柱は、女性自身を粉砕しはじめ、その理解のなかに住まうことへの根強い不満足を示しはじめていた。その時代の女性の抑圧に対して女性解放運動が行った一連の出来事の結果は、今や神話化されてしまっている。[13] 一九六〇年九月、「なぜ若い母親たちはとらわれていると感じるのか」と題された記事がアメリカの女性誌『レッドブック』に発表され、五万人の女性がそれに対して回答した。「とらわれた専業主婦」はCBS系列で放映され、その翌月以降は数多くの女性誌で、同じテーマを扱った記事が続々と出現したのである。以後、多くの女性が働くために外へと出るようになった。というのも「彼女らには金銭が必要であり、また彼女らは「われを失っていた」」からだった。[14] 一九六〇年代、労働空間へと流入する女性が激増したその本当の理由が何であるのかの如何を問わず、家事に専念する女性というイメージは劇的に変容し、受動的な専業主婦は、シングルの女の子のイメージ、及びはるかに男性的でより効率的なキャリアを持つ働く女性というイメージに取って代わられてしまった。

今までにもいわれてきたことだが、一九五〇年代には女性文化に対する頑ななまでに否定的な構図が大半の考察を支配しており、それとの鋭い対照で、ごく少数が消費における喜びに満ちた豊かさと快楽の構図を提供していたのだった。デザイン史家のトーマス・ハインは「そこには大いなる欲望が沸騰していた」[15] と述べているのだが、それは他者が頽廃、幻想、そして「誤った認識」の兆候としていち早く却下したマテリアリズムのより楽観的な構図のことでもあった。このオプティミズムは以下のような考え方に根ざしていた。すなわち、モノの所有と露出は単なるマテリアリズムから、モノの購入とそうしたモノが女性の日常生活で果たす機能の双方を通じて、消費者の行動によって表現されるシンボリズムのレベルへと移行したのではないか、と。翻ってこのことは、女性と女性文化が関与している場において、——意識しているにせよしないにせよ、あるいは認識しているにせよしないにせよ——彼女らが経験しているであろう一切の抑圧に対して、彼女らの文化全般に対する取り組みの重要な一側面と、抵抗のための潜在的な余地を表していたのである。

フリーダンや他の論者が描いている抑圧的な文化は、郊外にみられた。すでにみてきたように、そこは数多くの女性が近代的なものや定着させようとして失敗した男性的な建築やデザインの理論の女性化されたモデルと出会うための場所であった。しかし、凝視してみると――仮に単純化された住宅やモノ、新たなマテリアルの使用、一九四〇―一九五〇年代の新たな住宅を特徴づけている照明や空間への取り組みは行き過ぎであったのかもしれないが――建築とデザインのモダニズムは女性文化の砦へと進入しようとする第二波を形成していたのである。しかしながらさらに目を凝らせば、より繊細な、そしてジェンダーという観点から確認されるのはさらに複雑な状況だ。アメリカとイギリス双方において、第二次世界大戦後には若くして結婚し、所帯を持つ多数の女性が現れた。そうした家族向けの住宅不足は両国ともに深刻で、プレハブ住宅という新たな方法によってその一時的な解決が図られていた。しかし、アメリカにおけるより恒久的な住宅問題の解決は、ウィリアム・レヴィットによって提供されたものであった。ディベロッパーであったレヴィットは、レヴィット・アンド・サンズという自分の会社を通じて、一九四七年以来ひたすら膨大な数の簡素で標準的な住宅の建設を、それ以前には未開発であったエリアで進めていった。ロングアイランドのレヴィット・タウンに最初の一年で建設された住宅は一万七四五〇戸に及んだという[16]。建築史家のグウェンドリン・ライトによると「一九五〇年には、社の工場で一六分に一戸の割合で四部屋住宅が製造されていた[17]」そうだ。その後レヴィットはペンシルヴァニアやニュージャージーへと移行して、これらの新しいエリアでさらに広大な郊外の造成事業に取り組んだ。レヴィットの住宅は「薔薇で覆われた小屋という〔フォード社の〕T型モデルの等価物――あるいは誰かが呼ぶところの岬小屋……。それは、チャーリー・チャップリンがずいぶん前に『モダンタイムズ』で示して見せたように、アメリカン・ドリームの副次的神話である自分自身の小さなわが家のようであらねばならなかった[18]」。開放型のプランで三面式の暖炉を用いることをはじめとするフランク・ロイド・ライトというモダニストの仕事に多くを負っていたアメリカの郊外生活は、紛れもなくそこから標準的な居住モデルを導入している[19]。しかしながら、より正確なアナロジーは、他のモデルを同じシャーシーを共用しながら、工芸的なユニークさと個性と贅沢さを志して、色彩や座席のカバーや他のスタイリングのディテールに手を加えてみせたゼネラル・モータース社の自動車に違いない。初期の住宅がさやに包まれた洋梨に似ているとしてもそれは占有されるまでの話、以後その所有者は個人所有によってそれらを差別化しようとし、後者の結果それはきわめて大衆的な農業住宅からケープ・コッドやコロニアル様式にまでまたがる多様なスタイルが実現されていった。他のアメリカの郊外では、一九五〇年代半ば以降に乱平面の住宅〔中二階がある〕が普及していくのだが、その範囲にはイギリスのテューダー様式〔テューダー王朝時代のゴシック図様式〕までもが含まれていた。

スタイルと個性的なディテールは——なだらかに傾斜した屋根とはめ殺しの一枚窓を持ち、リビングから背後を見渡せるようにキッチンを正面に取り付けた平屋のガレージという——基本的なコンセプトの拘束を受けつつ際限なく多様化していった。近代性と伝統は、およそどの契機においても融合していた。歴史的なパスティッシュでさえ、モダンな手段を活用してモダンなマテリアルによって再現されたのだが、それは忠実な複製というよりは伝統的なコンセプトのモダンな焼き直しといった類のものであった。一九五〇年代のアメリカ郊外では、近代性と伝統が隣り合い、またしばしば溶け合っていた。大地をわがものとし、自らのアイデンティティを忘れてしまったアメリカ開拓者とその家族の冒険と、知らぬうちに並行し、思い起こしているその冒険の現代版が進行中だったのである。同時にノスタルジックでロマンティックで進歩的な精神によって、アメリカの新たな郊外性は彼ら自身の冒険を有効なものとするべく、彼らの先祖を回想したのだった。文化史家のラッセル・リンは「郊外の農家には四分の一エーカーもしくはそれ以下の敷地しかないことがしばしばで、はめ殺しの一枚窓からの眺めは、別の窓絵のそれと同じであった。

開かれた山野とバーベキュー、そして太陽の輝きとレジャーという説得力のある西部魂は、間違いなく国民的な規模のものであった」[20]と述べている。

ロマンティシズムの一部が建造物そのものの性質によって提供されていた一方、他の多くの部分は居住者、とりわけ主婦によって選択された調度品や飾りや装飾によって創出されたものであった。消費と家事という仕事を通じて、彼女の役割は過去と現在に橋をかけることであった。すなわち、流行、目新しさと快適さ、安定感と過去の精神とを結びつけることである。例によって、これは高レベルの知識、技術、創造性と制度が要求される複雑な役割であった。それを実行する目的は、個別の価値を共有し、モノや装飾品を相互の関係によって選択することにあるのだが、その相互の組み合わせによって、一軒の住宅を一つの家庭へと転じることが求められるシンボリズムを表現することができる。一方で、ヴィクトリア朝期がそうであったように、社会の渇望という考え方はシンボライズされるべきものの一部なのであり、登りつめるべき社会的な階梯が存在しない単一階級が支配するコンテクストでは、それはより分かりづらかった。人間が自らのステータスを向上させるただひとつの手段は、別の郊外へと移動することであった。一九五〇年代のアメリカの郊外では、従属という感覚を生み出すことこそ主婦の主たる使命だったのである。

これらの新しい居住形態を手なずける役割を負った女性たちは、あたかも一世紀以上もそうであったかのように、新しいものと古いもののあいだの繊細な道の上で佇んでいた。現在の主たる違いは、大恐慌後と戦後、そして一九五〇年代の新たな豊かさ、これらの多くがまったくのゼロからのスタートを切り、のしかかっているはずの過去の重みが一切ないままに彼女らの家の調度を整え、飾り付けるようなところに位置していたことにあった。そこには、自らを表現するおよそ前例のない機会に恵まれた数多くのアメリカの中産階級女性が存在していた——そして、彼女らがそれを両手いっぱいに抱え込んでいたことを示す証拠にはこと欠かない。

イギリスでも、戦後まもない時期には同様の住宅不足と、若い女性が早婚して子供を産むという同じパターンが存在していた。新たな住宅供給は政府の出資によるニュータウンという形態で出現し、これらのニュータウンは都市の内部のスラムから若年層の家族を吸い上げる「緑の場所」[21]としての役割を果たしたのである。それから一〇年ほど後には、個人のディベロッパーが都市の外部に簡素でモダンなスタイルの住宅を建てるようになった。これらの造成のためのモデルは、田舎に着想を得た「ピクチャレスクなプランニング」というコンセプトによって特徴づけられた「ガーデン・シティ」のそれであり、そのアプローチは大西洋をまたがって適応されたものよりははるかに受注形に近かった[22]。

アメリカの郊外住宅は、そのプランのなかに数多くの根本的にモダンな特徴を取り込んでいた。それらは本質的にすべて「開放型のプランニング」であり、リビングとダイニングをひとつに組み合わせた開放型のリビングが存在する一方で、ダイニングは大きなキッチンエリアへと統合されていた。一室を特別の場合にのみ用いる展示室として残しておこうという考え方は、消去法にして開放型のものであり、一緒にいることという観念とも直接につながって、当時の家族生活の支配的なイデオロギーの図式を支持するものとなっていた。寝室以外の居室で、家族の成員おのおののプライヴァシーが欠落していたことは、彼らどうしのあいだで増大する相互作用を促す一手段のようでもあり、子育てにとっての生き生きとした一要素とも考えることができたのである。

開放型のプランニングはまた別に、一九五〇年代のイギリスにおけるさらに月並みな住宅にもうかがうことのできるものであった。リビングとダイニングの空間はしばしば組み合わされ、またしばしばそのあいだにはドアが挟まっていたにもかかわらず、プライヴァシーが存在する可能性をほのめかしていた。そ

エコ・ヴァニティ社製ポータブル・ラジオの販促用パンフレットの表紙．1950年代．戦後期を迎えて，商品はますますジェンダー化されたマーケットへとねらいを定めるようになった．「ヴァニティ」のラジオは，そのデザインを女性用ハンドバッグへと似せる過程において，機械部品の組み合わせからファッション・アクセサリーへと変容していったのである．(サウスエンド博物館の好意による複製)

れは現実には決して必要とされていなかったのかもしれないが。にもかかわらず、この住宅を設計した建築家の理想はしばしば、居住者の装飾の仕方、使い方とは相容れないものであった[23]。女性たちはただ（レヴィットハウスの計画と競合するために）キッチンが住宅の正面に据えつけられていたことが気に入らないだけではなかった──そこに位置づけられたのは、住宅を彼女らが日々の仕事をこなしているコミュニティの一部と実感させるためだったのだが──それは住宅を弧絶させ、世界から切り離しているかのように感じさせてしまう点で逆効果だった。彼女らはまたネット状のカーテンを据えつけて、開かれた空間に新しい開かれた光を取り込もうとし、彼女らの母や祖母たちがしていたような仕方によって、家の家具を磨いたのであった。プライヴァシー、家主としての自負、これらの女性生活において演じられてきた伝統、新しくてモダンな彼女らの快楽を切り離し、補完し、そして組み合わせることの重要性について、建築家は予期していなかったし、また明らかに何ひとつ理解してもいなかった。してみると、ニュータウンの主婦にとっては、建築家にとってうかがわれ、無趣味な妥協として、モダニズムのイデオロギーによって進められたもののなかには、何の葛藤も存在しなかったのだ。

家事専従者としての、そして家庭環境の審美家としての女性の役割に対しては抵抗の余地が存在した。彼女らはパーラーをはじめ、家族の他の成員に対する彼女らのプライヴァシーの多く、そして彼女らの労働を支持し、価値づけていた周囲の強固なコミュニティを失ってしまったのかもしれなかった。にもかかわらず彼女らは、自らと家族の変化を気楽にする仕方において対峙していた近代と折衝する方法を見出した。パーラーの不在は、一九五〇年代の家庭におけるディスプレイ空間の減少を意味していたのかもしれないが、しかしそれは新しく、本質的にモダンである家具というアイテムの登場によって補完されることになった。それらの家具は、主婦が彼女らの装飾小物を見せびらかして大いに満足させることを可能とした。部屋と部屋とを仕切る装置がなかったことを埋め合わせる、部屋の間仕切りや開放型のシステム戸棚が出現した。これらは前衛的なモダニストの考え方を起源としていたのだが、ひとたび郊外への道を見つけてから後となっては、まったく異なる目的によって用いられるようになった。モダニズムにおいては、収納家具はインテリアを合理化し、ワードローブのような古めかしくてかさばるアイテムや夾雑物を排除し、埋め合わせてしまう手段であった。デザイナーのジョージ・ネルソンが説明しているように、

リビングについての古い考え方には、決してクローゼットが含まれなかったばかりか、収納スペースも必須のものとは考えられていなかった。引き出しが二つか三つ取り付けられた一脚のテーブルのなかにはカード、種子のカタログ、手紙、使用済みの小切手、その他多くのガラクタなどが詰め込まれているはずだ。……近代住宅のなかのリビングには、かならずやひとつもしくは複数のキャビネットが取り付けられていて、それは棚や引き出しや間仕切りによってふさがれていた。(24)

これらの収納キャビネットの大半は丈が低く、またひょろ長い脚の上に乗っかっていて、ときどきその一角に蓄音機とレコードや他の何かが収められていたが、それは早々にヴィクトリア様式のインテリアのサイドテーブルや机に取って代わって、遍在的な家具のアイテムとなった。夾雑物を取り除けてしまう以上に、それらはディスプレイ用の理想的な表面を提供するためのもので、またしばしば家族の写真や花を飾った花瓶、あるいは観葉植物やなかにギフトや休日の土産などが紛れ込んでいる無数の小物によって飾られるようになった。一九五〇年代の家事のマニュアル本はすべからく、フラワーアレンジのためのアドヴァイスを与え続け、色彩の役割と装飾環境一般の一体化は決定的なものと考えられていた。「色彩は背

景を考慮した上で選ぶべきです」とアドヴァイスするイギリスの一九五一年のマニュアル本は、以下のように続けている。

おおよその色も使われている部屋もあることでしょうが、しかし他方では、たとえばスカーレットとピンクのような色彩の洪水を防ぐことも必要です。花はときに、たとえばクッションのカバーのような室内の小物とマッチすることがありますが、これとは別に、たとえば混色の花瓶のなかに極小の黄色い布切れを紛れ込ませるというやり方だってあるのです。これによって全般的なトーンを軽やかにし、他の色彩を強調することができるようになります。(25)

家庭内の環境で物事を「アレンジ」することに時間を費やすラスキン的な主婦像は一九五〇年代にはまだ健在で重宝されており、また彼女らはモダンスタイルの機能的な要求に徹したミニマリストには屈すまいと意を決していたようでもあった。

部屋の間仕切りや本棚は、はめ込みタイプであろうと可動式のタイプであろうと——興味深いことに、モダニストたちは後者に対して、あたかもインテリアのなかに占める書物の存在感が居住者の知的レベルの指標であるかのように感じられることもあわせて考えていたのだが——主婦たちにはディスプレイのための好機として歓迎された。あたかも、表面が金具で覆われた万能型のカクテルバーなどは、その社会的な機能よりも、こちらの目的のためにより頻繁に用いられていたかのようでさえあった。(26)キッチンやダイニングが組み合わされたとき、そこには棚を設けられたスペースが出現し、それまで概して無視されていたエリアにもディスプレイが導入された。一九五〇年代半ば以降のイギリスの出版物には、鉢植えの植物やカットグラス製のデカンタやもろもろのガラス製品やキッチン用小物で飾られているそのような棚を背後に調理をするひとりの女性が描かれている。[27] しかし主婦向けのマニュアル本は、概してディスプレイのニーズを低く見積る傾向があった。イギリスのジャーナリストであるモリー・ハリソンは「女性が仕事用というよりは、むしろその家主がいかに裕福で重要であるのかをこれ見よがしに示すことの方を主な目的とする類の装飾物に取り巻かれて満足していた日々は、もはや過去のものとなってしまった」[28] と述べている。このような事例がある一方で、家庭の私有化も一層進んでいたために、主婦にとっての自己アイデンティティの一形態としてのディスプレイという役割も、相変わらず大いに重要であった。健康と能率という言い古された決まり文句に加えて、子供と一緒に過ごすレジャーのための時間か地域のボランティア活動のために必要というのが、ディスプレイを推し進めた理由となっていた。

一九五〇年代の住宅すべてが、あからさまにモダンな家具を選択していたわけではない。古い家具と新しい家具を交えて使う者や複製を好む者もいた関係で、そうした家具も十分に供給されていた。イギリスでは――エリザベス様式〔エリザベス朝時代の様式〕やアン女王様式〔アン女王時代の曲線美様式〕やチッペンデール様式〔一八世紀中頃の優美な様式〕といった――多様なスタイルが出現したが、一方でアメリカでは、初期アメリカ様式からフランスのプロヴァンス様式にまでまたがるさらに広汎なスタイルが出現した。トーマス・ハインによれば、「一九五七年には、ある標準的な規模の製造業者は二〇種類の異なったタイプのソファ、三種のタイプの組み合わせ式ソファ、一八種のスタイルの二人掛け椅子、三九種のタイプのスプリング椅子を製造しており、それぞれ一七種の品質ランクと一二色もしくはそれ以上の色彩や図柄から選ぶことができた」[29] という。一九五〇年代の主婦が最も美的な回答を果たし、創造性や個人としての表現の糸口を有していたのは、おそらく色彩や図柄の選択においてだった。モダニズムがインテリアの抑制された色彩配置を好んでいたのに対して、「公式の」文化は今やはるかにオープンな流儀によって色彩と図柄を取りそろえていた――というのも、もっぱらそれらに対して科学的なアプローチが可能となったからである。「科学者」であるモリー・ハリソンは「色彩は万人の日常生活に重大な影響をもたらし、多くの色彩の組み合わせによって、人々は喜んだり落ち込んだりもすれば、安らぎもすれば疲れさせられもすることを知るべし」[30]と述べていた。行動心理学に基づいた家庭における色彩の科学的合理性による使用は、それをモダニズムの合理的プログラムとの併用を可能としたのである。

モダンなパターンはまた、イギリスで一九五一年に結成されたフェスティヴァル・パターン・グループの仕事が明らかにしたように、科学的な手段によっても等しく到達可能なものであった[31]。マイクロスコープを通じて見通された有機組織に基づく彼らの仕事は、まったく新しい組み合わせのモダンな装飾の可能性へと辿り着き、新しいカーテンやコーヒーテーブルの形の発見へとすぐさま直結した。あたかも本能的にそして創造的に、家庭のインテリアを美しくするという彼女の仕事から解放されたいくばくかの罪の可能性と幸福を味わったかのように、色彩とパターンのまったく新しい言語が、それらを用いていたモダンな主婦にとっても入手可能なものとなった。その過程において、彼女は長らく自らの家事という義務の一部であり続けてきた過去と未来のあいだ、伝統と近代のあいだに橋をかけ続けた。多くのモダンなパターンにみられる柔らかで感覚的な性質と、豊かで多種多様な新たな色彩――テクノロジーの進展によって可能となり、また（とりわけアメリカにおいて）カラーテレビ、映画、広告、印刷物によって影響されたそれは――すべてがモダンな住宅における女性的な本質を向上させるものであり、またあたかもハイヒールのように、たとえ本質的にはステレオタイプな美のヴォキャブラリーにおいて表現されるものなのだとしても、主婦のジェンダー化された自己という感覚を強めるのに資するものとなっていたのである。

戦後期の主婦は一層、あたかも日々の支配的なイデオロギーによって形成されたかのような家事のマテリアル・カルチャーの内側で、彼女のフェミニニティを位置づける方法を見出し、ステレオタイプに規定するようになった。彼女はこの作業を、主として売り出し中のフェミニニティのイメージを拒絶するよりはむしろ受け入れ、それを自らの目的に応じて使うことを通じて行った。彼女は自らが望んでいた何かをモダニズムの新たな宣言から抜き出し、また望んでいなかったものを変形したり転倒させたりすることができた。この彼女の趣味を行使する自由は、消費と家庭をベースにした「アマチュアな」生産の過程を通じて表現されたのである。

一方、とりわけアメリカにおいては、女性はキーとなる消費者であるという考え方が、戦前期に広く理解されていたことによって、さらにオープンに議論されるようになった。『ウーマン』誌の編集者であるメアリ・グリーヴは、以下のように述べている。

> アメリカの家計は長らく、耐久消費財も含めて、消費財の購入に金銭を払うのは女性であるという確固とした認識をベースとしていた。その事実に基づいて、国全域で大きな、そして利潤を生む女性誌が創刊され、繁栄を遂げてきた。しかしイギリスは男性社会であり、しかもそれは依然として決定的である。そのため、家庭へと持ち帰って喉を滑り落ちるような商品を選んでいるのはジョーンズ氏ではなくジョーンズ夫人の方であると、われらの大君が信じるのにはより長い時間を要したのであった。(32)

一般的な豊かさと幅広い消費財の売買が増大していたこの時期、家庭と市場のあいだの関係はかつてなく親密なもので、女性はこの両者のあいだにまたがるキーを提供したのだった。彼女らは主たる所得者ではなかったかもしれないが、キーとなる消費者であったことは確かであり、また彼女らの両腕には、書物、展覧会、広告、雑誌、さらにはテレビ番組といった形態で、彼女らの仕事を手助けしてくれるアドヴァイスがあふれ返っていた。家事の一部とみなされ、効率性を基準に減らされるべきと考えられる合理的消費と、魅惑や快楽と結びついたレジャー的消費──消費は、二大陣営へと分岐していった。必然的に、両者のあいだに、大きな重なり合いが生じた。新たなセルフサーヴィスのスーパーマーケットが、女性が食品や日常のアイテムを買い求めている合間に音楽を流しているのは、女性がランチタイムに使っているかもしれないデパートでの一日と同様の社会的な快楽を示唆している。エコノミストであるガートルード・ウィリアムズの説明によれば、「外出日のショッピング」という戦前の考え方は、この時期まで続いていたのだ。

郊外や小さな田舎町に住む何千もの女性たちが、毎週かもしくは一週おきに最も近郊の大都市へと大挙して出掛けていく。そこでは彼女らは、家の近所の小さな店よりははるかにグラマラスな環境に取り囲まれながら、ショッピングをして、髪をセットして、友人と出会って食事をすることができるのである。(33)

デイヴィド・リーンの思い出深い映画『逢びき』に登場する、セリア・ジョンソンが演じていた中産階級の女性は、街への外出を映画鑑賞や、図書館の本を借り替える機会や、そして満たされず苦痛に満ちているにもかかわらず、他方ではルーティンな郊外生活に一定レベルのファンタジーを提供してくれる、ロマンティックな逢びきに結びつける、まさしくそのような女性であった。街での一日は欲望、解放、快楽と結びつけられており、それは中産階級の主婦がヴィクトリア朝期に演じていたショッピングと同じ役割を満たしていた。しかしながら一九五〇年代には、家庭使用人の消滅、工場生産や加工過程の飛躍的増大、家内製製品の減少とともに、ショッピングはまた時間をつぶす骨折り仕事の一形態ともなってしまった。巨大なショッピングモールの建設や、イギリスの自由交通商業区画は、ショッピングの経験を満足させまた促進し、そして都会型という以上に地域密着型のものとする意図を孕んでいた。しかし郊外そのものと同様、これらの施設も結局は主婦の孤独へと貢献してしまったのである。

メディアへと投影された、商品を購入するための仕事よりも所有の快楽の方を強調した消費の構図は、マテリアルな豊かさと喜びのひとつとなっていた。それは自己を否定した専業主婦という流行のイメージと合致するものではなく、それゆえに、合理主義者によって示された大いに道具を活用した主婦のオルタナティヴを提供するものであった。消費——少なくともその一側面——は、快楽と逃避の一形態を提供することによって、そして家族のために心身を捧げる主婦というモデルとは別のモデルを差し出すことによって、郊外生活の抑圧的な本質に対する償いの一形態を提供したのである。

家事に必要なモノやサーヴィスの大半はすでに戸外で購入され、製造されているという事実が存在するにもかかわらず、勤労女性が目立って増えた一九六〇年代までは、女性の「家内製」もしくは手作りの美しい品というコンセプトが、完全に視界から退いてしまうことはなかった。一九五〇年代にはその考え方は依然として根強く、多くの女性に対してそれは創造性と気分の開放のための一形態となっていたことも確かだった。編み物、鉤針編み、フラワーアレンジ、ケーキ作りや子供の衣服作りはいずれも不可欠な仕事の一形態であり、快楽の源であり、もろもろの女性誌やマニュアル本は女性がそのような活動に取り組むことを奨励し、手助けしていたのだった。「女性による成果」という考え方はこれらの構図を支えるものであり、家事が依然として完全に脱技術化された仕事ではないことの証明ともなっていた。一九四六年以降のイギリスの出版物は、装飾に関していくつかの洗練された示唆とともに、自宅でのケーキ作りのための手助けを提供していた。「あまり伝統にとらわれすぎてはいけません。ヒイラギやヤドリギの小枝を飾り付けるか、ヨーロッパ風の喜びを示すか、現代風の仕方で雪の風景を一気に仕上げればよいでしょう」[34]。この一〇年来というもの、他のどの領域でも伝統的な実践のための近代芸術のイディオムが適用可能であり、それは女性たちにとってギャップを横断せずに残されたのだった。ドレスメークの領域では、たとえば「着古しのブラウスを色とりどりのレースの飾り布によって作り直すことができます」[35]というふうにほのめかされていた。この詳細な教示のないほのめかしは、依然としてそれを可能とするだけの技術を持った主婦がいることが望ましいのだということを言外に意味していた。戦後すぐの時期を特徴づけていた「自ら作り、修繕しましょう」ということの強調は、その後さらにエキゾティックな企てへと変容していく。家族向けの編み物とミシン縫いは一九五〇年代には依然大衆のポピュラーな権利であったし、雑誌に掲載された複雑な〔構図の〕パターンは、女性がそれを再現する技術レベルを欠いているとはほとんど考えられないことを示していた。たとえば、『ウーマンズ・ウィークリー』誌の誌面には、複雑なリボンのパターンによるカーディガンとそれとおそろいの帽子、加えて、琥珀織やブロケードにおいて作られる「特別な場合のバレリーナ・ドレス」のための紙上のパターンをいかにして再現するのかが紹介されていた[36]。子供向けドレス用のパターンはスモッキングや刺繍によるお決まりのパターンがあり、それを明瞭に再現できる女性の技術はまだ途絶えていなかったのである。

ノイローゼを患い、日々の空虚と対峙するために精神安定剤を服用しているという、一九五〇年代の郊外住まいの孤独な主婦という流布したイメージは、より大きな構図のわずかな一部にすぎなかった。家庭のマテリアル・カルチャーが関わっているこの地点では、多くの女性が経験している抑圧に対する抵抗の指標が存在していた。いずれの場合にせよ、女性に介入の余地を残している支配的なイデオロギーのなかには多くの葛藤が潜んでいたのである。多くの女性が自らの居場所を見出す生活において、快楽と個人的な充足のための機会にめぐまれていたことは明らかだった。働きながら家事と子育てのための責任の矢面に立たされている女性というのちに訪れた抑圧とは対照的に、一九五〇年代の女性は、相対的に曖昧ではない限られた役割を担っていた。女性史家のバーバラ・エーレンレイチとデイルドル・イングリッシュは、「流れ作業のなかで定まった位置としては、甘やかされた子供のためにクッキーを焼くことなどそう手ひどいことにはみえない」[37]と指摘していた。それはまた、マーケットの非モラルよりは家庭生活のモラルに根ざした実存でもあった。彼女たちが一九世紀の半ばには社会を統合していた共通の信仰心を失ってしまった一方で、基本的な人間の価値観はその当時でも生活を支えていた。エーレンレイチとイングリッシュも指摘していたように、「家事の行き詰まりに対するオルタナティヴは古臭い合理主義者の悪夢に、すなわちマーケットに支配され、社会的に自動化され、「人間の価値」が奪われてしまった世界へと化してしまった」[38]のである。

多くの意味において、郊外の主婦は一九五〇年代、ヴィクトリア朝期の分離から始まった改革の最後尾に位置していった。彼女が用いなければならなかった道具が、ますます彼女の力の及ばない領域から押し寄せてくるようになったにもかかわらず、彼女の役割は相変わらずであった。しかしながら同時に、女性と商業や消費の世界との連帯がそうしたものであっただけに、彼女のコントロールはますます私的領域の外側へと移行し、しかもその多くは女性の権利が拡大する領域を無視するか、少なくともそれを矮小化し周縁化し続けている男性文化の不快感へと向けられてしまった。ベティ・フリーダンのいう「名前のない問題」の根本に究極的に横たわっていたのは、一九五〇年代の女性文化の不在ではなく周縁化だったのである。今世紀を通じて形成されてきたフェミニニティというステレオタイプなイメージを女性が発見して、抱きかかえて、安らぎを感じはじめ、ついにはわが物とするや否や、男性文化はシステマティックにその弱体化に着手したのだった。結果として、女性はそこから遠ざかって、もう一度男性と競合し、自らの条件を回復しようとする。一九六〇年代後半から一九七〇年代前半にかけては、この後者の傾向がもう一度支配的なものとなり、またそれと並行して、モダニズムがかつてなく大衆的な環境のなかに定着していった。

しかしながら、そうした事態が起こるよりも以前に、女性の消費者にうち勝とうとする試みにおいて製品を女性化するために極端に逆の態度をとる製造業や商業によって、女性たちは大量生産の、彼女ら自身の目的に即した、テクノロジーの進展したマテリアル・カルチャーを装着することにほとんど成功しかけていた。結果として、一九五〇年代の近代的なマテリアル・カルチャーは女性的なものの最先端を形成していたのである。

第9章　「一種の黄金時代」――モノとフェミニニティ

「真の合理化に行き詰まり、自律とコミュニティへと向けたアメリカ人の欲望は、私有化され希薄化された商品の所有へと切り換えられてしまった。」

――デイヴィド・ガートマン(1)

私的な消費が、一九五〇年代に郊外へと移ってしまったことによりアメリカ人が失ってしまったものを償うには不十分な形態であるという考え方は誘惑に満ちている。ベティ・フリーダンの説明によると、「雑誌やテレビのコマーシャルに登場するパブリックなイメージは洗濯機やケーキ・ミックスやデオドラントや美顔クリームやヘアティントを売ることを目的としている」のだという。しかしイメージの力は……まさしくこのことに由来している。アメリカの女性は、もはや自分が何ものであるのかを知らない。ただ彼女らは、自らのアイデンティティを見出す手助けをしてくれる新たなイメージを必要としているだけなのだ」(2)。この観点に倣うと、女性は自らを同一化できるイメージを投影し、そうすることによって企業資本主義を浸透させていくことを責務とするメディアに対して敗れた受動的な傀儡であった、ということになってしまう。そうした思考はその事実に対する辛辣な論理を有しているし、また消費は受動的な行動であり、にもかかわらず性的、精神的な潜在知覚の形態としては甚だ不満足なものであるというより広い確信とも、一直線につながっている(3)。消費が女性を虜にしているという考え方は二〇世紀に何度も反復され、多くのフェミニストの著述を形成し、女性の抑圧とその消費者としての役割のあいだに分離しようのない関係をほのめかしていた。

しかしながら、女性と彼女らが消費するモノとのシンボリックな関係は、女性が相対的に自由になる——それは必ずしもモノの創造者ということではなく、能動的な選択者であるということであり、加えてかなりの程度にわたって、その趣味とマーケットにおいて力を増していくポジションを通じて、問題の商品の性質と表面双方に影響力を持つようになる——可能性を示すものであった。女性的な美しさを志向する商品はこの時期ますますあからさまなものとなり、ピンク・ラジオの爆発的人気や、インテリアのパターンやテクスチュアにおけるきらびやかな色彩の適用や豊かさとして現れ、ますます増大する女性消費者の権力や、それに付随した女性文化の包括的な伸張を証言したのであった。

しかし同時に、女性的な趣味がマーケットの中心的なダイナミクスを構成し、家庭環境の視覚的特徴を決定するようになるにつれて、ひとたび羅列された批判も確立され、「グッド・デザイン」というエスタブリッシュされた名の下に攻撃する態勢も整えられた。日常生活において前例のない自律と影響力を得たように思われたかのごとく、女性的な趣味は「キッチュ」や「悪趣味」の名の下に追い払われるべきものとして見出された。その排除はその後の一〇年に強いられたのだが、その時期に既存の瞬時の世界へと浸透して多くの主義を転倒してしまったのは、女性以上に若者であった。ネオ・モダニズムの開示と結びついたことにより、若者たちは年長者たちの「中年的」価値観を拒み、テクノクラート的で進歩的な文化を「喜び」やスタイルの意識と結びつけることが可能であることを証明したのである。主婦は今一度、彼女がフォーディズム初期の大量生産時代に占めていた周縁的な位置へと押し戻されてしまった。

若者文化の力がエスタブリッシュされた趣味の権威の弱体化に成功する以前に、一九五〇年代の半ばから後半にかけて、「主婦の美学」が短期間の復権を享受したことがあった。それは伝統的な意味における家事の役割を徹底するという決定においてだけではなく、新たに発見された情事や彼女らの趣味へと訴えかけるモノを供給する製造業者の努力においても現れたのである。このことは皮肉な操作と映るかもしれないが、しかしまた、マーケットにおける女性文化の包括的な再評価、フォーディズムの大量生産世界における女性消費者の力の認識、さらには女性が近代の女性的なモデルと命名し、自らを同一化する空間の創造をも意味していた。

一九五〇年代前半のアメリカの経済的状況は、一九二〇年代末のそれに酷似していた。戦後初期の卸売市場は、需要が堆積した結果、一九五三年ごろには大いに競争が激化した状態へと変容し、そのため大手の製造業者は自らの生産ラインを維持するための新しい戦略を追求していた。もう一度、宣伝と製品のスタイリング強化によってその解決が図られることになったのである。二〇年代にもそうであったように、この出来事の結果は広く流行したフェミニニティというイメージとイデオロギー上の転換と軌を一にしていた。しかしながらこの当時は――合理的な家事運動という形態によって、モダニズム的な価値観が家庭へと流入した結果として――そうしたイメージの男性化よりは、ジェンダーを強調し、ヴィクトリア朝中期を振り返った再女性化された近代のヴィジョンによって特徴づけられることになった。一九五〇年代のフェミニニティは、ソフト感、デリカシー、エレガンス、優美さなどに象徴される女性的な美しさというステレオタイプな構図を包摂していた。それらの要素は、高貴さへの欲望が快適さというより伝統的な観念とともにあふれてくる家庭的な理想と結びついていたのである。それは、家庭のマテリアル・カルチャーを映し出し、また顕在化してみせる構図に他ならなかった。

このことはとりわけ、リビングの装飾や調度を支えている理想において顕著だった。本質主義から派生した第一世代のモダニズムと差別化するために召還された「現代の」美学は、空間、光、喜び、調和のとれたインテリア、有機的形態、明るい色彩、現代的なパターンや新たなマテリアルの探求において、恥ずかしげもないほどに「現在形」のものであった。まったくもって「新しい」それは、近代へと参入する入札の一部である女性によって、開けっぴろげな熱狂をもって受け入れられたのだった。イギリスでは、新たな家事のスタイルに対する女性的な熱狂は、一九五三年にロンドンのチャリング・クロス駅で開催された『レジスター・ユア・チョイス』と名づけられた展覧会を実施したデザイン産業協会（DIA）による強制の結果、もたらされたものだった。一室はその日のベストセラーによって――それは別に驚くようなことでもない、ごくごく保守的なことだったのだ――そしてもう一室は、模範的な現代デザインであるDIAによって考えられたアイテムによって、二つの部屋が飾り付けられた。主催者は人々に対して、どちらの部屋をより好み、またその選択の理由を尋ねてみた。参加者の大半はロンドン在住の中産階級によって構成されていたが、その結果は、女性のグループの方が、三五歳以下の回答者が多かったにもかかわらず、五九パーセントの男性が現代風の部屋を選ぶのには疑問を示したのに対して、六一パーセントの女性はそれを好むと回答した。（右側の）現代風インテリア――木製の腕とひょろ長い脚が取り付けられたツートンカラーの翼状の椅子と、モダンな電燈と、摂政時代風のスタイルで装飾された壁紙などが挙げられる――を、それと対置されていた（左側の）より伝統的なスタイルの方――三つ揃えのスーツやふさのついたスタンド式のランプも設置されている――に対して好む理由はさまざまであったが、概してそこには、目新しさと快適さを対立させる区別が見受けられた。同じ年のDIA年鑑に掲載されたある記事では、以下のような説明がなされている。

R〔右側〕を好む者は美的な動機を推し進める傾向が認められるが、しかしRを嫌う者はそれをより現実的な理由で批判することに執着する。L〔左側〕を好む者はしばしば彼らが彼らの足を休められることを語る。それは通常、快適か心地よいか、あるいは家庭的か安息的かで評価されるのだ。そこにおいて生活し、リラックスすることができる家族のための空間となっているのかどうかを。[4]

明らかに美的な家、傑出した審美家の手によって美しく作られたファッショナブルな趣味の家にとって、主婦は優位な立場にあり、伝統的な家庭は一層魅力を喪失してしまう。その実現が示唆しているように、中産階級の専業主婦はついに彼女らの曖昧ではない近代への回路を投影することのできるモダンな家庭の美学を見出したのだ。ある一人の女性は、彼女が自ら「調度の現代的なトレンドの熱狂的な追従者であり、私はただこの部屋の天井から床まで、きわめて大きなマジョリティによって占拠されることだけを望んでいるのです」[5]と告白したとき、おそらくより一層雄弁なものとなったのである。

これが大量生産よりも工芸技術を、人工物よりも自然物を、モノクロームなミニマリズムよりも軽やかで自然に触発された現代的なパターンや色彩を好む、戦後のスカンジナヴィア型モダニズムから借り受けた美学であったという事実。そしてそれは本質として機械的な価値よりも人間的な価値に根ざしており、女性に対してそれと同一化し、てらいなく抱きしめることを可能としたのだった。加えて、均衡、多くの装飾のディテール、「エレガンス」への専心、一体的なインテリアへの関与、これらの現代的なスタイルもまた、一八世紀を思い起こさせるものであった。さらに何にも増して、ソフトなパステルカラーと直感的なテクスチュアによる知的というよりは感覚的なアピールにおいて、それは本質的に恥ずかしげもなく「女性的」だったのである。

彼女たちがどこかに「従属している」という事実を証明することによって新たにモダンなアイデンティティを求めようとして、多くの女性は現代的なスタイルのなかに、未来についてのオプティミズムを表現する既成の言語を見出した。重要なことに、その言語は、全くその時代に合ったものであったが、女性の家庭美学についての因襲的な要求を排除したりせず、ただ言及される際のことばを変更するだけにとどまった。それは、最も前衛的なものから最も保守的なものにいたるまで、幅広い趣味にまたがって訴えかける応用可能な美学であった。ロンドンに拠点を置くシンティック社（Cintique）によって製造された現代風の椅子の広告は、高級店街でのセールスを意図して「私には真っ先にすばらしい色合いが、次にはエレガントなスタイリングが気に入ったわ。でも何よりすばらしいのは快適さよ」[6]と語る、タイトなズボンを身につけた若いモダンな女性の図を描いていた。目新しさと快適さは相互に排除しあっていたわけではない――女性はどこかしら両者を同一視していたのである。

主婦が新しい家庭美学を流用する仕方は、しかしながらかならずしもそれを生み出し、誘因した者、文字通り、デザインのプロやデザイン改革者の期待と一致するものではなかった。それゆえ、消費者と生産者のあいだ、彼女らの性によって異なった近代のあいだにそうしたギャップが存在するために、前者は色彩、パターン、モダンな形態についての新たな可能性を自分の限界にまで推し進め、モダンライフへの参加を表現するためにこの新たに見出された自由を味わう一方で、後者は後ずさりして、彼女らにとってはあまりにもなれなれしい響きを持ったことばによってその達成の度合いを判定したのだった。インダストリアルデザイン・カウンシルのメンバーが、現代デザインが大衆によって解釈されるさまに関して絶望的な観測を表明したとき、彼らは自らの理想に対する裏切りとして目に映ったものへの失望を注釈していたのである。[7]家具デザイナーのエルンスト・レースは、彼らは「現代のスタイル」を「単なるファッション」[8]と見下していたと述懐していた。翌年、カウンシルのディレクターとなったゴードン・ラッセルは、彼が「現代家具のイミテーション」と称したカテゴリーを創設し、そこにおいては、「あらゆる紋切り型が貪欲にとらえられ、脚細な家具は過大評価されることになるだろう。極端な場合だと、それらは切り出された木材ではなく合板によって製造され、ある一点からは薄っぺらにみえ、また他と比べてみてもひどく重くなってしまう」[9]と述べていた。このことはまさしく、イギリスのデザインの基準がアーツ・アンド・クラフツの時代からいかに進歩していないのかを、また「現代の」デザインという傘状のコンセプトの下で、質と趣味のヒエラルキーという考え方を強制されてきたことを示している。

彼ら以前のチャールズ・イーストレイクと同様に、戦後期のデザイン改革者たちもまた、彼らが低レベルの大衆的趣味とみなしたものを売る商人たちを批判していた。ジャーナリストのドロシー・ミードは「家族が家具の選択を主にカタログ通販とセールスマンに頼っているような辺鄙な新築住宅では、高圧的なセールスマン精神がまさに最悪の形で露見してしまう」[10]と述べていた。ブリストル郊外のハートクリフに位置するあるそうした高級住宅で、彼女は家族がそのなかにパンを仕舞い込んでいたカクテル・キャビネット、すなわち、その家具の用途について熟慮した決定を下すことができない、言い逃れのきかない証拠を発見したのだった。一九六〇年にカウンシルのディレクターに着任したポール・ライリーもまた、大いに磨かれた「いたるところで、パンとバターのマーケットへと割り込んだ家具量販店の派手な窓の前面へと踊り出てくる、もともとは良質な考え方なのに生焼けで目を引く衒示」[11]を非難していた。これらの大半は、その趣味が社会的にも文化的にも弱者であると考えられている中産階級の知識人による、階級を基盤に据えたコメントである。しかし同時に、女性消費者による役割の自覚もまた、彼らのレトリックのなかに忍び込んでいる。結婚を予定している若いカップルが、どの家具を買い求めるかを決定する議論で、ゴードン・ラッセルは女性は母親とセールスマンの双方から影響を受けるのに対して、男性の方はただ女性を喜ばせることだけを求めるのだと説明していた。「こうした条件下では、デザインの行き届いた現代家具であっても、ちょっと見ただけではその良さをよく理解してもらえない」[12]からである。

現代家具の世俗化に関する膨大な量の著述は、一〇年間のうちに進んだ大衆化の拡大の指標であった。その趣味に対する男性的なモダニズム文化の回答がどのようなものであれ、もろもろの社会的階級にまたがる多くの女性は、現代的なスタイルの調度と装飾を占有し、一九五〇年代にはそれらをわが物としたのだった。モダニズムのイデオロギーがファッショナブルなスタイルへと変容していくさまは、文化一般における女性化の拡張を象徴するものであった。DIY運動と女性が支える家内生産の成長もまた、マーケットが主導する製造業と地域小売の拡張と同様に、この状況を推し進めていた。ポール・ライリーがしぶしぶ認めているように、「モダンな家具は今や、かつては「手仕事」のためだけの貯蔵所であった家庭へと向かって邁進している」[13]。現代的なスタイルと女性文化の連合は、両者がともに顕著な変容を遂げていることを意味していた。しかしながら、空間が目覚ましい規模で起こる変容を許容するほどにモダン・インテリアデザイン運動に則って建てられたのは、このときが初めてのことであった。一九五〇年代には、女性は自らの視点で近代と折衝し、そして彼女らが世界への入り口として表象するモダンな家庭美学を見出していたのだ。

モダンな家庭生活の空間の女性化は、同様に住宅内の他の居室にも刺激を与えた。とりわけ浴室――ここは半世紀前、住宅における合理化の影響に屈服した最初の空間だ――は今では取っ手を捨て、安らぎ、ディスプレイ、ファッションの中心点となるべくリビングと結びついた。キッチンもまた、住宅の背後にへばりついている主婦の小さな実験室以上の存在となるべく、その性格を変化させてしまった。それゆえ、アメリカとイギリスの新しい郊外居住区では、キッチン／ダイニングは一九五〇年代の家族にとっての重要な生活空間となったのである。一九五七年六月一九日付の『イヴニング・ニュース』紙の記事で、あるイギリス人ジャーナリストが、キッチンが彼女の「夢の家」であるという表現を交えつつ、この新たな雑種《ハイブリッド》の特徴を鋭く指摘している。

ダイニングエリアからは、カウンターまでの最短路としても機能している「間仕切りの」ユニットだけによって隔てられている。私は幸運にも、引き出し式のたんすを置いている私のキッチンの色彩計画にぴったりのユニットを見つけることができた——ひとつは黄色、もうひとつは灰色だった。カンディアがこれを作り、黄色のフォルミカ・キッチン・テーブルには私のお気に入りの金属製の脚を取り付けた。……このころ私は、大半の人々よろしくすばやく手ごろな朝食をとるための腰掛けとして、黄色と灰色の選択肢がある板製のベンチと、きれいに磨かれた黄色いプラスチックによって白い金属のフレームが覆われた長椅子を選んだのだった。(14)

一九五〇年代のキッチンの最も刺激的な特徴といえば、色彩と装飾の導入であり、また観葉植物や小物のような、パーラーに用意された他の「女性的な」ディテールであった。アメリカとイギリス両国の大衆インテリアを劇的に変容させてしまった新たな色彩革命は、一九二〇年代、マーケティングの新しい手法によって、ゼネラル・モーターズ社がフォード社からマーケットのリードを奪った事態にも通じるものであった。色彩は女性的な消費の拡張にともなって再度導入されたものであり、その製品において個人化と美化のレベルが向上したものとして受け入れられたのである。一九五〇年代には、大量生産向けの導入のための技術的な基盤は、消費者の期待が拡大するのと同様に顕著な拡張を遂げたのだった。

この当時のインテリアと製品に対する女性の個別化への要求は、増大する社会的均質化に直面するなかでの自己同一性の必要から発展してきたものである。これはとりわけ、新しい広域住宅が何百万という家族の「同一性」のイメージを生み出していたアメリカにおいて目覚ましかった。色彩がＤＩＹあるいは雇われた装飾業者のいずれかによって導入された、最初の、そして最も明らかな出口を住宅の彩色された、もしくは紙で覆われた構造的要素の表面に見出す一方で、それは速やかに、屋外で製造された二次元、もしくは三次元のアイテムへと移行していった。床やキッチンの覆いは食器棚やドアノブのような付加的なディテールや、また最後にはより豊かな配色を志向したため衛生的な白色を排除したディナー・プレートや冷蔵庫のような家事用品全般と同調していった。

色彩はモダンリビングにおいて美しさを示しているのと合わせて、、それはまた住宅におけるファッションの覚醒の、また目新しさが存在するという記号ともなっていた。主婦の仕事のうち長期間に及ぶ別の一要素が、外界のファッションと内界の美的な家庭とのあいだで一枚のフィルターとして振る舞うことであった。ヴィクトリア朝中期のイギリスとアメリカにおいてこれは本質的な社会的要求であり、中産階級というステータスへの入り口であると同時に、一九五〇年代の郊外では、公共メディアのメッセージが私的な意味へと変容するプロセスの一環をなすことによって、主婦にとっての個人的アイデンティティの構築へと貢献することになった。インテリアの色彩計画ほど、容易に変更のきくものも他になかった。同様に、床やカーテン用のプラスチックがますます入手しやすく、提供しやすくなったため、さらにすばやく使用し、捨てることができるようになった。ダイニング用の椅子でさえ、定期的に新しいビニールカバーへと張り替えることができるようになった。つまるところ、色彩は調和のとれた全体を生み出すためにインテリアのセッティングにおけるもろもろの要素を統一し、美しさが実用性を支配する美的な家という最終形態へといたったのである。

一九五〇年代には、新たな色彩が連続して出現した。一九五五年、文化批評家のヴァンス・パッカードは、「コンサルタントはピンクが時代をリードする色彩となることを予見していた。一九五六年には、トルコ石がリーダーであった。今年はレモンイエローの年だ」[15]と宣言した。パステルや豊かな金の輝きの装飾品は、ソフトな女性や、この時代を象徴する異国趣味を反映するものであった。ピンク、ライトグリーン、ペールブルー、グレー、トルコ石、柔らかな黄色が特に人気を博していた。タッパーウェア会社が一九四五年に第一弾の容器を発売したとき、それは半透明な二五色のつやを消したパステルの影が付着したものであり、一方で一九五〇年、レイモンド・ローウィがフリジデール社のためにデザインした冷蔵庫は、氷青色の内装が施され、金色の装備によって完成するようになっていた。一九五五年には、フリジデール社はシャーウッド・グリーン、スタットフォード・イエロー、スノーウィー・ホワイトというモデルを発売した。一九六〇年には、その選択肢は六色にまで拡大されていた。

近代住宅における色彩の活用を賞賛しながら、アメリカの室内装飾家であるダン・クーパーは、読者に対して暑い気候における空の青さと「白、グレー、薄いレモン色」のクーリング効果について考えるようアドヴァイスしていた。[16]何にも増して、この当時の色彩は主婦によって科学的というより感覚的に、計測可能な効果よりも感情やムードを重視した上で使用されていた。フロリダに所在する一軒のリニューアルされたホテル——それはこの当時、より多くの郊外アメリカ人にとって休日の目的地のひとつであった——は、以下のように大いに扇動的な表現で言い表されていた。「各階のコンクリートの床は全面にわたってウールのカーペットで覆われ、小さな女の子のピンクのヘアリボンや、ライトブルーや、外の湾の水の影のような緑が散りばめられています」[17]。これらは、レジャーの理想と異国趣味のヴィジョンとが結びついた暖かい気候の色彩であった。郊外の住宅に引っ越すにあたって、彼女らはこの色彩を、今世紀中頃のモダンなライフスタイルを規定していたアウトドアライフやリラクゼーションやざっくばらんといったイメージとあわせて導入した。「ラグーン・ブルー」「バーミューダ・ピンク」「サンド・イエロー」といった扇動的な名をつけられたパステルカラーは、一九五〇年代の家庭における最も強烈な視覚シンボルのなかにあって、現実逃避と穏やかさをもたらす芳香剤だったのである。[18] 現実逃避の役割を満たすという意味では、これらの色彩はヴィクトリア朝中期の花柄の壁紙と同じだった。しかし今や、現実逃避のイメージといえば田舎の田園地帯よりも現代的な休暇のことを指すようになっていた。仕事から逃れることは、給与を得ている夫であろうと、家庭使用人のいない郊外で骨折り仕事に勤しむ妻であろうと、この当時には普遍的な夢となっていたのであり、またそれは日々の家庭環境の色彩においてシンボリックに表現されていたのであった。それゆえ、ゼネラル・モーターズ社のアメリカ人カー・デザイナーであるハーリー・アールは、多くの気晴らし用アクセサリーを搭載した乗用車という規格によって、「休日のお出かけ」のためにアメリカの自動車へと踏み込もうとしたのである。

一九五〇年代の家庭のインテリアに出現したすべての色彩のなかでも、ピンクは最もあからさまな女性的色彩であった。ピンクには——ローズピンクやサーモンピンクから「ショッキング」ピンクにまでいたる——幅広い色相があり、自動車、ラジオ、冷蔵庫、バービー人形、子供のパーティー用の発光したアースケーキなどに用いられていた。女の子らしさという考え方と結びついて、女性は女性であり男性は男性であることを確かなものとしつつ、ピンクは一九五〇年代の社会を支えていた性の区別を強調する役割を果たしたのである。ジェンダー化は若年時から開始されねばならないし、両親がそのキーとなる役割のモデルであった。家庭においてピンクを用いることは、女の子や女性の本質的なフェミニニティを強調し、

ケンウッド社製のフードミキサーの販促用パンフレット．1950年代．キッチンの「美化」のニーズに応じて，多くの製造業者はファッショナブルな色彩の幅を持った商品を供給しはじめた．ケンウッドのフードミキサーは，標準型の金型に取り付け可能なプラスチックの色を選べるようにしたのである．（ソーン EMI）

彼女の母親がこのことを理解しているのを娘に対して示し、彼女らのジェンダーの区別を認識することを望むことであった。それゆえ、若い郊外の主婦の多く〔のピンクの使い方〕は、少女たちと寸分も違わなかった。現代の女性誌に登場するような若い女性の描写において、ベティ・フリーダンは彼女らを「若くて軽薄で、ほとんど子供みたいだ。寝室とキッチンと赤ん坊と住宅からなる世界のなかで、けばけばしくて、女性的で、陽気に振る舞っている」[19]者として描いている。のちに彼女は「ピンクの天蓋つきの四柱式スプリングベッドが好み」[20]という若い主婦を論じてみせた。ピンクは、女性の生活上、子供のとき以来の、また彼女を取り巻く環境によって固定されてきたカテゴリーであり、またそれによって彼女は自らの曖昧でない性の従属先をたえず再確認することができるのだ。しかしながら、あるイギリス人アドヴァイザーによれば、特定の状況下で特定のピンクの色相を用いることには危険が伴っていたという！「網目のカーテンのための軽やかな陰が好まれなくなってきている。おそらくピンクが下着を連想させるためだからに違いあるまい」[21]。

ピンクはまた、一九五〇年代のフェミニニティを過去のそれと一体化するのにも貢献した。金色と組み合わせて用いられることによって、それは即座に、エルシー・ド・ウォルフが愛してやまなかった歴史的な装飾言語、すなわちポンパドール夫人やルイ一五世の一八世紀の「フランス趣味」を思い起こさせることとなったからだ。ラジオや冷蔵庫の表面といった一九五〇年代のインテリアに再出現したこれらの蠱惑《こわく》的な色彩は、歴史的契機の一部をなし、家庭の領分という本質的なフェミニニティにおいて再承認される、女性的な趣味や工芸精神や贅沢を思い起こさせるものだったのである。ピンクと金色は、のちに一九五〇年代の消費主義や、この時代の外観、家庭、ハリウッドの映画スターの所有物などに集約される、女性的セクシュアリティの誇張されたイメージという俗悪さとみなされるものと結びついてしまったのだが。

アメリカの自動車は、ツートンカラーのスタイリング、豊富なクロムの装飾、ジェット機やロケットをヴィジュアル面で参照することによって――そのため、しばしば先端的であったのだが――キッチン用具と同一のこの女性化の過程へと対応していた。自動車市場がすでに一九五三年に、今現在も巨額の設備投資を必要とする二年ごとに実施される車体のデザインの更新という状況を経験していたために、一九五〇年代半ばには自動車メーカーはフォード、ゼネラル・モーターズ、クライスラーの「三強」へと集約されていたのだが、今一度、彼らはスタイリングを自らのセールスを伸ばす手段として見出したのであった。一九五〇年代のアメリカ自動車の美化にもかかわらず、膨大で、安価なボディーで、翼のあるマシンとクロムのディテールの輝きへと到達したことは、この時代のマテリアル・カルチャーの女性化に関する最も明瞭な一例としてうかがえる。相変わらず、彼らにとって女性は主要な顧客ではなかった[22]。しかしながら、ある広告が明らかにしているように、女性向け自動車市場は拡大していた。「彼女は結婚している――彼女は幸せだ――彼女はマーキュリーを運転する」[23]。郊外の生活におけるショッピングや子供の送り迎えは、女性が自動車を運転しなければならないことを意味していた。同じく、郊外の生活はまた、多くの男性が職場へと向かうために、自らハイウェイを自動車で走らねばならないことも意味していた。自動車メーカーが主に女性客にねらいを定めていたのは、男性客の場合にはどうしても非実用的な人工物には魅力を感じとれないからだということが指摘されてきた。ステレオタイプなことに、男性が消費の決定権を握っていると仮定した場合、女性がもっと直感的に回答する消費者であるのに対して彼らは依然として合理的な消費者として考えられていたのである。しかしながら、ガートマンによると、「自動車セールスの薄汚く取るに足りない秘密」は、「男性が主な決定を下している」[24]というものであったという。

男性が広く自動車を購入し用いるようになったその一方で、乗客やたまのドライバーという役割に限った上でなら、女性もまた自動車消費の上昇へと意味をなすようになった。三強がいずれも自社のスタイリングスタジオに女性デザイナーを雇用し、インテリア用のテキスタイルや他のディテールの作業に当たらせた事実は、女性的な趣味が生産・消費の双方で軽視できない役割を果たしていたことを意味している。先に引用したマーキュリーの広告は「彼と彼女のための」グローブボックスについて触れ、「彼らの自動車」としての製品を描いて、「一緒にいること」というコンセプトが住宅の外側へと広がり、家族の自動車に入り込んでいくことを示していた。実際のところ、自動車は自宅のリビングの延長となり、女性の領分の延長となった。一九五〇年代アメリカ製自動車のかさばる車体は、そこに女性文化と女性的な趣味がそのまま移行した、動くリビングのコンテナであったものとみなすことができる。この角度からみてみると、自動車とは両方の性に対して違った仕方で訴えかける両性具有的《アンドロギュヌス》なモノとなっている。あるレベルでは、それらは形態に破格の訓練が施されているのだが——男性によって、男性のためにデザインされた動く彫刻の断片には、売り出しのためのツールとして女性のセクシュアリティも活用されている——しかし、それらはまた女性化、家庭化されてもいて、移動するものであるにもかかわらず、その空間はすべて家庭生活の美的でシンボリックな欲求によって満たされていた。一九五〇年代の自動車デザインにおけるジェンダーの曖昧さが、それを使い、買う者は誰かという問いに結びついていたとすると、家庭用の器具のジェンダー化が派生するのは、所与の優先順位からそれらの有用性もしくはそれらの美的、シンボリックな特徴からによってだったのである。一九五〇年代には、装置は近代的な女性化の過程を完了しており、女性の近代化は両大戦間に始まっていた。流線型は依然として支配的な形態言語であり、装置のカーブは、ますます「エレガントな」「なめらかな」「官能的な」スタイルといった女性的表現によって描かれるようになった。一九五〇年以降のインターナショナル・ハーベスター社の冷蔵庫の広告は、製品を「女性化さ

れた」存在として描くところまで行き着いてしまった。(25)

一九五〇年代には、キッチンは女性的な家庭の核として、ブードワやドローイング・ルームに取って代わる存在となっていた。最後の家庭使用人の消滅は、「家庭で一緒にいること」の重要性と軌を一にしたもので、キッチンを複合的な作業現場へと、家族のための社会センターへと変化させたのである。このことが可能だったのは――主にアメリカにおいてだったが、イギリスでも、アメリカ式のリビングは雑誌や映画での露出を通じてかなり知れ渡っていた――住宅計画の新たな考え方によってであり、また実用性と審美性を組み合わせた家庭用品の性能の向上がもたらされたのである。家庭におけるこれらの商品の存在感に対する第一の正当性は、依然として労働力を節約するその機能にあったのだが、主婦が単独で働き、ホステスとしての役割も求められるようになった今、その必要性はさらに増大していたのだが、この当時は正式な娯楽ではないと考えられていたのである。食糧の準備のための必要は考慮されるべきものだった。そのなかで、フードミキサーやフードプロセッサーという新しい装置は労働時間を節約して、レストランや工場のために備蓄される食糧を作り出した。ひと通り「ミックスし、かき混ぜ、すりつぶし、ホイップし、こねる」て喜ぶ主婦〔という客層〕を獲得するために、イギリスのケンウッド社は、全目的キッチンマシン「シェフ」の提供に際して、その管先と蓋のつまみと、制御スイッチの色を自由に選べるようにした。(26)機械の主要部品をデザインし直すよりもこれらの小さな容易に製造できる小物に色彩のヴァラエティをもたせたことによって――その結果、「サンシャイン・イエロー」「グリーン」「ゲイ・レッド」「ブルー」「ウルトラ・スマート・ブラック」などの色彩が出現した――ケンウッド社はゼネラル・モーターズ社とその系列会社であるフリジデール社から学んだ教訓を証明したのである。

ケンウッド社は、この領域においてアメリカの先例に追従している数少ないイギリスの一企業であった。

たとえば同社は、「マイナー」という小型フードミキサーは実用的であると同時に美しい機種であると自負していた。主婦に対して「使っていないときでも、使っているときと同様、あなたは「マイナー」にわくわくするでしょう。そのスマートな外見は、誰もがそれを持っていることを誇らしく思えるものなのです」と説いているようでもあった。これらは使われることと同様見られることも意識した仕事用具であり、キッチンを変容させるディスプレイのアイテムであった。その外見は社会的なポジションの確立よりは、主婦がそれを所有することへのプライドを促すことの方を重視していた。プライドという感覚の出現を通じて、主婦は自ら振る舞わねばならない役割に対する献身と満足の度合いが高められたことであろう。[27]

新しいプラスチックは、戦争の合間にその多くの開発が進められていたが、それもまた家庭というランドスケープに対して大いに貢献した。小型のキッチン向けアクセサリーという形態で、さらには、五〇年代に発展を遂げたテーブルウェアという形態で、プラスチックは、まるでキャンヴァスに描かれるかのようにインテリアの色彩をアレンジする役割を果たしていた。その安価と多様性との組み合わせ方は、まったくもって「ナチュラル」であった。さらにはプラスチックは、家庭内における実用性と大衆的な贅沢という相互に矛盾する欲求とみなされるもののあいだのギャップを克服することにも成功した。壊れにくい材質でできていたので、子供向けにも安全であり、洗いやすく、レザー、磁器、木、雪花石膏、黒玉といったより高価な工芸用マテリアルを同時に模倣することが可能であった。

模倣の世界におけるプラスチックの歴史的起源、そして伝統美学にも近代美学にも対応することのできるカメレオンのような能力は、プラスチックをモダニズムのマテリアルなカノンの外部へと押し出すことになった。工芸〔として〕の起源を持たなかったため、プラスチックは一切の本質的な「真実」を持ちえなかった。それとは対照的に、その本質的な「不誠実さ」はプラスチックを価値観のない世界、何でもありのマーケット世界へと投入したのである。女性が容易に、そして意図的にプラスチックを家庭へと持ち込んだことは、相変わらずモダニズムが女性的な家庭性を拒絶する正統性を確かにしていたのだった。

プラスチックの使い勝手の良さは、とりわけポータブルラジオのような新しいテクノロジカルなレジャー製品に適していた。一九五〇年代の消費者ブームとマーケットの飽和という問題に動機づけられて、ラジオ製造業者は家族当たり一個以上のラジオを売ることに着手した。これは一緒にいることというコンセプトを緩和するものであったのだが、にもかかわらず、家族の成員に対する異なった必要への回答となっていた。日中、主婦がラジオを聴いている合間にも、ラジオセットは彼女の居室から家事を行う部屋へと移動することができるし、また夫はスポーツ中継を聞き、一〇代の子どもはプライヴァシーの保たれた自らの個室で好きな音楽を聴くことができる。この多彩なニーズの認識は、主に異なったユーザー集団へのアピールを意図したプラスチックラジオがマーケットに登場したことによって出会いがもたらされたのであった。女性向けのラジオが増加した結果、その聴衆に適した色彩と形態が拡大していった。流行を競った小物入れやハンドバッグは、個別のアイテムのジェンダー化を促進し、それから数年のうちに万年筆、時計、財布、ライターなどへと広がっていった。その過程において、ラジオはテクノロジカルな小道具という以上に、個人のちょっとした贅沢品という具合に再定義されたのである。

一九五〇年代の終わりには、イギリスやアメリカの一般家庭においてほとんどの室内と多くの人工物が、女性のモダニゼーションの過程に接触していた。ますます、製品は主婦によって全体を調和するというオプションの広がりを与えられるようになった。モダンで女性的な家庭の構成要素として、その意味は彼女のクリエイティヴな努力を通じて確定されていったのである。

この時代の製造業者によってなされたデザイン変更のための巨額の投資——それは根本的なものである

と同時に表面的なものでもある――は、女性消費者の趣味が一九五〇年代のイギリス、アメリカ社会における社会、経済、文化生活において重大な役割を果たしていたことを示唆するものであった。ベティ・フリーダンをはじめとする論者は、消費者と「過剰な」マテリアリズムが郊外の主婦の不満足やアンニュイにおいて果たした役割を嘆いたが、しかしそれに対して責任を負っているのは消費そのものではなく、むしろ近代に対する女性の折衝を表象していたマテリアル・カルチャーのための社会的、文化的な承認の欠落の方であった。一九五〇年代の家事における女性とマテリアル・カルチャーの関係は、「非本質的」で損害をもたらすものとみなされていた。女性とマテリアル・カルチャーを一緒くたにし、そして少なくとも潜在的に、シンボリックで自足的な仕方によって美学を隠蔽してしまうのは、男性文化に取って代わるにはあまりにも行き過ぎていることが明らかになったからである。

一九五〇年代の終わりには、女性と文化が出会って融合する瞬間は過去のものとなっていた。そのときに起ころうとしていたマテリアル・カルチャーの変容を支えていたのは、女性ではなく若者であった。大量生産のマテリアル・カルチャーというイデオロギー的基盤に重大な転換を働きかけ、大量生産の車輪に油をさして新たな豊かな消費者グループを作り出した若者の「革命」は、女性文化のなかですでに長らく確立されてきた多くの戦略を採用した。ファッション、目新しさ、ヴィジュアル・カルチャーやその形態を覆う表面の一時性、さらには、色彩と装飾の転倒した役割などはいずれも、モダニズムが最初にその形式的限界を、ついでその危険水準を設けていったことによって、その基準が検証されまた待たされながら、需要を見出していったのである。一九六七年には、ポール・ライリーが「われわれはこれから先、使い捨てのカゲロウと長らく結びついてきたケバケバしい色彩配置を楽しむ術を学ばないといけない」と自暴自棄気味に語っていたが、それは女性的な趣味の支配に対するというよりは、若者が新たに発見したマー

ケットの支配に対しての回答であった。(28)

ベティ・フリーダンに倣っていえば、ラディカルなフェミニズムは女性とマテリアル・カルチャーとの連合を否定し、それに代わって、女性が自らの抑圧へと挑み、また男性的な言語によって、男性との対等性を主張する手段として自らの意識を検証しはじめた女性のための新しいプログラムを創始したのであった。女性たちにとって、一九五〇年代は黄金時代というよりはむしろ、暗黒時代への帰還に相当するものだったのである。

第10章　「汚染の不安」——ハイブロー・カルチャーと趣味の問題

「一九世紀の「あれもこれも〔＝雑居棚〕」(what-not) に取って代わって、われわれは「何のために〔＝仕分け棚〕」(what-for) というより機能的な考え方を用いるようになった。要するに、ラスキンとダウニングの美的なモラルの名を、われわれは産業時代により適した別の名へと書き換えたということである。もっとも、趣味が進歩したかどうかについては疑わしいのだが。」

——ラッセル・リン(1)

趣味と関係することなのだが、一九世紀中頃と二〇世紀中頃のあいだには強い連続性の感覚が存在していた。美を覆う表現手段が実態的な変容を蒙る一方で、「美的なモラル化」という「名」が、単純に他のものによって代用されていたからである。そのなかにあって、道徳的で、父権的で、男性主義的な消費と態度がかつてなく強大な役割を演じるようになった。しかしながら、一九世紀と初期モダニズムの時期には、女性の趣味に対するデザイン改革論者たちの敵意が直接的で明白なものであったのに対し、一九四五年以降には、「悪趣味」と女性文化への攻勢はより斜に構えて、複雑で、また結果的に微細なダメージを与えるものとなっていった。

ラスキンやダウニングのような、さらには後年のロースやル・コルビュジエのようなストレートなモラルのレトリックは、一九五〇年代には、「マスカルチャー」の一部としての大衆的な趣味に対する美的な基盤を持った回答のより複雑なネットワークによって克服されてしまった。マスカルチャーのレベルダウン効果に対するイギリスの「キャンペーン」の顕著で当惑的な多元性に着目して、文化批評家で歴史家のディック・ヘブディッジは、それらの活動のなかから、「ブリティッシュ・モダン・デザインの主流派、BBCのスタッフ・メンバー、『ピクチャー・ポスト』誌他の音楽誌ジャーナリスト、批判的社会学者、オーウェルやホガートのような「インディペンデント」の文化批評家、マルクーゼのようなフランクフルト学派のマルクス主義者、イヴリン・ウォーのような妄想的な孤独主義者らのあからさまに離反したもろもろの集団と個人」[(2)]をリストアップしていた。〔立場を異にする〕彼らをまとめ合わせていたのは、「ハイブロー・カルチャー」への取り組みである。イギリスとアメリカ両国では二〇世紀の前半、他の多くのキャンペーン家が三つの主要な領域から出現した。すなわち(1)行政的制度下における絶えざる努力を通じて転向者をつなぎ止めてきたデザイン改革の世界一般、デザインの専門家、そして美術館・博物館、(2)アカデミズムの世界、(3)ポピュラー・ジャーナリズムと社会批評である。これらすべての分野の諸個人は、マスカルチャーがハイカルチャーの美の世界を呑み込み、破壊してしまうのではないかと疑問を投げかけるスタンスをとっていた。とりわけアカデミーでは、一九三〇年代半ば以降マスカルチャーに対する敵愾心が拡大し、他の生産形態においてなされているのと同様に、資本主義の下でブルジョワが文化生産の手段を支配してしまうのではという視点を抱いた左翼の文化理論家や文芸批評家から、「ハイカルチャー」における「優れた質」のより保守的な支持者にいたるまで、振幅の広い回答が形成されていた。ハイカルチャーに対する、「人間的価値観の真髄の容器」[(3)]であると彼らが信じているものへの投資が、いっせいに寄せ集められたのである。特定の趣味を標的とする文化批評が存在する一方で、マスメディア一般における産物――とりわけ大衆映画、文学、音楽――と、それらを作り出した製造業者へと攻撃の矛先を向ける批評も存在した。さらには、攻撃の焦点をマーケティングや広告や商業志向のデザインによって偽りのメッセージを拡散させる、メディアによって援用されているメカニズムや技術へと合わせるものもあった。彼らの回答は、近代社会全体の内部における文化的傾向についての一般的な不安へと達するものであったのである。

ジェンダーがマスカルチャーや大衆的な趣味の問題とあからさまに結びつくことがきわめて稀ではあったが、その場合否応なしに、これらのモダン・カルチャー批判によって抱かれている「良い実践」という基準を特徴づける男性的モダニズムのカノンの適用が意味されていたことになる。加えて、フェミニティという観念は、このコンテクストにおいてモダニズム側にとっては受け入れがたい「他者」を表象する感情や「快感原則」によって、商業化された文化モデルを微妙に支えている。モダニストやアヴァンギャルドやハイカルチャーと手を組むことによって――それは「キッチュ」や「代用品」「非本質的」な文化や「悪趣味」とみなされる――キャンペーン家たちは、彼らの前に立ちはだかるデザイン改良家や初期モダニストたちの表面の真下に潜む男性的な仮説や偏見を浸透させていたのだった。

第二次世界大戦によって、伝統的な階級概念による趣味文化の決定は一層不明瞭なものとなってしまった。ラッセル・リンはそのことを以下のように説明している。

趣味の消費者と生産者を、因襲的な社会階級に従って分割することはできない。良い趣味と悪趣味、大胆な趣味と控え目な趣味は富や教育、血統や背景によっては説明することができないのである。これらの趣味はそれぞれ特定の役割を果たしているのだが、かつて想定されていたような上流階級の趣味、下層階級の趣味といっ

ミラノ・トリエンナーレにおけるイギリス館の展示．1954年．ロビン・デイによってデザインされた家具を含んでいたこのインテリアは，デザイン界が消費者に奨励していた「グッド・デザイン」という理想を表していた．この厳密なまでにミニマルなセッティングのなかにあってさえも，他方ではクリエーターの禁欲的な好みを「やわらげる」べく，一点の観葉植物が含まれている．(デザイン・リサーチ・ユニット)

たものはもはや存在しない。近年では新たな社会構造が出現し、そのなかにあって趣味や知識の主張や達成が主要な役割を果たすようになっている。われわれが自分の周りで発展していくのを目の当たりにしているのは、ハイブローがエリートのそれであって、ミドルブローがブルジョワの、ローブローが大衆のそれであるといった具合の、一種の社会の階層化に他ならない。(4)

趣味と伝統的な階級のカテゴリーはもはや容易に一致しなくなってしまった。このことは、ジェンダー、年齢、欲望の度合い、個人の潜在能力や到達度といった他の要素が、他の方法よりは趣味によって決定されてきた階級の新たな定義の可能性の構図へと割り込むことを可能とした。この新たなシナリオは現代生活のダイナミクスに対して趣味の中心的役割を強調し、そして暗黙のうちに、文化的価値全体に占める女性文化の重要性をも強調するものであった。それはまた、以前に示されていたものよりははるかに複雑で流動的な趣味の形成の構図をも含意しており、また趣味の概念に対してかつて享受したことがないほどに権威を浸透させたのであった。それゆえに趣味は、今や階級以上に社会的、文化的な区別のまさに指標となったのだ。このことを主題とした一九七〇年代の著作において、社会学者のハーバート・ガンスは「良い趣味」という考え方が、その構成メンバーが『ニューヨーカー』誌を読み、「TVディナー〔熱を加えればすぐ食卓に出せる冷凍インスタント食品〕以上にキッシュ・ロレーヌを買い求める」[5]事実によって特徴づけられている文化の重大関心事であることを確信していたのである。

戦後期を通じて反響し続けている美的なモラルは、社会のおのおの異なった諸階級の表象として成り立っているもろもろの趣味の文化間での対決となっていた。[6]それは単に、ある社会的階級が「社会的劣者」[7]の趣味を攻撃しているという類の問題にはとどまらなかった。それゆえ、リンが「ハイブロー」と称していた趣味の文化は、ハイカルチャーというモダニズムによって表象される理想と軌を一にして、マスメディアという代行者を通じて形成される趣味によって特徴づけられる文化との対立関係によって自らを規定してきた。趣味の文化という視点に立てば、後者は「ミドルブロー」な消費者によってくまなく支配されているのだが、そのグループはリンが彼らの「文化的優者」という「真正の」価値観をおびやかす、「知的底上げ」[8]を凌駕する「創造の快楽」と呼ぶ事態を好む階級だったのである。消費の「受動性」のおかげで、家事におけるその快適さの強調によって、多くの消費や美的言語の対象をマスメディアへと委ねることによって、自己同一化をステレオタイプに依存することによって、そして、モダニズムのカノンの外部に位置する流線型の消費物やプラスチック製の人工物のようなモノの受容や強い自己同一化によって、「女性的な趣味」は、本質的な特徴としては「ミドルブロー」であるにもかかわらず、一般にはハイブ

ロー・カルチャーとして受容されてきたのである。(9)

マスカルチャーとフェミニニティのあいだのつながりは、今や明快に確立された。一九世紀最後の一〇年以来、マスカルチャーは産業化と民主化という双子の力によって形成され、「商品生産の普遍性」(10)が、ハイカルチャーの支持者に受け入れられてきた。その支持者としてのフェミニニティは、まさしくそのために女性が男性に対して「本質的に」劣っていると信じられているものなのだが、実は美的な生産がそこに関与していた。アンドレアス・ヒュイッセンは「真に本質的な文化が男性の優越性をとどめているのに対して、マスカルチャーとはどこかしら女性と結びついているものだ」(11)と述べている。彼によれば、巨大デパートにおける世界博覧会や商品の見本市の役割は、マスカルチャーに対して影響を与えることであるという。(12)すでにみてきたように、この両者はともに、女性文化と特別な関係を持っている。ヒュイッセンの主張によれば、マスカルチャーとフェミニニティのあいだのつながりは、文芸批評や哲学によって強化されたものであるという。女性の特徴を大衆性へと帰着させてしまった、そして音楽を単なるスペクタクルへと変質させることによって、女性の賞賛に屈してしまったという理由でワーグナーを叱責したのはニーチェであった。(13)確証のためにヒュイッセンによって召還された別の目撃者がギュスターヴ・ル・ボンである。彼は一八九五年の自著『群集の心理学』において、新たに出現したメトロポリスの群集を「女性的特徴によって区別されるべき存在」(14)として描いている。ここには、女性とマスカルチャーとは相互に区別しがたく結びついているのだという意味が込められている。ここに生じたのは、一種のメタフォリカルな位相であった。男性によって恐れられ、略奪されていた、文字通り女性が敢えて公的領域のなかへと介入することが、自らをブルジョワ男性の文化の安定をおびやかすすべてのものとして表象するようになったのである。

両大戦間の時期には、マスカルチャーの明白な女性化という感覚は消失してしまったが、しかし疑いもなく、フランクフルト学派の一派の著作、とりわけテオドール・アドルノとマックス・ホルクハイマーの仕事のなかに潜み、生き残っていた。資本主義下におけるマスカルチャーの操作的な性質に関する彼らの講演テクストには、『文化産業――大衆の幻滅としての啓蒙』[15]というタイトルがつけられていた。アドルノとホルクハイマーは、彼らの言語の使用を通じて、フェミニニティとしてマスカルチャーを受けとめるという信念を永続させている。「マスカルチャーは、彼女(マスカルチャーのこと)の鏡の中ではつねに地上で最も美しい」[16]。さらには、彼らは批評の大半を大衆映画、音楽、文学に割く一方で、その観客を操作する文化産業の産物としての流線型の美学に関しては分離してしまった。彼らにとっては、デパートやスーパーマーケットもまた「文化の墓場」[17]に他ならなかったのだ。女性を直接の標的としたわけではなかったのかもしれないが、しかし彼らは紛れもなく、一対の大いに女性的な文化の形態へと攻撃の焦点を合わせていた。明らかに女性的な価値観を具体化するべく大量生産産業の消費財へと当てはめられた最初のデザイン言語のなかから――流線型を選り抜きながら、注意を促しつつ、アドルノとホルクハイマーは、本質的に男性的でありまたモダンでもある本質的な文化への脅威として、いったい何を見出したのかについて回答している。

一九三〇年代末のアメリカにおいて、アドルノやホルクハイマー、あるいは他の論者によって論じられた、戦争におけるマスカルチャーの核心は、文化的生活における質の喪失に対するおそれ、寡占資本主義における避けがたい結末と考えられる大衆の回答の標準化、均質化、ステレオタイプ化という脱人間化に対する恐怖にあった。彼らは、ファシズム下における全体主義文化の「レベルダウン」効果を目の当たりにし、アメリカの巨大ビジネスにおいても、同種のシステムが作用しているものとみなしていた。マスカルチャーによって形成された「偽の個性」という意味と、受動的な消費者の側の形式に対する非本質的な「はめ込み式」の回答は、彼らにとって、公然たる批判の強力な根拠となったのである。一九三九年の有名な論文「アヴァンギャルドとキッチュ」[18]のなかで、アメリカの美術評論家クレメント・グリーンバーグは、キッチュが観客をあらゆる努力から免責し、その場限りの快楽を与えてしまうことを力説しているが、アドルノにとっては、商品はそれと同じ仕方によって消費者を誘惑するものの、十全な満足感を与えるものではまったくなかったのである。[19]

一九四〇年代と五〇年代、ヒュイッセンのいうハイカルチャーとマスカルチャーのあいだの「大分割」はどうにも横断しがたいものであり、また家庭環境の近代化を意図した新しい消費財の熱狂的な専有のうちに現れた女性文化と近代性のあいだで拡張する連合が、男性の「ハイブロー」なエリートのメンバーがさらにおびやかされていると感じてしまう原因となることが、一層明らかになってしまった。結果として、モラルの反動が強化された。「モダニズムのゴスペルとそれに付随したキッチュの非難が、どこかしら美学の領域における一党支配の等価物となってしまったのは、一九四〇年代と一九五〇年代のことにすぎなかった」[20]とヒュイッセンは述べている。今ではキッチュも「悪趣味」も同一視されているが、マスカルチャーに対する知識人の批判は、上部と下部から同時に出現したのである。アメリカではフランクフルト学派の一派らが文化の均質性の悪辣さを罵倒し続け——ヘルベルト・マルクーゼは「キャデラックにまたがった黒人」[21]という、商品の民主化を示す彼にとっての究極の記号によってその効果を鋭く指摘していた[22]——のに対し、イギリスのアカデミズムでは、リチャード・ホガートやレイモンド・ウィリアムズ[23]が労働者階級の文化の本真正性についてノスタルジックな筆致で、文化生活の新たな標準化による腐敗の危険をも交えて述べていた。ローブロー・カルチャーの生命力も、あるいはハイブロー・カルチャーの人文的価値も欠いているミドルブロー・カルチャーは、あいだにサンドイッチにされ、両側から挟み撃ちにされていたのである。

この「非本質的な」中間層を支持する記号はきわめて稀で、その可能性のヒントをほのめかしていたのはほんのひとりか二人の書き手にすぎなかった。一九五〇年に出版されたデイヴィド・リースマンの『孤独な群衆』は、大衆社会のマテリアルな環境という罠にはまった近代的人間によって経験される不安と匿名性の証左として、しばしば引用される文献である。[24] リースマンの意図は、強烈な消費文化に浸り、またますます便利になっていく現代アメリカ生活の全体像を提出することにあった。彼の後でクリストファー・ラッシュは、それがあたかもアメリカの特徴を包摂している文化と対峙しているかのように、[25]「ナルシシズム」のレベルとして規定するものによってアメリカの特徴を鋭く指摘したのである。容赦の

「ビュイック・ロードマスター」．1951年．大衆の消費選択の水準を向上させるためのキャンペーンで，ブリティッシュ・デザイン・カウンシルはアメリカ車のスタイリングの官能的な曲線，装飾的なディテール，そしてあからさまな誇示と「無用性」をあげつらい，それらを「悪趣味」の兆候として特徴づけた．（国立自動車博物館フォト・ライブラリー）

ないペシミズムのただなかにあって、しかしながら、リースマンが「趣味の交換」と呼ぶものにはかすかな希望の光が差し込んでいた。大衆芸術の批評家にふさわしくなく、リースマンは映画や大衆小説や雑誌が関与している「趣味の傾向」におけるある興隆へと着目していた。[26] 彼は「一瞥する限り、とても受動的で非創造的にしかみえない趣味をとっかえひっかえする愛好家のコメントの一部が何ともエネルギッシュで、理解に満ちていること」に歓喜し、またジャズをその高い美的な水準によって絶賛した。[27] 大衆芸術のいくつかの側面に関する彼の支持の要点は、以下のような観察へと収斂していった。すなわち、大量生産は結局のところ標準化されたモノを生み出すのではなく、実際には大いに多様な範囲にまたがるモノを作り出すのであり、結果として大衆芸術は——実のところ、ジャズやホットロッド〔高加速と高速走行用に改造した中古自動車〕の実践者は男性だけに限られていたのだが——個別性というレベルを提供し、エリート文化の高いレベルへのアクセスを増やしてくれるのだ、と。[28] リースマンのオプティミズムの小さな亀裂は、彼の著書を批判した人類学者マーガレット・ミードによって穿たれたものであった。彼女の主張によれば、「誇りではなく恥、主導権の感覚ではなく罪、アイデンティティではなく不安」[29] といった具合に、リースマンは究極的にはただネガティヴな拘束力だけを強調したにすぎないのだという。彼女の主張には、女性文化をひとつのポジティヴな力として考える潜在的余地が含意されていた。

これらいくつかの魅惑的なことばはその後一〇年のうちに埋没してしまったのだが、しかしながら、一九五七年の『隠れた説得者』、一九五九年の『地位を求める人々』、一九六一年の『浪費をつくり出す人々』という大いに人気を博した三冊の書物の著者であるジャーナリスト、ヴァンス・パッカードの著述に含まれている、偏執狂的なペシミズムと道徳的な怒りの波は、人工的な頽廃と偽の欲望をつくり出している広告、マーケティング、デザイン産業のいかがわしく不徳な労働をうかがうべく、すべてを剝き出しのままさらけだしていた。パッカードはこれらの操作の美的な含意に対して格別の関心があったわけではなかったが、自分の側に理由と常識があることを示すべく、そのような仕方で声を上げることによって、ネオ・モダニストの企てという美的な枠組みと自らを直接に結びつけてみせた。本質的に、消費者の無意識を探る手段として心理学や精神分析や社会科学が商業に用いられるような仕方において提示されるべきだ、というのが彼の主張であった。パッカードの著述では、道徳的な怒りとネオ・ピューリタニズムの感覚が受動的な生贄、責任者としての「主婦＝消費者」という特徴と結びつけられており、それによって、商業を導いた彼女の非活動がそのよこしまな仕方によって行われたことがほのめかされていた。もはやここには、快楽や欲望のための場所は存在しなかった。例を挙げれば、キッチン用品という世界への色彩の導入は、単にもっと商品を売りたいという製造業者やマーケティングの側の陰謀にすぎず、既存のモノのための新しい意味を求めている消費者の側の欲望への回答ではいささかもなかった。彼はまた、使用される領域へと介入することによって、その意味が変容し、変形されさえする可能性を、あるいは眼前に示された提案に対して消費者が抵抗する可能性をもまったく無視してしまった。

合理的消費や実用的機能主義の世界に対するパッカードの取り組みは、「トースターやソファやカーペット掃除機やミシンは、果たしてどれだけ進歩しているのだろうか(30)」という問いに現れているが、この問いは彼にあってはネオ・モダニストのモラル十字軍や文化の女性化と堅固に結びついていた。その文化の、趣味の創造と快楽の行使によって創造された最上級のダイナミクスが、根本からおびやかされていた。社会的ポジションと個人のアイデンティティ双方の指標としての目新しさ、流行、スタイルを拒絶し、そのような大いにレトリカルで道徳的な言語を援用することによって、コントロールを喪失することに対する深々と居座ったおそれを人々に伝えることによって、パッカードは二〇世紀の半ばにあってジョン・ラスキンに比肩する存在となったのである。彼は家財道具や自動車といった例を論考のなかで繰り返し用いて、理性、モラル、常識に対する道楽や快楽の勝利をそれらのなかに見出している。それらはすぐれて、彼が自らの周囲に見出していた〔浪費的で衝動的な〕消費主義のシンボルであった。[31] それゆえに、流線型の自動車やカラー冷蔵庫は、アメリカとイギリス両国においてこの数年来、趣味のジェンダー・ポリティクスを巡る重要な議論の多くで中心を占めてきた話題である。男性文化の内側で考えられたものではあるのだが、それらはその価値を公的なものとして表現する商売上の努力をシンボライズするものとして、女性文化のなかへと移行していた。それらは、モダニズムの企てである普遍化しようとする欲望へと果敢に挑むものであり、またハイカルチャーとマスカルチャーの二極化を強いるものでもある。今世紀初頭のモダニズムの企てにおいては、建築とデザインというディシプリンが密接に結びついていたのだが、にもかかわらず戦後には、この両者は二つの個別の領域へと移行し、そしてその大部分が、異なった諸制度によってシンボライズされ、支持されるようになった。「グッド・デザイン」運動によって、大西洋の両側でモダニズムのプロダクトデザインが興隆したのだが、その再生プログラムには、デザインのカノンの確立と価値観のコンセンサスの創造を通じて、公共の趣味のレベル向上を意図していた。流線型の自動車とパワフルな冷蔵庫は、ミドルブローな趣味に影響を及ぼそうとするハイブロー・カルチャーをおびやかすものだったのである。

イギリスでは、ハイブローな標準の向上と促進にあたっては、インダストリアルデザイン・カウンシルがキーとなる機関であった。アメリカでは、同様の父権主義的なアドヴァイザーと文化的指導者の役回りは、ニューヨーク近代美術館（ＭｏＭＡ）によって遂行されていた。美術館のインダストリアルデザイン部門のディレクターであったエドガー・カウフマン・Jrは、一九三〇年代のモダン・デザインという考え方と結びつくことによって、[32]一九四九年に一連のアニュアル展を創設、シカゴの「マーチャンダイズ・マート」との共催によって「グッド・デザイン」展と銘打った展覧会を開催した。地域の商店街を励まして、美術館が支援し、促進していたモダニズム的な価値観の評価を吸収し、学ばせることが彼らの目的であった。

カウフマンの意図は、地域の取引の本来的な商業的関心を、機能と結びついた良き職人魂、簡素さ、質、美といった「ハイブロー」な文化的関心から派生した価値観と相殺することにあった。灰皿についてのディスカッションで、彼は「灰皿を買う人は、いかに売れているか、いかに広告されているかという観点ばかりでなく、それが一緒に生活するにあたって適しているか——いかに役立つか、いかに美しいか、いかに適切に値づけされているか——という観点からも考慮の上、買うに値するかどうか見極めているように感じます[33]」と述べている。カウフマンによって示された基準は、道徳と美の両面においてモダニズムに根ざしたものであり、四年前に彼が自問自答した際のアウトラインとも一致するものであった。「モダン・デザインとは何か」というその問いは、彼に先駆けてウィリアム・モリスあるいはヴァルター・グロピウスによって書かれた一二の特徴を挙げたリストとともに発せられたものだったのである。「モダン・デザインはモノの目的を表現するべきものであり、決してそれと違って見えるようにしてはならない[34]」、「モダン・デザインは使われるマテリアルの質と美を表現するべきものである[35]」、そして「モダン・デザインは実用性とマテリアルとプロセスの表現を視覚的に満たした全体へと融合するべきものである[36]」などの宣言が持つ響きは、彼らにとってあまりにも親しいものであった。変わったのは敵の方であった——それはもはや乱雑なヴィクトリア朝期のパーラーではなく、流線型と老朽化したはめ込みという双子の悪魔となっていたのである。

カウフマン式のデザインというカノンは幅広い家内人工物を包摂しており、そのなかには家具、陶器、グラスも含まれていた。当時のヨーロッパに刺激された、最小限装飾のアメリカ製自動車のひとつであるレイモンド・ローウィの「ステュードベーカー」を例外とすれば、輸送用のモノと屋内の調度は、その不在によって注目に値するものとなっていた。大半の者にとっては、MoMAの企てはアメリカのマスカルチャーのけばけばしいいでたちとはダイレクトな対立関係に位置するものであった。一九四八年、カウフマンは「安物か、それともうわべだけ取り繕った子牛か」というタイトルからして大いに思わせぶりな論文を執筆して、そのなかで「流線型は製図板の上のジャズだ」と述べた。この両者のアナロジーは何とも酷似していた。両者ともにアメリカ発祥の現象であるし、またその訴求効果《アピール》によって「人気」を博している。ともに、（黒人音楽と航空力学という）その祖先からは遠く隔たってしまい、最後にはともに大いに商業化され、「スター」システムを活用することになった(37)。明らかに、カウフマンにとっての流線型は、アドルノにとってのハリウッド映画に相当していた。彼の流線型に対する嫌悪は、「移動のためには大きすぎるカーブ」とか「不機嫌な、頑固な色彩」といった流線型の特徴描写によっても疑いなかった(38)。その二年後には、彼はコマーシャルの決まり文句に対しても、以下の記述のように等しく敵愾心を隠さなかった。

> 流線型という呼び名によって知られる広く拡散した表面的なデザインの一種は、自動車からトースターにいたるまで、ありとあらゆる日用品のデザインへと用いられている。それはスピードの魔術を、そして涙の粒のような形状によって表現される、平行線が整形された奇妙な装飾をテーマとしており——ときには「スピーディなホイスカー〔船首〕」と呼ばれることもある。これらの装置のひっきりなしの誤用は、大半のデザイナーに

とって有害なことだ。(39)

もし女性的な趣味へと強く従属した流線型の自動車や室内調度が、もともと彼女らの国ではハイカルチャーの男性的デザインという猪であったとしたら、それらは大西洋さえも横断してしまったことになる。イギリスへともたらされて、それらはただ単に攻撃的な反モダニズムのスタンスを通じてハイブロー・カルチャーをおびやかしただけではなく、ディック・ヘブディッジが「アメリカナイゼーションのスペクトル」(40)と呼んだものの第一のシンボルとなったのであった。それは、戦後のマスカルチャーをめぐるあらゆる沸騰した議論のさらに上をいっていた。戦後イギリスの「ハイブロー」、アメリカ文化は、広告や三文小説、ポピュラー音楽、テレビ番組、ハリウッド映画などに現れ、現代生活における卑しいもの、無趣味なもの、取るに足りないものすべてが表象されていた。アメリカの生産技術がなぜイギリスのコンテクストに流用されているようにみえないのかについては、『デザイン』誌の編集者であるアレク・デイヴィスが以下のように述べている。

> イギリスの製造業者はその存続を質に対する伝統に依存しているが、それはかつてアメリカには存在したことのないものである。というのも、そこにはそのような基準が確立される背景である貴族政治が存在したことがないからなのだが――かといってつねにモノへの要求は絶えることがないので、ゆえにアメリカの製造業者にとっては生産のスピードが最優先されることになったのだ。(41)

デイヴィスの主張は、アメリカ文化に対するより幅広い回答の一部を形成するものであった。戦後のアメリカ経済復興や世界貿易におけるその支配的地位、あるいはイギリスがアメリカに対して負っている巨額な債務に対するルサンチマン、そしてイギリスの土壌における多くのアメリカ人とアメリカ文化の存在感に対する苛立ちが組み合わさって強烈な反アメリカニズムが生まれ、それをはけ口に多くの形態が現れたのである。そのなかでも傑出していたのが、マスメディアを通じて広く拡散させられ、また市場に氾濫する多くのマテリアルグッズやスタイリッシュな決まり文句によって表象される、新たにアメリカの影響を受けた「ライフスタイル」に対する敵愾心であった。「ザ・グッドライフ」というフレーズによって茶化されているものの、それは生産よりも消費に、商業と文化の連携に、そして高レベルのマテリアリズムとディスプレイへと焦点を合わせることによって特徴づけられるライフスタイルであった。そのようなものとして、それはそれなりに公けに女性文化を受け止め、その価値システムの優先順位を高めたのである。アメリカのマスカルチャー的価値観を拒絶することによって、イギリスのハイブロー・カルチャーはモダニストや男性主義の文化としての義務を自らに再度課し、そしてそうすることによって、日常生活の領域に自らの姿をとどめようとしたのである。

そこにおいてモノが関与し、戦後のイギリスにおいてハイブローな戦いを仕掛ける役割を担っていたのがインダストリアルデザイン・カウンシルであった。アメリカの製品と実践の流入を食い止めようとする厳格な試みにあって、アメリカ文化を濃縮しているかのようないくつかのテーマを噛み砕くその様子は、あたかも骨を与えられた犬のようであった。このリストの上部に記載されているのが、多くの仕方によって「グッド・ブリティッシュ・デザイン」をおびやかすプラスチック製品である。というのもそれは、第一にその新しいマテリアルがアメリカの巨大製造業から出現したものであり、第二にそれがモダニズムの形態原則を否定するものだったからであり、そして第三にそれがけばけばしく彩色されたものであったからである。マスカルチャーをあまりにも「安直」なものであるとするクレメント・グリーンバーグの初期の発言を髣髴とさせる議論によって、[42]ポール・ライリーはプラスチックの美学に対する彼なりの異議を表明したのであった。

鋳型を飾り立て、カーブを模倣し、スタイリッシュな絞切り型を印象づけること。プラスチックを用いたその複製がきわめて容易であることを思うとき、確かにこの三つの作業を並行して行うことには逆らいがたい。このプロセスの容易さがしばしばトラブルへと、プラスチック製品という特定のカテゴリーにまとわりつく無趣味という不名誉へとつながってしまうのも事実である。成形やテクスチャーや……それに彩色の安易さは、プラスチックの製造業者やデザイナーの側に大いに識別を要求する。幅広さを開拓しようとする誘惑は一考に値するが、けばけばしいかまだ悪い感傷的な色彩は、多くのダメージをもたらしてしまう。[43]

カットグラスに関する一世紀前のラスキンの主張を念頭に置きながら、ライリーはモノの意味よりも、彼の批評にとっての焦点としての製造工程へと視線を注いでいる。カットグラスと同様プラスチック製品もまた、ディスプレイされている対象としてその派手さゆえ目に止まり、彼ら批評家の感受性を害してしまうことになった。しかしながら、可能な限りそれらを認めるということは、彼らのマテリアルグッズに対する評価基準を示しているアーツ・アンド・クラフツ流の「正しい作り方」哲学の外側に位置することを意味していた。それはまた、ジェンダーが「正しさ」やそうしたモノについての仮説へと介入していく延長をも明らかにしたのに違いない。

流線型に対しても、カウンシルは同様に口さがなかった。一九四九年の創刊以来、『デザイン』誌にアメリカの自動車や流線型のモノに対する否定的言及が掲載されないことはただの一度もなかったほどだ。

そうしたネガティヴな感覚はハイブロー・カルチャーの他の領域にも同様に現れていた。「私を疲れさせる三つの場所にはある種共通した雰囲気があった。すべてはなめらかで、輝いていて、流線型である。どの方向を覗き込んでも、そこには鏡とエナメルとクロムメッキの皿がある。すべてが装飾に費やされ、皿の上には何の食べ物も置かれてはいない」[44]。これは、ジョージ・オーウェルの『空気を求めて』におけるアメリカン・スタイルのミルクバーの描写である。流線型にはアメリカらしさ、商売、表面性などが含意されているが、そのなかでも最も恐るべきなのが現代女性の家事によって集約されたライフスタイルであり、それは男性文化の最たる居場所である自動車にさえも及んでいた。それを定義しようとするさまざまな試みのひとつとして、アメリカのインダストリアルデザイナーであるハロルド・ヴァン・ドレンは、『デザイン』誌の一九四九年一〇月号に「流線型――熱狂か機能か」というタイトルの論文を寄稿した――まさしくこのタイトルには、ファッションという女性の世界とユーティリティという男性の世界の二極化が示されているのだが――そこにおいて彼は、技術的な有効性と産業上の利便性という観点から流線型を正当化しようと試みたのである。「いわゆる流線型は、低価格で高速生産を実現する必要性によってデザイナーに課されているのが実態なのだ」[45]。彼は自動車のスタイリングを正当化できなかったかもしれないが――「自動車を追い抜いてしまおう。本当に最近のモーターカー・ボディーのバケモノのようなインフレーションに帯同してしまった思慮深いアメリカ人デザイナーはほとんどいない」――冷蔵庫の丸みを帯びたコーナーが、消費者向けのシンボリズムである以上に技術的必然性の結果だということを、彼は信じて疑わなかった。「それゆえに、洗練されていない視線にソフトなカーブとして映ったものは、経済優先の高速生産法なのだ。それによって、冷蔵庫の価格はサイズの増大と同時に下がり続けているのはすでに周知のことかもしれない」[46]と彼は結論づけたのである。

あからさまに声を荒らげていたためか、カウンシルは彼の議論によっても確信を持てないままであった。「グッド・デザイン」という観念を補完しているネオ・モダニズムはこの時期いまだ地位を占め、その保護下にあってつくり出されたプロパガンダ・マテリアルの大きな部分を示していた。『われわれの見るもの』というタイトルで一九四〇年代末に刊行されたシリーズ書籍のなかの一冊は、カウンシルが公での理解を求めて表現した「常識的な」価値を志向するものであった。たとえば、一九四七年に刊行された『インドアとアウトドア』という書物で、著者のアラン・ジャーヴィスは視覚的な趣味という難しい概念を、食品というより親しみやすいコンテクストのなかで活用することによって説明しようと試みていた。「われわれは甘いものを飲み干したいという子供じみた衝動がどういうものだか分かっているし、同様のことが当てはまる視覚的な例も瞬時にして思いつく。食品にせよ家具にせよ、あまりに甘ったるいと成熟した味覚＝趣味は台無しになってしまう」[47]。われわれはケーキよりもパンを食べた方がいい、と彼は続ける。一〇年後のパッカードと同様、ジャーヴィスもまた強靭なネオ・ピューリタニズムへと動機を負っていて、公衆に対しても彼を範として従うように勧告していたのだった。しかしながらそのトーンは、冷戦時代のアメリカ的な杞憂というよりは、慈愛に満ちたイギリスの父権主義者のそれであった。

一九五〇年代には、イギリスのハイブロー・サークルのなかでは人間的価値観に対する根源的な脅威についての合意が出現するようになった。これらの価値観は、本質において、啓蒙時代に起源を持つものであり、また過去二世紀間の父権文化の進歩と支配を補完する立場にたっていた。今や全体として周縁的な現象へと追いやられた女性的な趣味は、商業との連携を通じて、それが一九世紀前半に持っていた文化的な活力を取り戻そうとし、マテリアル・カルチャーという強面のうちに現れ、またそれゆえに、いかような贖罪の希望も持つことはなかった。商業とマスカルチャーの力が強大になればなるほど、ハイブロー・カルチャーがその弱体化のために戦うことは困難になっていった。趣味が経済的、マスカルチャー的生活の決定要因としてきわめて重要なものとなってしまったために、女性がそのコントロールから取り残されるわけにはいかなかったのである。彼女らの手から趣味を解放し、再ジェンダー化してそれを「グッド・デザイン」と命名したり、ハイカルチャーに適合させたりすることが、問題の解決法であった。

その地位を守ろうとするドミナント・カルチャーの闘争がジェンダーを基盤に戦われているのだとしても、これは大いに隠されたアジェンダであった。インディペンデント・グループの仕事によって支援された変化が生じたとき、(48)その勝利は世代や階級という観点から表明された。女性的な快楽は若い喜びと労働者階級の活力によって凌駕されてしまい、その両者ともどもマスカルチャーの退行する美的言語のなかに自らを表出してしまう。ポップ・アートに関する著作でヒュイッセンは、相変わらず「父権的、女性嫌悪的で、男性主義的」(49)な側の方にあるという見解を示していた。これはポップ・カルチャー全般を包摂する意見でもある。一九六〇年代初頭の若者革命は、ハイブロー・カルチャーに必殺の一撃をみまったが、それはかつて女性的な趣味がしそこねたことでもあった。シンボリックな消費財の一群とともに出現し、完成された「別の」若者文化は、多くの者にとって衝撃的で攻撃的なものであったが、その公的な対抗の戦略を通じて、ドミナント・カルチャーの傍らで再活性化していた。しかしながらいくら巨大になったとはいえ、若者文化は自らをひとつのサブカルチャーとして、それは自らのアイデンティティを現状のアイデンティティとのダイレクトな対立関係において規定している。商品の消費や流用を通じては、女性はいまだかつて、サブカルチャー上のステータスも目に見える抵抗もなしえたことがなかった。女性文化は「別の選択」や対抗的という以上に「補完的」な存在として認識されていたのであり、そしてドメスティックな領域における彼女らの居場所は、彼女らの叛乱を公的なものよりは私的なものへと帰着させてしまうのである。

結果的には、戦後の商業システムにおいてそれはますます活力を増しているにもかかわらず、女性的な趣味は支配的な男性趣味によって周縁的なままにとどまってしまった。グッド・デザイン/バッド・デザイン、良い趣味/悪趣味、より適切にいえばグッド・デザイン/悪趣味という――二元論へと集約された明白な二極化の確立を通じて――そこでは、女性文化はつねに道徳的にも美的にもより劣ったカテゴリーと結びつけられてしまう。モダニズムのイデオロギー的、美的プログラムが主要な文化的合理性で、またドミナントな男性文化を表現する手段であり続ける限り――しかしながらそれは女性の生活にとって満足するべき、また重要なものであるとしても、経済発展にとっても活力に満ちたものではあるとしても――女性的な趣味は文化生活全体のなかで、傍流かつ周縁的なままであった。しかしながら、モダニズムに対するポップ・カルチャーの非均衡効果は文化的な一枚岩の優美さに急激な亀裂をもたらした。一九六〇年代末に起こったような事態は、文化的な一枚岩がその均質性を失ってしまう兆候だったのだ。後年の「ポストモダン」運動の強化にともなって、女性文化は最終的には価値ある文化的プログラムとの連携を見出すべきなのか否か、そして女性趣味が正統な力として認められるべきなのか否かという問いが問われるようになった。これは、二〇世紀を迎えて初めてのことであった。

結論　女性的な趣味とポストモダニティ、ポストモダニズム

「父権的な文化において、応用可能なカテゴリーや概念や言語において伝統的に押し黙らされている女性の経験を論じる仕事を請け負ってしまうのは……問題を孕んでいる。」

——ジャネット・ウォルフ(1)

女性がもっぱら家庭の領域に関わるようになって以来生じるようになった女性的な趣味の矮小化と価値の低下の結果、現代の文化生活においてそれは周縁化されてしまった。賃金労働との比較では依然として低い評価に甘んじているドメスティシティというコンテクストのなかでは、政治とテクノロジーのイノヴェーション、私的な局面における女性の美的生産は、他の要素からの軽い息抜きの一形態とは少しばかりは違ったもの、公的領域におけるより深刻で有意義な活動としてみられているのである。

問題の一部は、父権的な文化の現状という観点から女性の美的文化を描くことの困難に潜んでいる。(2)イギリスのデザイン改革運動に根ざしたデザイン言語は、ヒエラルキー的、二項対立的な観点と概念の形成を通じて、自己規定から女性的な趣味を排除してしまった。それゆえ、「私」は「公」と対比され、より価値の低いものとみなされてきた。同様の関係が、「流行」と「普遍的価値」、「表面装飾」と「ミニマルな形態」、「自然」と「文化」、「伝統」と「近代」、「消費」と「生産」、「趣味」と「デザイン」などにも当てはまる。モダニストたちは「モダン・デザイン」の言語と哲学を進歩させてきたが——それは「日常生

活の美学」として以前から参照されてきたものに対して単に別の、より男性的な観点からの選択であった——それは女性文化と結びついたすべての特徴の活力を否定してしまった。そうすることによって、彼らは女性文化がその後すぐさま支配的な文化となってしまうものと競合するための言語的、哲学的な空間を一切残さなかったのである。

女性のコミュニケーションが言語以前のレベルで作用するものだということは、今までにも示唆されてきたことであった。(3) 彼女ら自身が公的な言語の規則の外側でコミュニケーションを行っているマテリアルとの関係は、一つの結果として、男性によって居住されているそれよりも潜在的によりダイレクトで表出的なものである。言語に介入する〔=習得する〕子供は、同時に父権主義にも介入する〔=習得する〕のだと論じられてきた。それゆえ、女性と人工的な文化との前言語的な関係には、彼女らを父権主義から解放し、自由な空間を与えるという含意が言外に認められる。しかしながらそれは、彼女らが後ろ向きにコミュニケーションすることも、いかなる仕方によっても挑むことができず、ただドミナント・カルチャーが言語的手段を通じてのみ辿り着くことのできる空間でもある。

女性がマテリアル・カルチャーとの関係を通じて獲得してきた自由は、政治的には無力な解放である——そしてそれゆえに、かならずしもそのようなものとしてさえ意識されているわけではない。その自由が女性を家事という枠組みのなかで支え、自らと集団のアイデンティティを形成する一助となり、彼女らの社会的、文化的願望を表出し、社会的関係を形成し、女性文化のより広汎な領域へと介入させている一方で、それそのものは決して父権主義を克服することはできない。公的領域においては、そのインパクトは支配的な男性文化による攻撃を通じた否定的なものとしてしか感じられないのである。その文化は、女性の家事を、とりわけあたかもそれらがマーケットの機能と結びついているかのように、補完する価値に基づいている。しかしながら、二〇世紀の産業資本主義下では、商品の美学とマーケティング戦略に現れる、商業生活の主たる変容を働きかけたのは、男性の文化的な因襲以上に女性の趣味観の方であった。デザイン再生とアカデミーの領域における、男性文化による女性文化をそこねるための絶え間ない試みは、後者の増大する影響のアイロニカルな指標に他ならない。

モダニズムが支配的な文化イデオロギーであり続ける限り、女性的な趣味は周縁に追いやられ、文化的にも過小評価される以外にはいかなる希望もありえなかった。しかし戦後期におけるモダニズムの明らかな終焉は女性文化にひとつの好機を与えた。そして女性的な趣味はその好機を利することによって、従来の抑圧されていた地位から頭角を表し、新たな多元的文化において、賞賛や活力にも等しいより公的な声を取り戻したのである。

ポストモダニズムの誕生は大いに物議をかもしたが、それはわれわれがアプローチに用いていたディシプリンへと大いに依存していた。文芸批評は自らの登場を一九五〇年代とみなしたがる傾向があるが、なかにはその起源を一九二〇年代、すなわちモダニズムそのものが登場した時代に求める主張も存在する。(4) その起源の日付とは無関係に、建築、デザイン、ダンス、演劇、絵画、音楽、映画といった領域における実践と関連した文化批評としてのポストモダニズムが、アメリカとヨーロッパで最も隆盛を極めたのは一九七〇年代および八〇年代のことであった。ひとつの傘下というコンセプトが示しているように、そこには多くの葛藤が潜んでいるが、そのなかでも最も明白なのは、ポストモダニズムが構成しているのはモダニズムの新たな位相なのか、それともそこからのラディカルな離脱の初期段階なのか、ということである。いずれにしても、ポストモダニズムは女性文化全般、とりわけ女性的な趣味に対して多くの含意をもたらした。最もあからさまなこととして、ポストモダニズムは啓蒙時代以後の思想の合理性と普遍原則に根ざした、文化的な威信に寄せられる信頼の危機を表象するものであった。そのような思考が、二〇世紀このかた文化的実践を支配してきた。[5] ドミナント・カルチャーの一体性と覇権主義的な本性は、このとき初めて深刻な打撃を蒙ったのだ。その多くの理由のなかでも、とりわけここではマスカルチャー、あるいはポピュラー・カルチャーのドミナント・カルチャーに対するインパクトと、今はまだ黎明期であるもろもろの文化価値の異なった組み合わせを挙げることができる。

ポストモダニズムとフェミニズムのあいだの関係については、また前者が後者を解放した要因であるのか否かについて、実に多くのことが述べられてきた。[6] 文化的な威信に対する挑戦が空間を開いたのに対して、ポストモダニズムにおけるポリティカルな代行者の不在は、それが究極的には覇権的な文化をひっくり返そうとし、また固有の文化をそこへと注ぎ込もうとするフェミニストによって利用されえないことを意味しているのは、大方の認めるところである。ジャネット・ウォルフは、「ポストモダニズムの根本的な責務は明らかな信仰を脱構築し、支配的な理念と文化の形態を取り除き、ゲリラ的な戦略によって親密で覇権的な思考のシステムを破壊するのに取り組むことである。これは、他の何にも増して、フェミニズムの政治にとってのポストモダニズムの約束事なのだ」[7] と説明して、その「脱均衡」効果を歓迎した。しかし彼女は、フェミニズムの願望を現実のものとする一助となるこの文化的転回の可能性について、決して楽観的ではなかった。というのも、文化の新たな非権威的観点における内在的な多元性は——あたかも主流派それ自体が提供されるべきオプションのひとつであるかのように——ドミナント・カルチャーに対する一切のオルタナティヴが有効であることを示していたからだ。[8]

ポストモダニズムの主要な約束事であるにもかかわらず、これが女性の関心を表象するには十全ではないという事実は、その起源とその制度上の性格によっている。これは、一九七〇年代初頭以来引き続く、ポストモダニズムの顕在化のなかでも最も強いもののひとつに該当する事例であった。建築やデザインにおいては、主たる文化的転回は女性文化の認識によってではなく、むしろポップ・カルチャーの出現と、環境の美的拡張という理念によって引き起こされた。これは、一九六〇年代に拡大を遂げた若者市場において、ライフスタイルの価値観を考慮した結果登場してきたものであった。ポストモダン建築・デザインの最も明晰で影響力のあるハイカルチャー的な主導者のなかでも、アメリカのロバート・ヴェンチューリやイタリアのエットーレ・ソットサスは、ポップ・カルチャーのレトリックとの折衝を通じて、自らの美的言語と文化的地位を向上させてきた。新たな感受性と言語によって武装することで――形態と表面、ミニマリズムと装飾、合理性と直観、普遍性と拡張性、といった具合に――その基本的な語彙を対極に位置するものと置き換えつつ、彼らは旧世代の文化的威信へと挑んだのであった。ついには、彼らは二項対立という理念を拒絶し、代わりにより多元的な信仰のシステムを奉じた位置への移行を果たすことになる。しばしば引用されるヴェンチューリの一九六六年のポストモダニズム宣言書『建築の多様性と対立性』のなかで、彼はアンチモダニズムであると同時にポストモダニズムでもある建築・デザイン運動のアジェンダを提唱している。

私は「純粋なもの」より「混成品」が、「研ぎ澄まされたもの」より「折り合いをつけたもの」が、「単刀直入」より「ねじ曲がったもの」が、「明晰なもの」よりあいまいなものが、非個性的であると同時にひねくれており、「興味深い」と同時に退屈であり、「デザインされたもの」より因襲的であり、排除するよりも辻褄を合わせてしまっており、単純よりも過多であり、革新的でありながら退化しており、直接で明快なものよりも矛盾に満ちて両義的なものの方を好む。私は明らかな統一感よりは薄汚い活力の肩を持つ。私は非合理性を含めて、二元性を主張する……私は「二者択一」よりも「両者共存」を、黒か白かよりは黒白両方、ときには白を選ぶようにしたい。(9)

彼はこの理念をラスベガスの「ポップな」商業世界への取り組みを通じて発展させ、かの地の時代的な建築環境における瞬時性と美的な断片に対しても喜々として適応してみせた。(10) 彼の議論はポピュラー・カルチャーをハイカルチャーの側へと流用したものであった——それは大西洋の両側において、ポップ・アーティストたちによってしばしば用いられた戦略だ——が、その一方で、彼が取り組んでいた世界、もしくは彼が促していた美的価値の女性的な特徴は、何ら明確に参照されることはなかったのである。マスメディア上のポップ・カルチャーを整除したハイカルチャー的なポストモダニズムは、今や文化的にステレオタイプ化されてしまった女性的な趣味の一傾向としてみることのできるものだが、しかしポップな運動は自らを都市から派生した新たな美的可能性の組み合わせという観点から位置づけている。若者の「喜び」とそれによって開花したものがあふれる公的な領域において、技術的に進歩を遂げ、美的にも革新的ヴィジョンを持ったものと位置づけられるそれは、ドミナント・カルチャーの真剣さに取って代わった。その結果が流行、色彩、装飾、シンボリズム、非合理性、自発性、そして深刻な経験への取り組みであった——女性の側の価値体系や女性の快楽と長らく結びついていたマテリアルな世界の特徴——としても、ポップの企ては、女性の経験、あるいは商業生活の美学との関係、といった観点によって考えられ、またそのなかに潜むものではなかった。代わりに、ポップなものが主流へと移行するにつれて、若者はアンチ・モダンな価値観の番人となり、女性はそれに呼応しないものとして取り残されてしまった。ここで応用可能なただひとつの選択は、趣味を超越したレベルに働きかけるか——一九七〇年代を通じて、女性運動の主役の多くはそうしたモダニズムの男性的戦略を採用してきた——もしくは女性のドメスティニティに関与し続けるか、文化的な周縁性を受け入れるか、といったものであった。それゆえ、モダニズムをポストモダニズムへと変容させる感受性において、文化的な変化や転回のための根源的な衝動を与えたのは、ジェンダーではなくて世代の方だったのである。ポストモダニズムの根源が私的なもの以上に公的なもの、ポップな都市世界にある一方で、女性文化との関係を発展させるにあたって、女性的な趣味の郊外的局面は、新たな運動を支える制度の明らかに男性的な本性を継続し続ける別の層というひとつの障壁に行き当たってしまった。ポストモダニズムの主たる建築・デザインの実践者は相変わらず男性の専門職であったし、同じく相変わらず——美術館、製造業者、マスメディアといった——彼らを支援する機関は、そろって父権主義的であった。

しかし、ポストモダニズムのキー願望のひとつが、ハイカルチャーとポピュラー・カルチャーとをわけ隔てている障壁を取り除くことであった。運動のハイカルチャー宣言は、多くの仕方によって本質的には刷新された形態におけるモダニズムの男性的メッセージを支えるものとしてみえてしまうにもかかわらず、マスカルチャーに対するそのインパクトは女性的趣味に対して、さらに結果的には女性の経験に対してより同情的であった。アンドレアス・ヒュイッセンは「［ハイカルチャーとマスカルチャーのあいだを］埋め合わせようとする試みは、多かれ少なかれ、美術におけるフェミニズムや主要な力としての女性の出現、（装飾芸術、自伝テクスト、書簡文学などの）公的には低い評価に甘んじてきた形式やジャンルの文化表現に連動した再評価と同時に発生したのではないかと思う」[11]と述べている。ポストモダニズムと女性の政治的、文化的な役割の変化が同時に出現したことは、それが意識的に思いつかれたものであるか否かを問わず、彼にとっては両者にまたがるある種の活動の可能性を示唆するものだったのである。

文化的多元論、もろもろの文化集団や単一のスタイル以上に広汎な美的可能性へと関与することの重要性という考え方もまた、デザイナーたちに対して、一九五〇年代以来裾野の広がっていなかったジェンダー・マーケットを一九七〇―八〇年代に再度活性化することへと導いた。この当時、多くの女性が賃金労働者の一角を形成し、独立して生計を立てるようになっていた。「ニッチ」マーケットという考え方は、商品は特定の社会的文化的消費者集団に向けられるべきものであり、女性もまたその一翼を担うものであることを意味していた。モノという点でいえば、このジェンダーのより洗練された形態は――それは相変わらず全面的にステレオタイプへと依存しているのだが――世代、階級、ライフスタイルをも考慮に入れたものであった。自動車からオフィス家具まで、カメラからハイファイシステムまで、そしてアメリカではピストルにさえいたるまで――これらのことごとくは特定の文化集団を直接ねらった大いに満たされたシンボルへと変形されていたのであり、またその一部はジェンダーによっても規定されていたのである。例によって、色彩、形態、サイズは何にもましてフェミニニティの視覚的伝達因子であり、一九八〇年代初頭には、歴史的な形態を取り入れるポストモダニズムの方法は、イギリス人デザイナー、ジェームズ・ダイソンによる革新的なピンクのバキューム・クリーナーによって例証されるような、一九五〇年代の主婦をねらったパステルカラーのグッズを大いに髣髴させる、女性をねらった商品の氾濫をもたらした。また、日本のハイテク商品の雪崩現象も発生し、カメラから化粧台やポケット用のカセットプレイヤーにいたるまで、テクノロジーをベースとしたレジャー革命への女性の参入を働きかけた。日本の電機業界の大手メーカーであるシャープが製造したラジカセの丸みを帯びたそのエッジは、一九五〇年代の冷蔵庫を髣髴させるものであった。ピンクや白を含めて幅広い色相が出現したが、その開かれたノスタルジックなフェミニニティは、まだその後一〇年のより複雑なセクシュアル・アイデンティティ像を目撃していない時代と結びついていたのである。

デザイナーによるそうした戦略の活用は、多く見出せる。これらはセールスを増大することをねらった明快な戦略であるし、またその観点からは、女性に対して彼女らが欲しいものを操作し開拓して提供する手段としてみることができる。同様に、これは消化しやすい形でフィードバックするために、男性が女性の手から女性文化を取り出すための手段としてもみることができ、それゆえそこでは創造性が否定されている。それはまた、ほとんど飽きのこない、女性の現実の生活とはほとんど何の関係もないステレオタイプを強制するための手段でもあった。しかしながら、より好意的にみれば、それはマスキュリニティと同じく地についた足を与えるフェミニニティの祝福という見方も成り立つ。モノのジェンダー化にあたって、デザイナーは彼らの文化的役割と、ユーザーに対するその意味の依存をよくわきまえていた。(通例であれば)消費者にとって何が最善なのかを盲信しているモダニズムのデザイナーとは対照的に、ポストモダニストのデザイナーは女性が自ら住み、楽しみ、個人と集団のアイデンティティを発見するための手段として活用する空間をつくり出していた。同様に、もし彼女らがそれを選ばなかったとしたら、幅広い文化的アイデンティティを取り入れられるような他の商品がそこでは提供されていた――それは、従来の女性には否定されてきた相対的な選択の自由に他ならない。

歴史的な形態の適用やパスティーシュ〔寄せ集め作品〕の自由な活用に加え――それは新しさと、前進することを疑わない歴史の進展のなかに位置づけられている自己自身の視点に対するモダニズムの絶えざる探求を掘り進めるための戦略だ――ポストモダニズムの美的プログラムはまた、エリート主義を抱え込み、インスピレーションにおいて伝統的でも新しくもある二次元的パターンの活用を通じて、物語とシンボリズムの活用を促してきた。これらのことは、ポストモダニズムがあたかもこの一世紀のあいだ女性的局面で作用していたかのように、ポストモダニズムを趣味という観念へと近づける役割を果たした。建築家の妻は、モダニズムの独裁者がより一層の権威を帯びていた時代へと「先祖返り」したのである。彼女の二〇世紀の同時代人の多くが、インテリア＝内面（Inter-ior）が美的な支配の顕著な指標となっていた、彼女のような配偶者を容認し、ルーシュで飾られたカーテンとメッキで縁取られた鏡によって新ヴィクトリア様式のインテリアを完成させたその一方で、彼女はそうした道楽に寛容でない別の趣味文化のなかに幽閉されていたのだった。

ポストモダニズムは明らかに女性の完全な解放と男性との平等へとつながる文化的な回路ではなかった。にもかかわらず、マテリアル・カルチャーとの変化していく関係という観点からいえば、それはやはり新しい挑戦であり、可能性を提供していた。最も重要なこととして、ポストモダニズムは新たな方法による差異と文化的多様性を導入したのだ。その本質的に非ヒエラルキー的である文化の視点は、その価値観を促し、利益を享受した者はかならずしも女性ではなかったかもしれないが、女性的な趣味が新たな受容のレベルを発見することを可能としたのである。ポストモダニズムが全体として女性文化の新たな可能性を含意していたのか否かを問う真の試練は、それが女性を表象する仕方のなかに潜んでいた。女性がモダニズムから早々に排除されたことは多分に、近代のモデルが性格上男性的なものであり、都市の経験とテクノロジーの進展に根ざしたものであったという事実に由来している。対照的に、女性の近代経験は、家事の意味の転換、消費の興隆、そしてモダンで女性的な製品とインテリアの美学の出現へと結びつけられていた。これらの大部分は、モダニズムの文化形態によって表象されたりはしなかった。女性の近代がこの一〇数年来の大量生産のマテリアル・カルチャーにおいて十全な表現の形態を初めて見出したのは、一九五〇年代のことだったのである。しかしながら、頽廃した状態における資本主義の権限であるかのごとく、

ルーシュ飾りのカーテンのあでやかで贅沢でノスタルジックな外見は，1980年代のインテリア装飾計画に視覚的なインパクトをもたらした．エリート的でも大衆的でもあるそれは，デザイン・モダニズムの美的・倫理的な関心がついには転倒させられてしまうきっかけのひとつを示している．（写真：マーティン・パー．マグナム・フォト・リミテッド）

女性の近代に対する攻撃が執拗であったため、その当時にはあらゆる種類の文化的合法性が否定されてしまった。

おそらく、ポストモダニズムの到来によって、女性のモダニズムとの出会いは初めて、文化的に正当とみなされる出口に遭遇することになったのである。もろもろの局面の分離が女性的な趣味という観念を形成して以来、一世紀以上が経過していた。趣味の行使として表象されている女性文化は、ついに価値のあるものとみなされるにいたったのである。同様に、デザインという概念が男性的なものの等価物として、女性的な趣味の支配者として構築されて以来初めて、趣味は公然とデザインをコントロールするものとして現れ、またさらには、ハイカルチャーの因襲によってもそれを行うための認承を得たのである。

別のレベルでは、ポストモダニズムの枠内で達成された美的なものの見方の開放は、女性の到達域においてルーシュのカーテン以外のものをちょっとばかりもたらしたようにみることができる。しかしながら、カーテンは社会的、政治的、文化的、道徳的な意味、さらには家事の大いに価値あるイメージとともに完結するわけではなかった。それらは、ヴィクトリア朝期には実現されていたものだった。このスタイルが解放されている時代では、ヴェネチアン・ブラインドがカーテンに勝る「価値」など何ひとつなかった。どちらも購入可能であったし、メディアを通じて拡散され、消費者は（パートナーとの合意の上）自らの選択を下すことができた。イデオロギーと美学が企業をそのような段階まで引き離してしまったため、女性的な趣味は「抵抗」すべき権力を失ってしまったのだ。まさしく理論的なポストモダニズムは女性を自らの代弁者として用意することに失敗してしまったために、その物質的で美的な顕在化もまた、女性がある種の勝利を達成することを通じて新しい価値を強調することにも、等しく成功はしなかったのである。

そうした事態に直面して、美術館やコレクションによるポストモダン・デザインの包括は、女性的な趣味にとって前例のない勝利をしるすものであった。一九八〇年代半ばごろは、主要な装飾美術館はどこでも、ミラノを拠点にエットーレ・ソットサス率いるメンフィス・グループによって作られたきらびやかな色彩の家具や、日本製のハイスタイルなレジャー用電子小道具（一般にはソニー・ウォークマン）を自らのコレクションとして紹介していた。しかしながら必然的に、そのためになされた判断は、あまりにもなれなれしくなってしまったモダニズム趣味のカノンから派生したものであった、またそうしたモノの評価を定めるための基準に帰着させるのだという証拠も、ほとんど皆無だった。これはしまいには、女性をあらゆる会見台の俎上にのせようという考え方を支持する、同じ形態の偽りの運動の例となってしまったのである。差異を吸収しようとする制度化されたモダニズムの権力は印象が強烈で、またポストモダニズムは究極的にはその吸引力に逆らうことができなかった。例によって、勝利はハイカルチャーへと帰属し、マスカルチャーはそこから新しいエネルギーが出現する源のひとつに甘んじることになった。マスカルチャーのモノを美術館のなかへと投じるまさしくその行動は、それを瞬時にしてハイカルチャーのアイテムへと変容させ、そして暗黙のうちに、モダニズムのカノンの範囲にそれを含めて延長していたのである。この男性化のプロセスが一九八〇年代を通じてたちまち広がったため、その一〇年間の終わりにはポストモダン・デザインの企てはもはや女性的デザインを活性化する力を失い、モダニズムの後ろにくくりつけられている跋文と大差ないものとなってしまった。ポストモダンの「善」と「悪」とを区別する手段としてなじみのある価値を導入することによって、モダニズムはすばやく平衡を取り戻したのである。

同様に、アイロニカルなことに、女性的な趣味が文化的正統性を発見したまさしくその瞬間に、まさしくそのような趣味の構築を支えてきた労働の性別役割分業が、自らが蒙っている変容の兆候を見せはじめた。中産階級が多くを占める女性がより一層、労働力と結び合わさり、女性運動から出現した考え方の大衆化と組み合わさり、労働の場所や家庭と労働の関係を変容させることによって、二つの領域の分断という伝統的な概念が問いに付されるようになったからである。一九七〇―八〇年代にかけては、フェミニティとマスキュリニティという伝統的な観念があたかも分断された領域に関わっているかのようにうかがわれたのも、もはや過去のこととなってしまった。この領域の開示はフェミニティとマスキュリニティというステレオタイプな観念を問いに付し、男性と女性にとって、生物学的な宿命によって限定されたもの以外の性的、ジェンダー的なアイデンティティを探求する可能性を押し広げた。同じく一〇年間の合間に、多様な性的アイデンティティがマーケットでの商品価値を獲得した。マテリアル・カルチャーは、いつものような方法によってこれらのアイデンティティを形成し、強化し、反映し、具体化する役割を果たしてきた。今や、しかしながら、二つの領域の因襲的な分断が明らかに終焉したことにともない、これらのアイデンティティを組上にのせうる自由というより巨大な意味が出現した。ポストモダニズムの非ヒエラルキー的言語の助力を得て、デザイナーは彼らが変容させ、また消費者が専有して用いている商品を通じて、規制の文化的アイデンティティを抵抗する手助けを果たしたのである。

もちろん、これらの大半は神話学のレベルの話であるし、メディアを通じて構築・拡散され、商品のマーケティングを帯同したライフスタイル理念によって支えられている。(12) 現実において、賃金労働への女性の大量流入にもかかわらず、分断された領域というイデオロギーはかつてなく強固なものであり、大半の女性の生活は今までになく過酷なものとなり、あたかも家事と労働空間の合同責任と格闘しているかのごとく、彼女らのアイデンティティも混迷の度を深めている。最低限の子供の世話、安定した社会の基盤としての家庭生活というイデオロギーの変わらぬ支配、ジェンダーの役割についての継承された期待は、労働における性別役割分業の転回が現実的という以上に想像的であることを意味しているのだ。多くの進歩にもかかわらず、合法的で文化的なジェンダーの不平等もまた廃れたというには程遠い。マスメディアを通じて拡散され、マテリアル・カルチャーによって支えられてきたフェミニニティとマスキュリニティというステレオタイプな観念は、さまざまなテーマが廃棄されたにもかかわらず依然として変わらぬままであった。人々は相変わらず自らをこれらのステレオタイプとの関連で規定していた。そこにはただ、創造のためにより多くを選択し、組み合わせようという単純さだけが存在していた。労働の性別役割分業における実態的変化から切り離され、ポストモダニズムと女性的価値の一致は、とうとう、日常生活のために別に存続可能な美学を認識するにあたって、単なるジェスチャー以上のものとなったのである。

仮にモダニズムが大量生産という理念とイデオロギーに根ざした文化を顕在化したものであるならば、ポストモダニズムは大量消費によって支配されたその顕在化を、それらのあいだのヒエラルキー的関係の再秩序化を意味する転回を表象していることになる。一方で、長らく出現が待たれていた消費の文化的な活性化という点では、実際のところゼネラル・モーターズ社がフォード社を追い抜いた一九二〇年代以来ほとんど何も変わっていない。それが今では、標準化された大衆のそれ以上に個人の快楽、個人のアイデンティティと文化的多様性の価値に焦点を当てている手段として、ポストモダニズムの枠内において評価されるようになった。このことは女性的な文化の再評価を示していた一方で、この新たなスタンスにはかならずや影響力のある批判がつきまとっていた。初めて地平の上でみることのできる可能性と自由を抱こうとしてモダニズムの彼方へと移行していった著者もいれば、価値の底なし沼へとまっさかさまに転落することを恐れて、水際から後ろへと引き返した著者もいた。そうした著者に属するフランスの文化理論家ジャン・ボードリヤール(13)や哲学者ジャン゠フランソワ・リオタール(14)は、最も鋭敏で明晰なポストモダニティの記録者であると同時に、その最も手厳しい批判者でもあった。文化的な現状の引き返しがたい変化を認識したとき、にもかかわらず彼らは、失われてしまった既成の価値システムへと沈潜していった。他の論者にしてみれば、それらのなかにあって女性の周縁性は失うべきものなど何もないことを意味しており、ポストモダニティとポストモダニズムは希望の光を与えるものだったのである。

しかし、あたかもポストモダンのマテリアル・カルチャーが二つに分裂してしまうかのように、それは実現されるあてのない希望だった。どこかしら頽廃的で、偉大な理念の現れとそのマスカルチャー的な形態が商業の世界に呑み込まれ、単に表面的な気まぐれにすぎないとみなされるようであれば、そのハイカルチャー的な顕在化はモダニズムの制度のなかへと介入し、別の何かになってしまうからである。もう一度、さらに「矮小」であるほどに、女性的なものの価値が下落させられ、卑しくて周縁的な領域へと追いやられてしまうことになった。ハイカルチャーとポピュラー・カルチャー、デザインの男性的な世界と趣味の女性的な世界のあいだのシームレスな関係という夢ははかない幻想でしかありえなかった。二〇〇〇年のポストモダニズムへとアプローチしてみると、「美的な」次元への関心など単に一時的ではかないものでしかないように思われてしまう。マテリアル・カルチャーという世界それ自体が、本質的に新合理主義的な仕方によって源と実体性についての問いによって占められているばかりか、趣味よりもはるかに大きな「意味」のある存在として考えられている。サヴァイヴァルという問題が快楽とアイデンティティに取って代わり、またマテリアル・カルチャーの世界における必然的な再男性化の順が到来してしまった。

現代の産業世界では、女性、女性的な趣味、欲望、快楽、そしてマテリアル・カルチャーがステレオタイプなジェンダーのパッケージを構成している。このパッケージを構築する枠組みを変容させるのに必要な完全な社会、経済、文化の改革に欠けているために、われわれが継承してきたステレオタイプは、今後もひとつところにとどまり、年月を経てもそこではほんのわずかな成熟しか起こらないであろう。この枠組みのなかでは、しかしながら、もし女性がフェミニストの作家ロザリンド・カワード[15]がラディカルな変容とともに出現し、「構築された欲望」の除去と主張するような「喜び」を女性が達成できなかったとしても、彼女らは少なくとも、構築された趣味とそれを支えるマテリアル・カルチャーの快楽を経験することができる。このことは、必ずしも「偽の意識」によって支配された性を生きることを意味するわけではなく、支配的な男性文化への女性的な抵抗という、マイナーとはいえ抵抗の一形式を示しているのである。

二〇世紀末における女性の内面的なフラストレーションのひとつは、彼女らがたえず、同時に二つの方向へと引っ張られ続けているという事実に起因している。ひとつのレベルでは、彼女らは分断された領域という連続的なイデオロギーによって形成されたステレオタイプな女性性のイデオロギーへと結びつけられており、また別のレベルでは、彼女らはそうしたイメージを拒絶し、文化的正当性に向けた一回路としてステレオタイプな男性的モデルを欲望することが求められている。いつなんどきでも、ひとりの女性はマテリアルな仕方によって彼女の趣味を示すべく選択するのであり、この牽引力のいずれに回答するのかを決定しなくてはならない。後者は明らかな解放への道にみえるのだが、一方でそれは女性文化がマテリアルとの関係を通じて構築してきた、あるいは趣味の行使を通じて形成してきた美的世界という集団的アイデンティティを否定しているのである。それはまた、女性の自己認識、女性の文化的成果、そして女性と今世紀になって彼女らの生活を変容させた近代との成功裏の出会いをも否定してしまうものだ。このことは彼女らに公的領域における男性との平等をもたらさないかもしれないが、一方でそれは彼女らの自分自身に対する、とりわけ彼女らの文化に対する理解を、目覚ましく向上させることになる。

これらすべてを否定し、目覚ましく実現しないことによって、マテリアルな世界が女性と男性に対して依然として異なったメッセージを伝達するということは、建築家の妻の絶望に対しては鈍感であるということであり、女性文化を矮小化しようとする男性文化と共謀することであり、かの文化が女性に対してのみならず、二〇世紀末の文化全般に対して与えねばならない貢献を損ねてしまうことでもある。男性文化の牽引力を認識することは、しかしながら、単に父権主義への入場券にすぎない「良い趣味」を望む道徳的圧力へと屈するのを示すことでもあるのだ。分断された領域が過去へと委ねられ、ドメスティシティが男女双方にとって価値ある理念となるそのときまで、趣味の行使は日常生活のセクシュアル・ポリティクスにおいてヴィヴィッドな役割を演じ続けることだろう。

訳者あとがき

本書はPenny Sparke, *As Long As It's Pink : the Sexual Politics of Taste*, Harper Collins, 1995の全訳である。『それがピンクである限り――趣味のセクシュアル・ポリティクス』とでも直訳できるこのタイトルは、それ自体本書の内容に強く対応したものではあるのだが、しかしまだ本書を手にとったばかりの読者に対しては抽象的にすぎるおそれを免れなかったため、訳者と編集部で検討した結果、本訳書では『パステルカラーの罠――ジェンダーのデザイン史』というタイトルを採用した。この場合、「パステルカラー」「罠」「ジェンダーのデザイン史」はそれぞれ、フェミニニティの象徴、フェミニニティを固定化する言説、著者スパークの研究テーマを含意しているものと思って頂いて構わない。

さて、著者のペニー・スパークは一九四八年生。ブライトン・ポリテクニックで博士号を取得し、ロイヤル・カレッジ・オヴ・アートで教鞭をとった後、現在キングストン大学、美術・デザイン・音楽学部学部長でありデザイン史教授の任にある。日本ではあまりなじみのない「デザイン史」だが、欧米、特にイギリスにおいてデザイン史は技術史、社会史、文化史、経済史、美術史を横断するヴィジュアル・カルチャーの学問として高い地位を確立しており、スパークはその地位向上に大きく貢献してきた代表的研究者の一人である。一九七七年より八三年までデザイン史学会（イギリス）の幹事を務め、また現在は同学会刊行の『Journal of Design History』の編集委員である。日本でもすでに『二〇世紀デザイン――パイオニアたちの仕事・集大成（*A Century of Design : Design Pioneers of the 20th Century*）』（デュウ出版、一九九九年）と『近代デザイン史――二十世紀のデザインと文化（*An Introduction to Design & Culture in the Twentieth Century*）』（白石和也・飯岡正麻訳、ダヴィッド社、一九九三年）の二冊の著作が翻訳されていることもあって、その名は一部の読者のあいだで浸透しているだろう。本書はそれに続く三冊目の翻訳であり、その刊行を機に今後その知名度がさらに上昇し、また *The New Design Source Book*, Macdonald, 1986；*Modern Japanese Design*, E.P. Dutton, 1987；*The Plastics Age：from modernity to post-modernity*, Victoria and Albert Museum, 1990；*A Century of Car Design*, Barron's, 2002；*Women's Places：architecture and design 1860–1960*, Routledge, 2003といった他の主著に対する関心も高まっていくことが期待される。

デザイン史の丁寧な解説や議論によって知られるスパークだが、特に一九九〇年代半ば以降は、デザインとジェンダーの関係に研究の焦点を絞っているようにみえる（現在は、本書でも頻繁に参照されているエルシー・ド・ウォルフについての著作を執筆中と仄聞している）。本書は、すでに多くの著作を持つ彼女が初めて、デザインとジェンダーの関わりを明確に探求した書である。男性中心的なデザイン史のディスコースを女性の側から論じ直し、また生産する側中心であったデザイン史を消費の側から見直したその成果は、修正主義的デザイン史とでも呼ぶことができるだろうか。

二〇世紀末期より、ジェンダーとヴィジュアル・カルチャーの関係に着目する研究は、ますます隆盛を迎えている。一九八一年には、グリセルダ・ポロックやロジカ・パーカーらによる『女・アート・イデオロギー』（萩原博子訳、新水社、一九九二）がフェミニズムと美術史の観点から、またドロレス・ハイデンの『家事大革命――アメリカの住宅、近隣、都市におけるフェミニスト・デザインの歴史』（野口美智子ほか訳、勁草書房、一九八五）が建築やデザインに目を配りつつ家政学の見地から、女性がいかにヴィジュアル・カルチャーに関わってきたかを論じた。つづく一九九〇年代は、ビアトリス・コロミーナの『マスメディアとしての近代建築』（松畑強訳、鹿島出版会、一九九六）に代表されるように、とりわけモダニズム建築をメディア論的な視角から分析したジェンダー論が相次いだ。こうしたなかで、「近代」や「モダニズム」の基準が、意識的にせよそうでないにせよ男性の手によって形成されてきたことが、さまざまな角度から繰り返し指摘されてきた。無論本書もこうした研究の蓄積から多くの恩恵を受けており、そこで展開されている議論の多くは先行研究の延長線上にある。しかし本書は一方で、フリル飾りなど女性側が育んできた典型的な「女性文化」の表象が、男性優位の文化の潮流のなかで、どのように脱力化を強いられてきたのか、そのプロセスに徹底してこだわった議論を展開しており、その一点において他の類書とは一線を画した強い独自性を有してもいる。近代のマテリアル・カルチャーの枠組みのなかで、「趣味」の領域が女性に振り分けられつつも「デザイン」を男性がコントロールしていったという図式は、プロとしてもアマチュアとしても、また生産者としても消費者としても女性が矮小化され、周縁化されてきたカラクリを見事に解き明かしている。

さらにもう一点着目しておけば、本書における「女性の趣味とデザイン改革」、「近代とマスキュリニティ」、「近代とフェミニニティ」という三部構成の趣旨は明快であり、ヘンリー・コールに代表される男性陣の理論づけが女性にどのような影響をもたらしたのか、また近代を男性と女性はどのように異なって受け止めたのか、それが社会的にどのような意味を持ったのか、という一連の歴史の流れに沿ったものだ。イーストレイクやル・コルビュジエら「男性文化」が規定する「良い趣味」の議論の拠りどころとなってきたテクストを、「女性文化」の観点から読み直す視点は鋭く、本書を手にとった読者は、知らず知らずのうちに内部に入り込んでいたかもしれない男性的なモダニズムのカノンの存在に気づかされ、平衡感覚を揺り動かされるような体験を味わうはずである。スパークの提供した多くの視点は、今後のジェンダー研究にとって重要な示唆を与え続けることだろう。

もちろん、本書の射程は必ずしも狭義のジェンダー研究だけに限定されているわけではない。扱っている時代や地域がある程度限定されているとはいえ、本書の重厚な歴史記述はオーソドックスな「デザイン史」そのものであるし、フォーディズムや郊外への頻繁な言及は都市社会論としての側面をうかがわせる。カントの『判断力批判』からピエール・ブルデューやクレメント・グリーンバーグまで視野に収めた「(悪)趣味」の議論は実に刺激的だし、またソースティン・ヴェブレン、ヘルベルト・マルクーゼ、フランクフルト学派らのディスコースをしばしば参照し、ポストモダニズムやポストモダニティに対しても鋭利な視線を注いでいるその議論は、近年のカルチュラル・スタディーズの潮流とも深く共鳴するものだ。このように、本書においては第一級のデザイン史研究と社会科学研究(とりわけ、消費文化論)とが幸福な出会いを果たしており、それもまた、ジェンダー研究という側面とはまた別の魅力を本書に与えている。

いささか私事にわたるが、翻訳についてもひと言。そもそも本書の翻訳は、英国留学中にスパークに師事した経験のある菅が、師のすぐれた業績の紹介を通じて、日本のデザイン史研究の発展に微力ながらも貢献したいと思ったことがきっかけで発案されたものだ。当初は暮沢との共訳として企画されたが、諸般の事情で翻訳を急がねばならなかったため、途中から門田に加わってもらい、最終的には三者の共訳として成立した。序章および第二部を菅が、第一部を門田が、第三部および結論を暮沢が担当し、ひと通り訳稿が出揃った後は菅と暮沢でチェックを重ね、訳語の調整や統一を試みた。本文中に〔 〕で訳注を加えるなど読みやすい訳文を心がけたつもりだが、時間の制約や訳者の力量の限界もあって、肝心の訳文がスパークの圧倒的な見識(巻末の参考文献を一瞥すればすぐ、本書の執筆にあたってスパークが渉猟した文献が膨大な数にのぼることが分かるだろう)を反映できていない部分が少なからず残っていることを畏れている。この点に関しては、読者のご教示を是非ともお待ちしたい。なお巻末の参考文献は門田が、索引は暮沢、菅、門田が作成した。

本書の刊行にあたって、著者スパーク氏は日本語版への序文を寄せて下さったばかりか、数点の図版を快く貸与して下さった。また編集実務では、法政大学出版局の藤田信行氏の手を煩わせ、心ならずもご迷惑をおかけした。末筆ながら、この場を借りて心からお礼申し上げたい。今回の翻訳作業によって、著者や編集者をはじめとする多くのかたがたの理解と協力があって、初めて一冊の翻訳書を世に送り届けることができるのだというあたりまえの事実を改めて教えられた気がする。

二〇〇四年一月三〇日

訳者　識

索　引

ア行

アール・デコ　Art Deco　145-8
アール・ヌーヴォー　Art Nouveau　115, 142-5
アーツ・アンド・クラフツ運動　Arts and Crafts Movement　66, 81-2, 114, 125, 177, 183, 227, 261
アイデンティティ　identity　1-2, 93, 135, 212, 221, 230
悪趣味　bad taste　12, 38, 222, 243, 245, 251, 253, 264
編み物　knitting　216-7
イーストレイク，チャールズ　Eastlake, Charles　61-2, 65, 69, 77-79, 130, 227
インダストリアルデザイン・カウンシル　Council of Industrial Design　138, 226-7, 256, 260-3
インテリア(内装)，室内　interior
——装飾　decoration　52, 128, 135, 145-7, 163, 173-4, 175-6
——デザイン　design　128, 145-7, 168, 173
ウィルソン，エリザベス　Wilson, Elizabeth　135, 194
ヴェブレン，ソースティン　Veblen, Thorstein　17, 26-7, 52, 104, 106
ウォートン，イーディス　Wharton, Edith　173-4
ウォルフ，エルシー・ド　Wolfe, Elsie de　37, 174-5, 185, 234
ウォルフ，ジャネット　Wolff, Janet　22-3, 267, 270
衛生と健康　hygiene and health　93-4, 135, 181
エンジニア　engineer　131

カ行

カーテン　curtains　1-3, 49, 76, 107, 121-2, 175, 185, 188
ガートマン，ディヴィド　Gartman, David　159, 221, 235
快適さ　comfort　31-2, 40, 45-7, 49-51, 54, 56, 58, 75-6, 100, 141, 165, 183, 186, 226
開放型のプランニング　open planning　207
家具　furniture　45-49, 128, 132-3, 144, 146, 184-6, 226-8, 257
飾り付け，ディスプレイ　display　54-7, 75, 92-3, 108-9, 122, 144, 150, 172, 183, 186, 188
家事(家事労働)　housework　98-102, 195
——の合理化　ratinalisation of　98-100, 184
家事のマニュアル本　household manuals　33-4, 37, 41-5, 103, 106, 116, 168, 180-1, 185, 211
カットグラスとクリスタル　cut glass and crystal　54, 71-3, 170, 261
家庭　home　6, 17, 24, 179-180

女性の責任としての―― as female responsibility 20-22
――のジェンダー化 gendering of 29-32, 34, 126
家庭の美学 domestic aesthetic 174, 226, 228
家庭環境 domestic environment 104
――の女性化 feminisation of 17-9
家庭のインテリア domestic interior 30-1, 45, 66, 75-6, 98, 138, 213
家庭礼賛 Cult of Domesticity 19, 26, 30-1, 44, 52, 84, 126
規格化（標準化） standardization 117-9, 132
キッチュ kitsch 12, 222, 245, 251
キッチン kitchen 56, 97-101, 137, 160-2, 228-9, 237-8
――と色彩 and colour 229, 255
――デザイン design 211
機能主義 functionalism 131-3, 255
ギルブレス，リリアン Gilbreth, Lillian 180, 184
グッド・デザイン good design 59, 64, 82, 117, 138, 167, 178, 222, 256, 262
グローグ，ジョン Gloag, John 40-1, 45, 49, 53-4
グロピウス，ヴァルター Gropius, Walter 118, 123, 125, 133, 168, 257
ケンウッド Kenwood 233, 237-8
建築のモダニズム architectural modernism 114-5, 123, 134-5, 137-8
郊外住宅 suburban housing 39-41, 98, 203-9
郊外化 suburbanisation 22-3
公共住宅 public housing 98
広告 advertising 101, 141-2, 144, 152-5, 157, 162, 180, 214
公的領域 public sphere 61, 66, 91-2, 109, 116
――における女性 women in 24-5, 91-2
合理性 rationality 87-93
合理的家事運動 rational household movement 93, 111, 114, 116, 137
合理的改革運動 rational reform movement 136-7

サ行

色彩 colour 75, 153, 158, 173-4, 184, 210-11, 229-30
パステル(カラー) pastels 3, 54, 226, 232
ピンク pink 231-4
白（ホワイト） white 136
自然のイメージ natural imagery 45-6, 79
自然 nature
――家庭内における in the domestic sphere 39-45, 78-80
私的領域(もしくはプライベートな領域) private sphere 20, 23, 26-7, 61, 66, 108, 218
自動車 automobile 235-6, 258
――製造とデザイン production and design 156-9
手工芸 handicraft 178-9

趣味　taste　1, 30, 33-5, 37, 54, 57, 61-2, 67, 80-2, 87-9, 93-4, 111, 143, 245, 247-8
——と文化　culture　248
女性的な——　feminine　264-5
——ジェンダー　gender　2, 3, 7, 10, 18
——の形成　making　7, 32-5, 82-3, 110
——のセクシュアル・ポリティクス　sexual politics of　8, 83, 87
消費（者）文化　consumer culture　49, 150
消費　consumption
——とジェンダー　and gender　9-10
——と趣味　and taste　7, 103-4, 107, 222
女性的な——　as feminine 7, 73
受動／レジャーとしての——　as passive/leisure　8, 30, 221, 248
女性と——　women　25-6, 52, 73, 111, 135, 222
女性　women
——消費者としての　as consumer　8, 10-2, 24, 80, 89, 152-3
——家庭における　in the home　29-32, 58, 165-6, 206-210
——職場における(仕事場における)　in the workplace　91-2, 166, 202, 216
——にとっての郊外生活　suburban life for　195, 201, 204, 216-8, 235
——女性デザイナー　women as designers　167-177
女性的な趣味　feminine taste　3-4, 17, 66-7, 83, 103, 119, 161, 186, 190, 222, 248, 258, 267-9, 272-281
——と消費　and consumption　7, 17, 83, 111, 143
女性的なドメスティシティ　feminine domesticity　3, 7, 10-2, 92, 94, 122, 161, 186-7, 202-3, 268, 273
ショッピング　shopping　89, 102-4, 109-111, 129, 202, 215, 235
寝室　bedroom　51, 185
スタイリング　styling　235-6
スタイル，様式　style　1, 12, 157-8, 222, 228
清潔さ　cleanliness　93, 95, 135-6
贅沢　luxury　153-4, 234
——女性的なものとしての　as female　66
——の民主化　democratization of　94, 110, 146, 148
装飾小物　knick-knacks　3, 56, 69, 93, 188, 209
装飾品(装飾)　ornament　78, 79, 124-5

タ行

大衆の趣味　public taste　62-4, 80
大量生産，量産　mass production　9-11, 88, 109, 117, 119, 135, 138, 142, 151-2, 154, 157, 158, 189

——フォード式　Fordist　154
——とジェンダーの関係　and gender relationships　9-12, 197
ダウニング，アンドリュー・ジャクソン　Downing, Andrew Jackson　70, 243
ダヴィドフ，レオノア　Davidoff, Leonore　18-9, 23, 30-2, 34
デザイン　design
男性的な——　as masculine　11, 19, 89
——の趣味への対応　response to taste　138
——の基準　standards　62-5
デザイン産業協会　Design Industries Association (DIA)　138, 178, 224
デザイン改良　design reform　78-9, 245
デザイン改良家　design reformers　8, 59, 65-6, 69-83, 243, 267
デザイン改良運動　design reform movement　12
デパート　departement store　8, 103-4, 107-11, 128-9, 144-150, 152, 250
——のデザイン　design of　150
電化製品　Electrical appliance　160
ドイツ工作連盟　Werkbund　135, 138, 145
都市計画　town planning　119, 134-5

は行

パーラー　parlour　3, 49, 55-7, 69-70, 92-94, 96, 101, 108, 111, 122, 126, 156, 158-9, 186, 208
——の美学　aesthetic　159
——文化　culture　158
ハイカルチャー　high culture　83, 89, 244-5, 249, 251, 256, 258-9, 271-3, 278-9
バウハウス　Bauhaus　122, 133, 168, 171
博物館，美術館　museum　61, 63-5, 244, 256
パッカード，ヴァンス　Packard, Vance　231, 254, 255, 263
バッド・デザイン　bad design　64, 138, 264
ピュージン　Pugin, A.W.N.　65, 67-9, 75-8, 77-8
ヒュイッセン，アンドレアス　Huyssen, Andreas　141, 249, 251, 264, 273
フェミニニティ　femininity
——とファッショナブルなドレス　and fashionable dress　52-3
ステレオタイプな——　stereotypical　6-7, 17, 201
婦人電気協会　Electrical Association for Women　180-1
——のデザインに与えた影響　influence of design　154
プラスチック　plastic　147, 238-9
フランクフルト学派　Frankfurt School　244, 249, 251
ブルジョワ　bourgeois
——文化　culture　122, 125, 128, 130, 150
——趣味　taste　81, 123

フリーダン，ベティ　Friedan, Betty　5, 193, 203, 218, 221, 234, 240-1
フレデリック，クリスティン　Frederick, Christine　18, 100, 136, 180, 184, 189
文化　culture
アメリカの——　American
女性——　feminine　11-2, 52-3, 66, 141-4, 153, 165, 170, 194, 203, 222-41, 243, 247, 251, 254-6, 265, 268-9
——のジェンダー化　gendering of　6, 12, 26-9
男性——　masculine　3, 11-2, 88-9, 130-1, 152, 178, 240, 256, 260, 265, 269
分断された領域　separate spheres　8, 25, 81, 126, 165
ヘブディッジ，ディック　Hebdige, Dick　9, 244, 259
ホール，キャサリン　Hall, Catherine　18-9, 23, 30-2
保守的モダニズム　conservative modernism　166, 175, 186-7
ポップ・カルチャー　pop culture　264-5

マ行

マスメディア　mass media　151, 165
マスカルチャー　mass culture　9, 141, 158, 243-4, 249, 250, 258-60
——のジェンダー化　gendering of　12
マテリアル・カルチャー　material culture　5, 7, 12, 31, 38, 116, 122, 135, 151, 167, 219, 223, 240-1, 256, 263-4, 268, 276
ミシン　sewing machine　56-8, 156
無趣味　tastlesness　12, 81
モリス，ウィリアム　Morris, William　81, 143, 257
良い趣味　good taste　3, 12, 37-8, 81, 246, 248
浴室　bathroom　126, 228

ラ行

ラスキン，ジョン　Ruskin, John　65-6, 70-3, 75-6, 81, 114, 170, 243, 255, 261
ライト，アリソン　Light, Alison　5, 166, 175, 186
ラジオ　radios　234, 239
リビングルーム　living room　111, 162, 188, 210
流行，ファッション　fashion　50-3, 66, 74, 90, 95, 106, 122-3, 145, 240
リンネ，ラッセル　Lynnes, Russell　243, 245, 248
流線型　streamlining　147, 154, 160-2, 165, 236, 250, 255, 256-8, 262
——の美学　aesthetic of　159, 250
領域の分断　separation of the spheres　4, 143
ル・コルビュジェ　Le Corbusier　118, 127-130, 136, 145, 167, 185, 243
冷蔵庫　refrigerators　154, 160-1, 230, 234, 236, 256
レヴィット・ハウス　Levitt House　204, 208-9

原　注

序　論　建築家の妻

1．Simone de Boauvoir. *The Second Sex*, London, Penguin Books, 1972, p. 635.［『第二の性』，井上たか子監訳，新潮社，1997年］

2．「領域の分断」の概念は，過去20年間にわたってフェミニストの歴史家たちによって大きく強調されてきた．たとえばレオノア・ダヴィドフやキャサリン・ホールの仕事がある．最近，女性史家はそれを単純化しすぎていると考える傾向がある．しかしながらマテリアル・カルチャー研究に関していえば，それが示唆する重要性を完全に評価しているとはまだいえない．

3．Alison Light. *Forever England: Femininity, Literature and Conservatism between the Wars*, London and New York, Routledge, 1991, p. 10.

4．Betty Friedan. *The Feminine Mystique*, London, Penguin Books, 1992 (1963).　フリーダンの最初の章は，「名前のない問題」と題されている．［『新しい女性の創造』，三浦冨美子訳，大和書房，1986年］

5．Sheila Rowbotham. *Women's Consciousness, Man's World*, Harmondsworth, Penguin Books, 1976 (1973), p. 67.［『女の意識・男の世界』，三宅義子訳，ドメス出版，1977年］

6．Ann Oakley. *Housewife*, Harmondsworth, Penguin Books, 1985 (1974), p. 5.

7．Rosalind Coward, Lorraine Gamman, Frank Mort, Sean Nixon を含む，フェミニニティやマスキュリニティの性質に焦点を当てた最近の研究では，ジェンダー構築への文化の影響が強調されてきた．

8．Judith Williamson はこのネオ・マルクス主義的な立場を彼女の著作，*Consuming Passions: The Dynamics of Popular Culture*, London, Marion Boyars, 1986で適用している．ロザリンド・ウィリアムズやレイチェル・ボウルビー（参考文献を参照）らもまた，19世紀のデパートの説明において，このコンテクストのなかで女性が受動的で「従属的」役割を担っているとみなした．

9．人類学者の Mary Douglas（Baron Isherwood との共著，*The World of Goods: Towards an Anthropology of Consumption*, Harmondsworth, Penguin Books, 1978において）や Daniel Miller（彼の著書 *Material Consumption and Mass Consumption*, Oxford, Basil Blackwell, 1987において）は，両者とも，この肯定的な見方で消費を論じている．

10．消費について論じている数多くの社会心理学者たちは，ジェンダーの役

割を十分に評価していない．たとえば，Peter Lunt and Sonia Livingstone, *Mass Consumption and Personal Identity: Everyday Economic Experience*, Buckingham, Open University Press, 1992ではたったひとつの章（全部で7章）の1セクションが「ジェンダー的行為としてのショッピング」にあてられている．

11．このコンテクストで最も啓発的なテクストは，Rachel Bowlby, *Just Looking: Consumer Culture in Dreiser, Gissing and Zola*, New York, Methuen, 1985［『ちょっと見るだけ——世紀末消費文化と文学テクスト』，高山宏訳，ありな書房，1989年］—— W.R. Leach, 'Transformations in a Culture of Consumption: Women and Department Stores 1980-1912' (*Journal of American History*, 71, Sept. 1984, pp. 319-342); Rosalind Williams, *Dream Worlds: Mass Consumption in Late Nineteenth-Century France*, Berkeley, University of California Press, 1982［『夢の消費革命』，吉田典子，田村真理訳，工作舎，1996年］である．

12．記号論や，より最近では製品記号論の学問領域は，モノがあたかも言語を構築するかのように読むことを目的とする．このプロジェクトに対する彼らの有用性は，彼らがモノの歴史的，社会経済的，そして文化的コンテクストを関連づけていないことで制限されている．

13．Dick Hebdige. 'Object as Image: the Italian Scooter Cycle' in Dick Hebdige, *Hiding in the Light*, London and New York, Comedia, Routledge, 1988.

14．このテーマはまた，George Basalla. 'Transformed Utilitarian Objects', *Wintherthur Portfolio*, 1982, pp. 184-201においても扱われている．

15．モノをジェンダーの観点から「読む」ことができるという考え方は，他の文化的領域，たとえば文学（エレイン・ショーウォルター），映画（ローラ・マルヴィー），そして広告（ダイアン・バーテル）にもそれに対応した考え方がみられる．（参考文献を参照）

第1章 「神が決めたこと」

1．Thorstein Veblen. *The Theory of the Leisure Class*, London, Unwin Books, 1970, p. 26.［『有閑階級の理論』，高哲男訳，1998年，ちくま学芸文庫］

2．Rozsika Parker. *The Subversive Stitch: Embroidery and the Making of the Feminine*, London, The Women's Press, 1984, p. 18.

3．Leonore Davidoff and Catherine Hall. *Family Fortunes: Men and Women of the English Middle Class, 1780-1850*, London, Routledge, 1987, p. 3.

4．Debora Silverman. *Art Nouveau in Fin-de-Siècle France: Politics,*

Psycholoy and Style, Los Angels, University of California Press, 1989, p. 190.［『アール・ヌーヴォー――フランス世紀末と「装飾芸術」の思想』，天野知香・松岡新一郎訳，青土社，1999年］

5. Davidoff and Hall, op. cit., p. 191.

6. ibid.

7. ibid., p. 73.

8. ibid., p. 19.

9. Glenna Matthews. '*Just a Housewife': The Rise and Fall of Domesticity in America*, New York and Oxford, The Open University Press, 1987, p. 34.

10. ibid., pp. 18-19.

11. ibid., p. 89.

12. Neil McKendrick. 'The Consumer Revolution' in Neil McKendrick, John Brewer, and J.H. Plumb (eds.), *The Birth of Consumer Society: The Commercialisation of Eighteenth-Century England*, London, Hutchinson, 1982, p. 24.

13. Catherine Hall. 'Strains in the "firm of Wife, Children and Friends ?": Middle-class women and employment in early 19th century England' in P. Hudson and W.R. Lee, *Woman's Work and the Family Economy in Historical Perspective*, Manchester, Manchester University Press, 1990, p. 109.

14. ibid.

15. Louise Tilly and Joan Scott. *Women, Work and Family*, London and New York, Routledge, 1978, p. 136.

16. Janet Wolff. 'The Culture of Separate Spheres: The Role of Culture in Nineteenth-century Public and Private Lives' in Janet Wolff, *Feminine Sentences: Essays on Women and Culture*, Cambridge, Polity Press, 1990, p. 14.

17. ウォルフの研究はMaurice Spiers, *Victoria Park Manchester: a nineteenth-century suburb in its social and administrative context*, Manchester, Manchester University Press, 1976の調査を参考にしている.

18. Davidoff and Hall, op. cit., pp. 13-18.

19. ibid., p. 17.

20. ibid., p. 18.

21. 前産業化社会での家事労働の種類に関して，より詳しくは，Tilly and Scott, op. cit. を参照のこと.

22. Ruth Schwartz Cowan. *More Work for Mother: The Ironies of Household Technology from the Open Hearth to the Microwave*, New York, Basic Books, 1983, p. 26.

23. Anne Oakley. *Housewife*, Harmondsworth, Penguin Books, 1985, p. 15より Alice Clark の文を引用.

24. Amanda Vickery. 'Golden Age to Separate Spheres? A review of the Categories and Chronology of English Women's History in *The Historical Journal*, 36.2., 1993, p. 383.

25. Veblen, op. cit., p. 28. ［前掲書］

26. Oakley, op. cit., p. 47より Friedrich Engels の文を引用.

27. Wolffe, op. cit., p. 15より Mark Girouard の文を引用.

28. Patricia Branca. 'Image and Reality: The myth of the idle Victorian woman' in M. Hartman and L.W. Banner (eds.), *Clio's Consciousness Raised*, New York, Harper, 1974を参照のこと. Branca はヴィクトリア朝期の女性が家事をするのに非常に忙しく働いていたことを示している.

29. Davidoff and Hall, op. cit., p. 375.

30. ibid., p. 381.

31. ibid., p. 387.

32. これは当時の多くの社会，経済史家たちの言及にあった強力なマルクス主義的見方の所産である.

33. Matthews, op. cit., p. 99より Abby Diaz の文を引用.

第2章 「趣味を取り囲むもの」

1. J. Banham, S. Macdonald, and J. Porter, *Victorian Interior Design*, London, Cassell, 1991. p. 12から Elsie de Wolfe の文を引用.

2. Harriet and Vetta Goldstein. *Art in Everyday Life*, New York, Macmillan, 1932, pp. 2-5.

3. Leonore Davidoff and Catherine Hall. *Family Fortunes: Men and Women of the English Middle Class, 1780-1850*, London, Routledge, 1987, p. 17.

4. Gwendolyn Wright. *Building The Dream: A Social History of Housing in America*, New York, Pantheon, 1981, p. 93.

5. ibid., p. 106.

6. Banham, Macdonald and Porter, op. cit., p. 10より Henry Mayhew の文を引用.

7. John Gloag. *Victorian Comfort: A Social History of Design from 1830-1900*, London, Adam and Charles, 1961, p. 27.

8. Bronner, S.J. (ed.), *Consuming Visions: Accumulation and Display of Goods in America 1880-1920*, New York and London, W.W. Norton and Co., 1989, p. 161に引用.

9. Wright, op. cit., p. 107.

10. Gloag, op. cit., p. 36.

11. ibid., p. 35.

12. Rozsika Parker. *The Subversive Stitch: Embroidery and the Making of the Feminine*, London, The Women's Press, 1984, p. 34.

13. ibid., p. 95.

14. ibid., p. 119.

15. ibid.

16. Katherine C. Grier, *Culture and Comfort: People, Parlors and Upholstery, 1850-1930*, New York, The Strong Museum, 1988, p. 9.

17. Russell Lynes, *The Tastemakers: the Shaping of American Popular Taste*, New York, Dover, 1980, p. 10に引用.

18. Gloag, op. cit., p. 41.

19. Orrinsmith夫人のことばは彼女の著作 *The Drawing Room*, 1878より. Banham, Macdonald, and Porter, op. cit., p. 41に引用.

20. ジョン・グローグはコルクばねの発明は1828年ロンドン在住のサミュエル・プラットによるものとしている. キャサリン・グリエルはアメリカで開発されたものとし, 最初の10年間は傷病者のための椅子として使用されていたと述べている.

21. Gloag, op. cit., p. 70に引用.

22. Grier, op. cit., p. 121.

23. ibid., p. 89.

24. ibid., p. 237に引用.

25. Grier, op. cit., p. 89にさらなる言及がある.

26. Wright, op. cit., pp. 109-110.

27. Gloag, op. cit., p. 93.

28. Charlotte Bronte. *Jane Eyre*, London, Pan Books, 1967, p. 411. [『世界文学全集　35』, 吉田健一訳, 集英社, 1978年, p. 269.]

29. 「モードの体系」についてはRoland Barthesによって概観されている. *Systeme de la Mode*, Paris, Editions du Seuil, 1967. [『モードの体系』, 佐藤信夫訳, みすず書房, 1972年]

30. こうした考えはElizabeth Wilsonによって雄弁に語られている. *Adorned in Dreams: Fashion and Modernity*, London, Virago, 1985.

31. Thorstein Veblen. *The Theory of the Leisure Class*, London, Unwin Books, 1970 (1899) を参照.

32. さらなる議論は, Wilson, op. cit. を参照のこと.

33. Gloag, op. cit., p. 41.

34. この論に関してはGrier, op. cit. を参照のこと.

35. H.B. Stowe. *Pink and Whie Tyranny*, Boston, Roberts Brothers, 1871.

36. Grier, op. cit., p. 9.

37. Wright, op. cit., p. 109.

38. この点に関してのさらなる考察は，Grier, op. cit. を参照のこと．

39. これらの議論に関しても，Grier, op. cit. を参照のこと．

40. Adrian Forty. *Objects of Desire: Design and Society 1750-1980*, London, Thames and Hudson, 1986, p. 99.［『欲望のオブジェ——デザインと社会，1750-1980』，高島平吾訳，鹿島出版会，1992年，pp. 123-4.］

第3章 「あの途方もないひだ」

1．Charles Eastlake. *Hints on Household Taste in Furniture, Upholstery and other Details*, London, Longmans, Green and Co., 1872 (1868), p. 7.

2．ibid., p. 8.

3．Banham, J., Macdonald, S., and Porter, J. *Victorian Interior Design*, London, Cassell, 1991, p. 63に引用．

4．デザイン学校についてはQuentin Bell. *The Schools of Design*, London, Routledge and Kegan Paul, 1963，およびStuart MacDonald. *The History and Philosophy of Art Education*, London, University of London Press, 1970［『美術教育の歴史と哲学』，中山修一・織田芳人訳，玉川大学出版部，1990年］を参照のこと．

5．Banham, Macdonald and Porter, op. cit., p. 64.

6．ibid.

7．公立の装飾芸術コレクションはヴィクトリア・アンド・アルバート美術館の前身である．

8．McKendrick, N., Brewer, J., and Plumb, J. H. *The Birth of a Consumer Society: The Commercialization of Eighteenth-Century England*, London, Hutchinson, 1983, p. 28.

9．カントはHilde Hein and Carolyn Korsmeyer (eds.). *Aesthetics in Feminist Perspective*, Bloomington and Indianapolis, Indiana University Press, 1993, p. 181に言及されている．

10. Rozsika Parker. *The Subversive Stitch: Embroidery and the Making of the Feminine*, London, The Women's Press, 1984, p. 21.

11. ピュージンの思想は *True Principles of Pointed or Christian Architecture*, Oxford, St. Barnabas Press, 1969（1841）に表されている．

12. Eastlake, op. cit., pp. 136-7.

13. ibid., p. 136.

14. Richard Redgrave, *Manual of Design*, London, Chapman and Hall, 1876, p. 87.

15. 文学のコンテクスト上での「男性読者」に関してはHein and Korsmeyer, op. cit., pp. 108-10で論じられている.

16. Russell Lynes. *The Tastemakers: The Shaping of American Popular Taste*, New York, Dover, 1980, p. 26.

17. Glenna Matthews. *"Just a Housewife": The Rise and fall of Domesticity in America*, New York, Oxford, Oxford University Press, 1987, p. 38.

18. John Ruskin. 'Of Queens' Gardens' in *Sesame and Lilies—Unto the Last. The Seven Lamps of Architecture*, New York, Lovell, Coryell and Co., 1949, p. 86に収録.［「胡麻と百合——王妃の庭について」，木村正身訳，『世界の名著——ラスキン，モリス』，中央公論社，1971年，p. 242に所収.］

19. ibid., p. 87.

20. Eastlake, op. cit., p. 242.

21. John Ruskin, *The Stones of Venice*, New York, Lovell, Coryell and Co., 1851, p. 394.［『ヴェネツィアの石　二——「海上階」篇』，福田晴虔訳，中央公論美術出版，1995年，p. 168およびp. 405.］

22. Eastlake, op. cit., p. 12.

23. ibid., p. 11.

24. ibid., p. 84.

25. Ruskin, op. cit., p. 89.［前掲書］

26. Eastlake, op. cit., p. 148.

27. John Ruskin. 'The Lamp of Sacrifice' in *The Seven Lamps of Architecture*, London, George Allen and Unwin Ltd., 1925, p. 31.［『建築の七灯』，杉山真紀子訳，鹿島出版会，1997年，p. 35.］

28. Pugin, op. cit., p. 28.

29. ibid.

30. Eastlake, op. cit., p. 165.

31. ibid., p. 215.

32. Pugin, op. cit., p. 27.

33. ibid., p. 23.

34. Eastlake, op. cit., p. 116.

35. Redgrave, op. cit., p. 59.

36. この主題に関する主なテクストはOwen Jones. *The Grammar of Ornament*, London, Day and Son, 1856, およびChristopher Dresser. *Principles of Decorative Design*, London, Cassell, Petter and Galpin, 1873を参照のこと.

37. Eastlake, op. cit., p. 57.

38. ibid., p. 10.

39. Christopher Dresser は Stuart Durant の Dresser に関しての伝記に言及されている. London, Academy Editions, 1992, p. 34.

40. Morris は Asa Briggs. *Victorian Things*. London, Penguin, 1988, p. 222に引用.

41. ibid., p. 230.

42. Anthea Callen. *Angel in the Studio: Women in the Arts and Crafts Movement*, London, Astragal Books, 1979を参照のこと.

43. Pugin, op. cit., p. 1.

第4章 「万事しかるべきところに」

1. D. Frisby. *Fragments of Modernity: Theories of Modernity in the work of Simmel, Kracauer and Benjamin*, Cambridge, Polity Press, 1985, p. 11より Hermann Bahn の文を引用.

2. ジャネット・ウォルフはウェーバー的な合理化の概念について詳しく述べている. *Feminine Sentences: Essays on Women and Culture*, Cambridge, Polity Press, p. 34.

3. ibid., p. 35.

4. Frisby, op. cit., p. 14.

5. ibid., p. 18.

6. ibid.

7. マーシャル・バーマンは, ファウスト的な不満足の概念を著書, *All That is Solid Melts into Air: The Experience of Modernity*, London, Verso, 1993, p. 79で発展させている.

8. Richard Sennett. *The Fall of Public Man*, New York, Knopf, 1976.

9. モダニズムからの女性の排除は美術史家グリセルダ・ポロックや芸術社会学者ジャネット・ウォルフによって論じられている. Griselda Pollock. 'Modernity and the Spaces of Femininity', *Vision and Difference: Femininity, Feminism and Histories of Art*, London/New York, Routledge, 1988; Janet Wolff. 'Feminism and Modernism', op. cit.

10. Berman, op. cit., p. 90.

11. Kathleen D. McCarthy. *Women's Culture: American Philanthropy and Art 1830-1930*, Chicago and London, The University of Chicago Press, 1991を参照のこと.

12. Elizabeth Wilson. *Adorned in Dreams: Fashion and Modernity*, London, Virago, 1985, p. 5.

13. Gwendolyn Wright. *Building the Dream: A Social History of Housing*

in America, New York, Pantheon, 1981を参照のこと.

14. E. Lupton and J. Abbot Miller. *The Bathroom, the Kitchen and the Aesthetics of Waste: A Process of Elimination*, Cambridge, Mass., MIT List Visual Arts Center, 1992, p. 8.

15. Dolores Hayden. *The Grand Domestic Revolution: A History of Feminist Designs for American Homes, Neighborhoods and Cities*, Cambridge, Mass., MIT Press, 1981, p. 58に引用.［『アメリカン・ドリームの再構築――住宅，仕事，家庭生活の未来』，野口美智子ほか訳，勁草書房，1991年］

16. ビートン夫人の主婦への提言は最初に1858年から1860年のあいだ，*The Englishwoman's Domestic Magazine* に登場した.

17. The Reverend J.P. Faunthorpe. *Household Science: Readings in Necessary Knowledge for Girls and Young Women*, London, Edward Stanford, 1895 (1879) p. v.

18. ibid., p. 285.

19. ibid., p. 295.

20. ibid., p. 263.

21. ibid., p. 259.

22. ibid., p. 263.

23. ibid., p. 3.

24. Glenna Matthews. *Just a Housewife: The Rise and Fall of Domesticity in America,* New York and Oxford, Oxford University Press, 1987, p. 147を参照.

25. 後者の展覧会で展示されたランフォード・キッチンは「完全な電化」キッチンの最初のものだったために非常な人気を博した.

26. Adrian Forty. *Objects of Desire: Design and Society, 1750-1980*, London, Thames and Hudson, 1986, p. 116.

27. R. Binnie and J.E. Boxall. *Housecraft: Principles and Practice*, London, Sir Issac Pitman and Sons Ltd., 1926, p. 131.

28. Mary Douglas は Forty, op. cit., p. 157に引用.

29. Hayden, op. cit., p. 3.

30. Matthews, op. cit., p. 141.

31. J.M. Gries and J. Ford (eds.). *Homemaking, Home Furnishing and Information Services*, Washington DC, National Capital Press Inc., 1932, p. 31.

32. クリスティン・フレデリックの最初の著作は「新しい家事」と題された一連の論文として *Ladies' Home Journal* に掲載された．彼女は1912年９月よりその雑誌の母国での編集者であった．翌年これらの論文はまとめて *The New Housekeeping: Efficiency Studies in Home Management*, New York,

Doubledayとして出版された.

33. Christine Frederick. *Household Engineering and Scientific Management in the Home*, Chicago, American School of Home Economics, 1919, p. 20.

34. ibid., p. 29.

35. これの証拠については, Jane Lewis. *Laboour and Love: Women's Experience of Home and Family 1880-1940*, Oxford, Basil Blackwell, 1986, p. 29を参照のこと.

36. H. Bryant Newbold による *The Ideal House*, London, Practical Building Publishing Co., 1928などは, 科学的な家政のゴスペルを説教していた. そのテクストの3ページ目には, たとえば, 著者はこう書いている.「あらゆる不必要な一歩は疲れを意味し, あらゆる余分の空間が掃除の必要性を高めているところでは, 廊下や玄関は避けるべきである」.

37. Ruth Schwartz Cowan. *More Work for Mother: the Ironies of Household Technology from the Open Hearth to the Microwave*, New York, Basic Books, 1983, p. 85.

38. ibid., p. 78.

39. Faunthorpe, op. cit., p. 257.

40. Frederick, op. cit., p. 27.

41. Asa Briggs. *Victorian Things*, London. Penguin, 1988, p. 218より引用.

42. Rudi Laermans. 'Learning to Consumer: Early Department Stores and the Shaping of the Modern Consumer Culture 1860-1914', *Theory, Culture and Society*, Vol. 10., no. 4, Nov. 1993, p. 82.

43. D. Chaney. 'The Department Store as a Cultural Form', *Theory, Culture and Society*, Vol. 1, no. 3, 1983, p. 24.

44. Thorstein Veblen. *The Theory of the Leisure Class*, London, Unwin Books, 1970, p. 47.

45. Stewart Ewen の著作（参考文献参照）は, 大部分がこれらのテーマに焦点を当てている.

46. たとえばT.J. ジャクソン・リアスやニール・ハリスのようなアメリカ人の消費文化への参加について書いている人たちは, この現象のジェンダー的な示唆よりもむしろ本質的な「アメリカ人らしさ」に焦点を当てる傾向があった.

47. Rachel Bowlby. *Shopping with Freud*, London, Routledge, 1993, p. 48.

48. M.B. Miller. *The Bon Marché: Bourgeois Culture and the Department Store, 1869-1920*, New Jersey, Princeton University Press, 1981, pp. 168-9.

49. Laermans, op. cit., p. 91.

50. ibid., p. 82.

51. ゾラからヴェブレンまで，女性が消費行為に「誘惑」されたこと，そして彼女たちの役割は本質的に受動的であるという一般的なコンセンサスが存在した．

52. Laermans, op. cit., pp. 88-9.

53. K. Haltunen. 'From Parlor to Living-room; Domestic Space, Interior Decoration, and the Culture of Personality' in S.J. Bronner (ed.), *Consuming Visions: Accumulation and Display in America 1880-1920*, New York/London, W.W. Norton and Co., 1989を参照．

第5章 「空気の入れかえ」

1．Cyhthia White. *Women's Magazines 1693-1968*, London, Michael Joseph, 1970, p. 94.

2．Ulrich Conrads (ed.). *Programmes and Manifestoes on Twentieth-Century Architecture*, London, Lund, Humphries, 1970, p. 13.

3．ibid., p. 123

4．Tim and Charlotte Benton and Dennis Sharp. *Form and Function: A Source Book for a History of Architecture and Design 1880-1939*, London, Crosby, Lockwood and Staples, 1975, p. 6.

5．Conrads, op. cit., p. 110.

6．Le Corbusier. *Towards a New Architecture*, London, The Architectural Press, 1974, p. 106. ［『建築をめざして』，吉坂隆正訳，鹿島出版会，1967年］

7．Walter Gropius. *The New Architecture and the Bauhaus*, London, Faber and Faber, 1968, p. 100.

8．Benton and Sharp, op. cit., p. 108.

9．ibid.

10. Rioux de Maillou in ibid., p. 5.

11. Adolf Loos. *Spoken into the Void: Collected Essays 1897-1900*, Cambridge, Massachusetts, MIT Press, 1982, p. 20.

12. Le Corbusier. *The Decorative Art of Today*, Cambridge, Massachusetts, MIT Press, 1987, p. 27. ［『今日の装飾芸術』，前川国男訳，鹿島出版会，1966年］

13. ibid., p. 52.

14. Loos, op. cit., p. 7.

15. Conrads, op. cit., p. 17.

16. ibid.

17. Benton and Sharp, op. cit., p. 180.

18. Gropius, op. cit., p. 92.
19. Benton and Sharp, op. cit., p. 39.
20. Gropius, op. cit., p. 54.
21. Benton and Sharp, op. cit., p. 2.
22. Loos, op. cit., p. 102.
23. Benton and Sharp, op. cit., p. 42.
24. Le Corbusier, *The Decorative Art of Today*, p. 85.［前掲書］
25. Conrads, op. cit., p. 56.
26. ibid., p. 25.
27. Gropius, op. cit., p. 23.
28. Conrads, op. cit., p. 125.
29. Gropius, op. cit., p. 25. グロピウスは「新しい構造的技術の最もすばらしい達成のひとつは，壁の分離的機能の撤廃であった」と述べている．
30. Benton and Sharp, op. cit., p. 237.
31. ibid., p. 236.
32. ibid.
33. ibid., p. 238.
34. Le Corbusier, *The Decorative Art of Today*, p. 7.［前掲書］
35. ibid., p. 48.
36. ibid., p. 55.
37. ibid., p. 90.
38. ibid., p. 36.
39. Benton and Sharp, op. cit., p. 32.
40. Conrads, op. cit., p. 16.
41. ibid., p. 39.
42. ibid., p. 67.
43. Le Corbusier, *The Decorative Art of Today*, p. 17.［前掲書］
44. Conrads, op. cit., p. 103.
45. Loos, op. cit., p. 29.
46. Conrads, op. cit., p. 95.
47. ibid., p. 89.
48. ibid., p. 90.
49. Elizabeth Wilson. *The Sphinx in the City: Urban Life, the Control of Disorder and Women*, London, Virago, 1991.
50. ibid., p. 11.
51. Conrads, op. cit., p. 27.
52. Le Corbusier, *Towards a New Architecture*, p. 114.［前掲書］
53. Le Corbusier, *The Decorative Art of Today*, p, 188.［前掲書］

第6章 「芸術の市場価値」

1. Andreas Huyssen. *After the Great Divide: Modernism, Mass Culture and Postmodernism*, London, Macmillan, 1986, p. vii.

2. ibid., p. 46.

3. Debora L. Silverman. *Art Nouveau in Fin-de-Siecle France: Politics, Psychology and Style*, Los Angeles, University of California Press, 1989, p. 71. [『アール・ヌーヴォー――フランス世紀末と「装飾芸術」の思想』，天野知香・松岡新一郎訳，青土社，1999年]

4. ibid., p. 19.

5. ibid., p. 63.

6. ibid., p. 191.

7. Rudi Laermans. 'Learning to Consumer: Early Department Stores and the Shaping of the Modern Consumer Culture (1860-1914)', *Theory, Culture and Society*, Vol. 10, no. 4, Nov. 1993, p. 81に引用．

8. W.R. Leach. 'Transformations in a Culture of Consumption: Women and Department Stores 1890-1912', *Journal of American History*, 71, Sept. 1984, p. 324.

9. ibid.

10. ibid., p. 323.

11. この資料は，ナンシー・トロイがヴィクトリア・アンド・アルバート美術館（ロンドン）にて1994年春に行った講演で提示された．

12. Tim and Charlotte Benton and Aaron Scharf. *Design 1920s*, Milton Keynes, The Open University Press, 1975, pp. 62-63に引用．

13. Neil Harris. 'The Drama of Consumer Desire', *Cultural Excursions: Marketing Appetites and Cultural Tastes in Modern America*, Chicago, University of Chicago Press, 1990, p. 184.

14. ティーグの作品の詳細は，'Walter Dorwin Teague: Master of Design', *Pencil Points*, Sept. 1937, pp. 541-570を参照のこと．

15. *Fortune*, Feb. 25, 1933, pp. 22-26の Donald Deskey による論文を参照のこと．

16. F. Kiesler. *Contemporary Art as applied to the Store and its Display*, London, Sir Isaac Pitman and Sons Ltd., 1930, p. 9.

17. ibid., p. 66.

18. ibid., p. 73.

19. Roland Marchand. *Advertising the American Dream: Making way for Modernity 1920-1940*, Berkeley, University of California Press, 1985, p. 66.

20. アメリカにおけるブランド商品の成長に関してのさらなる情報は，

Susan Strasser. *Satisfaction Guaranteed: The Making of the American Mass Market*, New York, Pantheon, 1989を参照のこと.

21. Marchand., op. cit., p. 11.

22. ibid., p. 66.

23. Elmo Calkins. 'Beauty the New Business Tool', *The Atlantic Monthly*, 140, Aug. 1927, pp. 145-6.

24. David Gartman. *Auto Opium: A Social History of American Automobile Design*, London and New York, Routledge, 1994, pp. 45-46に引用.

25. ibid., p. 46.

26. F.H. Young. *Modern Advertising Art*, New York, Covici, Friede Inc., 1930, p. 117.

27. Gartman, op. cit., p. 48.

28. ibid., p. 82.

29. これはDavid Gartman, op. cit. のなかではっきりと論じられている.

30. Ibid., p. 97.

31. この概念は, Terry Smith. *Making the Modern: Industry, Art and Design in the US*, Chicago, University of Chicago Press, 1993のなかで扱われている.

32. ibid., p. 368.

33. Mary McCarthy. *The Group*, London, Penguin, 1968, pp. 89-90.

第7章 「私たちはみな創作者なのです」

1. Margaret Bulley. *Have You Got Good Taste ?: A Guide to an Appreciation of the Lesser Arts*, London, Methuen, 1933, p. 16.

2. D. Beddoe. *Back to Home and Duty: Women between the Wars 1918-1939*, London, Pandora, 1939を参照のこと.

3. ibid., p. 9.

4. Alison Light. *Forever England: Femininity, Literature and Conservatism between the Wars*, London and New York, Routledge, 1991.

5. Isabelle Anscombe. *A Woman's Touch: Women in Design from 1860 to the Present Day*, London, Virago, 1984, p. 133.

6. ibid., p. 135.

7. ibid., p. 134.

8. Cheryl Buckley. 'Women and Modernism: A Case-Study of Grete Marks (1899-1990)', in Jill Seddon and Suzette Worden. *Women Designing: Redefining Design in Britain between the Wars*, Brighton, University of Brighton, 1994, pp. 104-110を参照のこと.

9．C.R. Richards. *Art in Industry*, New York, Macmillan, 1922, p. 29.

10．Henry Dreyfuss. *Designing for People*, New York, Viking Press, 1955, p. 59.

11．Seddon and Worden, op. cit., p. 135.

12．Charles F. Warner. *Home Decoration*, London, T. Werner Laurie Ltd., 1918, p. 87.

13．この考え方は，*Women Designing: Redefining Design in Britain between the Wars*, University of Brighton, 7-31 March 1994の展覧会とあわせて企画された一日のセミナーの一部分を形成したリン・ウォーカーによって表現された．

14．Anscombe, op. cit., p. 105.

15．ibid.

16．Julia Bigham. 'Advertising as a Career' in Seddon and Worden, op. cit., p. 22に引用．

17．Edith Wharton and Ogden Codman Jr., *The Decoration of Houses*, London, B.J. Batsford, 1898, p. 21.

18．ibid., p. 27.

19．ibid., p. 24.

20．ibid., p. 185.

21．N. Campbell and C. Seebohm. *Elsie de Wolfe: A Decorative Life*, Aurum Press, London, 1992, p. 2.

22．ibid., p. 3.

23．ibid., p. 17.

24．これは Anscombe, op. cit. に詳細に記されている．

25．Judy Attfield and Pat Kirkham (eds.). *View from the Interior: Feminism, Women and Design*, London, The Women's Press, 1989, p. 156.

26．ibid., p. 156.

27．さらなる情報に関しては，Anthea Callen. *Angel in the Studio: Women in the Arts and Crafts Movement 1870-1914*, London, Astragal Books, 1979を参照のこと．

28．Attfield and Kirkham, op. cit., p. 174.

29．ibid., p. 177.

30．ibid., p. 178.

31．デザイン産業協会は1915年にイギリスで設立された．これは８年前に設立されていたドイツの工作連盟をモデルとしていた．製造業者，小売業者，デザイナー，アーツ・アンド・クラフツ運動によって確立された原則に大部分定義された「グッド・デザイン」のその他の推進者によって成り立つ同協会の役割は，イギリスにおけるデザインの実践の質の向上であった．

32. Dryad Leaflet no. 123, 'Doll-making with the Professional Touch', Dryad Handicrafts, Leicester を参照のこと.

33. Dryad Leaflet no. 124, 'More felt Flowers', Dryad Handicrafts, Leicester を参照のこと.

34. Dryad Leaflet no. 92, 'Netting', Dryad Handicrafts, Leicester を参照のこと.

35. 両大戦間期におけるこの語の使用は，家庭を基盤にした労働のなかに，仕事を通しての達成感よりもむしろ骨折り仕事を示唆する「家事」ということばが提起するよりも肯定的かつ生産的な要素を導入した.

36. Attfield and Kirkham, op. cit., p. 143.

37. ibid., p. 144.

38. ibid., p. 145.

39. F.A. Dudden. *Serving Women: Household Service in Nineteenth-Century America*, Middletown, Conn., Wesleyan University Press, 1983を参照のこと.

40. G.L. Hunter. *Home Furnishing*, New York, John Lane Co., 1913, p. 82.

41. ibid., p. 81.

42. Warner, op. cit., p. 81.

43. ibid., p. 82.

44. H. Bryant Newbold. *The Ideal House*, London, Practical Building Publishing Co., 1928, p. 3.

45. J.M. Gries and J. Ford (eds.). *Homemaking, Home Furnishing and Information Services*, Washington DC, National Capital Press Inc., 1932, p. 39.

46. Warner, op. cit., p. 155.

47. Sidney Vant. *Simple Furniture-Making*, London and New Yok, Frederick Warner and Co. Ltd., 1929, p. 1.

48. *The Home of Today: Its Choice, Planning, Equipment and Organisation*, London, *Daily Express* Publications, 1935に図解あり.

49. W. Fales. *What's New in Home Decorating ?*, New York, Dodd, Mead and Co., 1936, p. 151.

50. ibid., plate xvi.

51. Ibid., plate xi.

52. Mrs Beeton, *Hints to Housewives*, London and Melbourne, Ward, Lock and Co. Ltd., 1928, p. 271.

53. *The Housewife's Book*, London, *Daily Express* Publications, 1935, p. 161.

54. Fales, op. cit., p. 43.

55. Walter J. Pearce. *Painting and Decorating*, London, Chas Griffin and Co., 1932, p. 8.

56. ibid.

57. *The Housewife's Book*, op. cit., p. 72.

58. テオドール・アドルノやマックス・ホルクハイマーらの「フランクフルト学派」に連想される文化批評は，両大戦間期から，大量生産のもたらす文化的影響についての居心地の悪さを表明しはじめていた.

第8章 「幸福な主婦」

1. Talcott Parsons. *Essays in Sociological Thought* (revised edition), New York, Free Press, 1964. p. 194.

2. Betty Friedan. *The Feminine Mystique*, Harmondsworth, Penguin, 1992 (1963) [『新しい女性の創造』，三浦冨美子訳，大和書房，1977] を参照のこと.

3. Elizabeth Wilson, *Only Halfway to Paradise: Women in Postwar Britain 1945-1968*, London and New York, Tavistock Publications, 1980, p. 2.

4. ここで問われている「専門家」のなかには，タルコット・パーソンズ，ドナルド・ウィニコット，スポック博士，ジークムント・フロイトが含まれている.

5. Ruth Schartz Cowan. *More Work for Mother: The Ironies of Household Technology from the Open Hearth to the Microwave*, New York, Basic Books, 1983, p. 201.

6. Joann Vanek. 'Keeping Busy: Time spent in Housework in the US 1920-1970' (unpublished PhD thesis University of Michigan 1973), and 'Time Spent in Housework' in *Scietific American*, Nov. 1974, pp. 116-120を参照のこと.

7. Wilson, op. cit., p. 13より Norman Macre の文を引用.

8. ibid., p. 8.

9. Barbara Ehrenreich and Deirdre English. *For Her Own Good: 150 Years of the Experts' Advice to Women*, New York, Garden City, Doubleday, 1978.

10. Lee Wright. 'Objectifying Gender: The Stiletto Heel' in J. Attfield and P. Kirkham (eds.). *A View from the Interior: Feminism, Women and Design*, London. The Women's Press, 1989を参照のこと.

11. ibid., p. 15.

12. Cynthia White. *Women's Magazines 1693-1968,* London, Michael

Joseph, 1970を参照のこと.

13. それらに関しては Ehrenreich and English op. cit. で細かく列挙されている.

14. ibid., p. 257.

15. Thomas Hine. *Populuxe*, New York, Alfred A. Knopf, 1986, p. 15.

16. Gwendolyn Wright. *Building the Dream: A Social History of Housing in America*, New York, Pantheon, 1981, p. 251.

17. ibid., p. 252.

18. Russell Lynes. *The Tastemakers: The Shaping of American Popular Taste*, New York, Dover, 1980, p. 251.

19. Wright, op. cit., p. 253.

20. Lynes, op. cit., p. 253.

21. イギリスの「ニュータウン」のなかでも，ハーロー，クローリー，カンバーノールは街の外部に造成された緑地帯であり，都市部の過密さからあふれ出た人々への住宅供給を目指していた.

22. この考え方はジュディ・アットフィールドによって形成されたものである. 'Inside Pram Town: a Case-study of Harlow House Interiors 1951-1961' in Attfield and Kirkham, op. cit., pp. 215-238.

23. ibid.

24. G. Nelson and H. Wright. *Tomorrow's House*, New York, Simon and Schuster, 1945, p. 18.

25. The Good Housekeeping Institute. *Home Encyclopedia*, London. The National Magazine Company Ltd., 1951, p. 93.

26. Attfield and Kirkham, op. cit., p. 225.

27. The Good Housekeeping Institute. *The Happy Home: A Universal Guide to Household Management*, London. The Chiswick Press, 1953, plate 58.

28. Molly Harrison in *Modern Homes Illustrated*, London, Odhams, 1947, p. 227.

29. Hine, op. cit., p. 70.

30. Harisson, op. cit., p. 248.

31. フェスティヴァル・パターン・グループはモダンなパターンを形成するための科学的な基礎を提供することに着手した. 彼らが請け負った仕事から派生したその仕事には，マイクロスコープを通じて自然の有機組織を観察し，視覚的な結果を記録することが含まれていた.

32. White, op. cit., p. 179に引用.

33. G. Williams. *The Economics of Everyday Life*, Harmondsworth, Penguin, 1965 (1950), p. 114. [『エコノミックス　オブ　エブリディ　ライフ』,

古田重治訳，近代文芸社，2000年]
34. The Good Housekeeping Institute. *The Book of Good Housekeeping*, London and Chesham, Gramol Publications Ltd., 1946 (1944) p. 322.
35. ibid, p. 387.
36. *Women's Weekly*, 21 Jan. 1956, p. 21.
37. Ehrenreich and English, op. cit., p. 286.
38. ibid., p. 288.

第9章 「一種の黄金時代」

1. David Gartman. *Auto Opium: A Social History of American Automobile Design*, London and New York, Routledge, 1994, p. 139.
2. Betty Friedan. *The Feminine Mystique*, Harmondsworth, Penguin, 1993 (1963), p. 63. [前掲書]
3. この考え方は戦後も根強く残存し，消費に関する多くの批判的著作を支えることにもなった．それはたとえば，Kathy Myers. *Understains*, London, Comedia, 1986においても支配的である．
4. *DIA Yearsbook*, London 1953, p. 16.
5. ibid. p. 22.
6. *The Evening News*, June 19 1957, p. 6.
7. インダストリアルデザイン・カウンシルは，1944年に英国連立政権によって設立され，商務省の一角を占めていた．英国製品のデザインの品質を向上させ，公的な趣味のレベルを引き上げることがその主旨であった．
8. Ernest Race. 'Design in Modern Furniture' in Frances Lake (ed.). *Daily Mail Ideal Home Yearbook 1952/3*, London, *Daily Mail* Publications, 1953, p. 62.
9. Gordon Russell. 'On Buying Furniture' in Frances Lake (ed.). *Daily Mail Ideal Home Yearbook 1953/4*, London, *Daily Mail* Publications, 1954, p. 61.
10. Dorothy Meade in *Design*, London, COID, Aug. 1957, p. 42.
11. Paul Reilly, 'Contemporary Design' in Lake, op. cit., p. 128.
12. Lake, op. cit., p. 59.
13. Paul Reilly. 'Glamour, Glitter and Gloss' in France Lake (ed.). *Daily Mail Ideal Home Yearbook 1957*, London, *Daily Mail* Publications, 1957, p. 88.
14. Vivien Hislop. *Evening News*, June 19 1957, p. 8.
15. Vance Packard. *The Waste-Makers*, London, Longmans, 1961, p. 70. [『浪費をつくり出す人々』，南博・石川弘義訳，ダイヤモンド社，1961年]

16. Dan Cooper. *Inside Your Home*, New York, Farrar, Straus and Co. Inc., 1946. p. 31.

17. ibid., p. 96.

18. Thomas Hine. *Populuxe*, New York, Alfred A. Knopf, 1986, p. 22.

19. Friedan, op., cit., p. 32.

20. ibid., p. 57.

21. Noel Carrington. *Colour and Pattern in the Home*, London, Bastford, 1954, p. 99.

22. David Gartman はこの論点を Gartman, op. cit. にて練り上げている.

23. *Ladies' Home Journal*, April 1950, p. 31に掲載されたマーキュリー自動車の広告より.

24. Gartman, op. cit., p. 167.

25. *Ladie's Home Journal* op. cit., p. 67.

26. Kenwood publicity brochure for its 'Chef' food processor, mid-1950s.

27. Kenwood publicity brochure for its 'Monor' food-mixer, mid-1950s.

28. Paul Reilly. 'The Challenge of Pop' in *Architectural Review*, no. 32. Oct. 1967, p. 257.

第10章 「汚染の不安」

1. Russell Lynes. *The Tastemakers: The Shaping of American Popular Taste*, New York, Dover, 1980, p. 340.

2. Dick Hebdige, 'Towards a Cartography of Taste 1935-1962' in B. Waites, T. Bennett, and G. Martin (eds.). *Popular Culture: Past and Present*, London, Groom Helm, 1982, p. 213.

3. Angela McRobbie in Waites, Bennet and Martin, op. cit., p. 266.

4. Lynes, op. cit., p. 310.

5. Herbert J. Gans. 'Design and the Consumer' in K.B. Heisinger and G. H. Marcus (eds.), *Design Since 1945*, London, Thames and Hudson, 1983, p. 32.

6. ガンスの考え方は, Pierre Bourdieu のセミナーにおける趣味の社会学的研究, *Distinction: A Social Critique of the Judgment of Taste*, London and New York, Routledge and Kegan Paul, 1986［『ディスタンクシオン——社会的判断力批判』, 石井洋二郎訳, 藤原書店, 1990年］と並行関係をなしている.

7. Lynes, op. cit. における彼の分析を参照のこと.

8. ibid., p. 311.

9. Heisinger and Marcus, op. cit., 前注 5 において, ガンスは彼のミドル

ブローのカテゴリーのなかに「専業主婦＝母親」を組み込んでいる．

10. Andreas Huyssen. *After the Great Divide: Modernism, Mass Culture and Postmodernism*, London, Macmillan, 1986.

11. ibid., p. 47.

12. ibid., p. 18.

13. ibid., pp. 50-51.

14. ibid., p. 52.

15. T. Adorno and M. Horkheimer. *Dialectic of Enlightment*, London, Verso, 1979 (1944)［『啓蒙の弁証法』，徳永恂訳，岩波書店，1990年］を参照のこと．

16. Huyssen, op. cit., p. 48.

17. ibid., p. 21.

18. Clement Greenberg. 'The Avant-garde and Kitsch (1939)' in Gillo Dorfles (ed.). *Kitsch: An Anthology of Bad Taste*, London, Studio Vista, 1968.［『近代芸術と文化』，瀬木慎一訳，紀伊國屋書店，1965年に所収．］

19. アドルノのポピュラー・カルチャーについての考え方に関する詳細は，Huyssen, op. cit., p. 19を参照のこと．

20. ibid., p. 54.

21. H. Marcuse. *One-Dimensional Man*, London, Routledge and Kegan Paul, 1964［『一次元的人間』，生松敬三・三沢謙一訳，河出書房新社，1974年］を参照のこと．

22. Hoggartの考え方は彼の著書 *The Uses of Literacy*, Harmondsworth, Penguin, 1958 (1957)［『読み書き能力の効用』，香内三郎訳，晶文社，1974年］のなかに示されている．

23. Raymond Williamsがこの主題について最初に彼の思考をまとめたのが *Culture and Society 1780-1950*, London, Chatto and Windus, 1958［『文化と社会』，若松繁信・長谷川光明訳，ミネルヴァ書房，1968年］である．

24. David Riesman. *The Lonely Crowd: A Study of the Changing American Character*, New Haven and London, Yale University Press, revised edition, 1970.［『孤独な群衆』，加藤秀俊訳，みすず書房，1964年］

25. Christopher Lasch. *The Culture of Narcissism: American Life in an Age of Diminishing Expectations*, New York, W.W. Norton, 1978.［『ナルシシズムの時代』，石川弘義訳，ナツメ社，1981年］

26. Riesman, op cit., p. 340.

27. ibid.

28. ibid., p. 341.

29. Margaret MeadはMarcuse, op. cit. p. 111に引用．

30. Vance Packard. *The Waste-Makers*, London, Longmans, 1961, p. 12.

［前掲書］

31. ibid., p. 25.

32. 1930年代以降，MoMA で開催されたデザイン系の展覧会としては，「機械美術展」(1934)，「アルヴァ・アアルト展」(1938)，「ローコスト・ユースフル・オブジェクト展」(1938)，「モダン・ファニチャー・コンペティション展」(1940)，「チャールズ・イームズの家具展」(1946) が挙げられる．

33. Edgar Kaufmann Jr. *Industrial Design*, New York, Aug. 1954, p. 23.

34. Edgar Kaufmann Jr. *Introductions to Modern Design*, New York, MoMA 1969 (1950), p. 7.

35. ibid.

36. ibid.

37. Edgar Kaufmann Jr. 'Borax or the Chromium-plate Calf' in *Architectural Review*, London, vol. 6, no. 4., Aug. 1948, p. 89.

38. ibid.

39. Kaufmann, *Introduction to Modern Design*, p. 8.

40. Dick Hebdige. 'Towards a Cartography of Taste 1935-1962' in B. Waites, T. Bennett and G. Martin (eds.). *Popular Culture: Past and Present*, London, Croom Helm, 1982を参照のこと．

41. A. Davis. *Design*, London, Aug. 1953, p. 3.

42. Dorfles, op. cit.

43. Claire Catterall. 'Perceptions of Plastics: A Study of Plastics in Britain 1945-1956' in Penny Sparke (ed.). *The Plastics Age: From Modernity to Postmodernity*, London, Victoria and Albert Museum, 1990, p. 70.

44. ibid., p. 69.

45. Harold Van Doren. 'Streamlining: Fad or Function?' in *Design*, London, Oct. 1949, p. 2.

46. ibid., p. 5.

47. Alan Jarvis. *The Things We See: Inside and Out*, Harmondsworth, Penguin, 1947, p. 29.

48. インディペンデント・グループはさまざまな仕方で視覚芸術に関わる諸個人の集団であり，そのなかにはエドワード・パオロッチ，リチャード・アロウェイ，レイナー・バンハム，トニ・デ・レンジオ，ナイジェル・ヘンダーソン，アリソン&ピーター・スミッソンらがいた．彼（女）らは，美術におけるテクノロジーとマスカルチャーの効果を議論するべく，1950年代半ばに現代美術院へと結集したのである．同時代人の多数派とは異なり，マスメディアの産物，なかでも広告，流線型の自動車，映画や三文小説を祝福するなど，彼らはその主題に対して共感あふれるアプローチを行った．

49. Huyssen, op. cit., p. 46.

結　論　女性的な趣味とポストモダニティ、ポストモダニズム

1．Janet Wolff. *Feminine Sentences: Essays in Women and Culture*, Cambridge, Polity Press, 1990, p. 1.

2．ibid.

3．ibid., p. 74. Wolff は女性と言語に関連するジュリア・クリステヴァの理念について論じている．

4．Andreas Huyssen. *After The Great Divide: Modernism, Mass Culture and Postmodernism*, London, Macmillan, 1986, p. 184を参照のこと．

5．Janet Wolff and Craig Owens. 'The Discourse of Others: Feminists and Postmodernism' in Hal Foster (ed.). *Postmodern Culture*, London, Pluto Press, 1990 (1983), pp. 57-82を参照のこと．

6．Janet Wolff and Linda Nicholson (eds.). *Feminism/Postmodernism*, London, Routledge, 1990を参照のこと．

7．Wolff, op. cit., p. 87.

8．ibid.

9．Robert Venturi. *Complexity and Contradiction in Architecture*, New York, MoMA, 1966, p. 22.［『建築の多様性と対立性』，伊藤公文訳，鹿島出版会，1983年］

10．Robert Venturi, Denise Scott-Brown and Steve Izenour. *Learning from Las Vegas*, Cambridge, Mass., MIT Press, 1972.［『ラスベガス』，石井和紘・伊藤公文訳，鹿島出版会，1978年］

11．Huyssen op. cit., p. 59.

12．Roland　Barthes 的な意味で用いられたのは，彼が編集した *Mythologies*, London, Jonathan Cape, 1972 (1957)［『神話作用』，篠沢秀夫訳，現代思潮社，1967年］においてである．

13．ボードリヤールの著作の選択に関しては参考文献を参照のこと．

14．Jean-Francois Lyotard. *The Postmodern Condition: A Report on Knowledge*, Manchester, Manchester University Press, 1984 (1979).［『ポスト・モダンの条件――知・社会・言語ゲーム』，小林康夫訳，書肆風の薔薇，1986年］

15．Rosalind Coward. *Female Desire*, London, Paladin, 1984.

参考文献

Abelson, E. S. *When Ladies Go A-Thieving: Middle-Class Shoplifters in the Victorian Department Store*, Oxford, Oxford University Press, 1989［エレイン・S・エイベルソン著，椎名美智・吉田俊実訳『淑女が盗みにはしるとき——ヴィクトリア朝期アメリカのデパートと中流階級の万引き犯』国文社，1992年］

Adburnham, A. *Shops and Shopping 1800–1914*, London, Allen and Unwin, 1981

Adler, H. *The New Interior: Modern Decorations for the Modern Home*, New York, The Century Company, 1916

Adorno, T. and Horkheimer, M. *Dialectic of Enlightenment*, London, Verso, 1979 (1944)［マックス・ホルクハイマー，テオドール・W・アドルノ著，徳永恂訳『啓蒙の弁証法——哲学的断想』岩波書店，1990年］

Albrecht, D. *Designing Dreams: Modern Architecture in the Movies*, New York, Harper and Row, 1986［D. アルブレヒト著，萩正勝訳『デザイニング・ドリームス——映画に見る近代建築』鹿島出版会，1995年］

Ames, K. 'Designed in France; Notes on the Transmission of French Style to America', *Wintherthur Portfolio*, 12, Charlottesville, Va, University of Virginia Press, 1978, pp. 103–114

Ames, K. *Material Culture: A Research Guide*, Kansas, University of Kansas Press, 1983

Ames, K. L. & Ward, W. R. (eds.). *Decorative Arts and Household Furnishings in America 1650–1920: An Annotated Bibliography*, Virginia, University of Virginia Press, 1990

Anscombe, I. *A Woman's Touch: Women in Design from 1860 to the Present Day*, London, Virago, 1984

Appadurai, A. (ed.). *The Social Life of Things: Commodities in Cultural Perspective*, Cambridge, Cambridge University Press, 1986

Arnold, E. & Burr, L. 'Housework and the Appliance of Science' in Faulkner, W. & Arnold, E. (eds.), *Smothered by Invention: Technology in Women's Lives*, London, Pluto Press, 1985

Ash, J. & Wilson, E. *Chic Thrills: A Fashion Reader*, London, Pandora, 1992

Attfield, J. 'Feminist Critiques of Design' in Walker J. *Design History and the History of Design*, London, Pluto Press, 1989［ジュディ・アトフィールド「形（女性）は機能（男性）に従う」，ジョン・A・ウォー

カー著，栄久庵祥二訳『デザイン史とは何か――モノ文化の構造と生成』技報堂出版，1998年]
Attfield J. & Kirkham, P. *A View from the Interior: Feminism, Women and Design*, London, The Women's Press, 1989
Baehr, M. & Dyer G. (eds.). *Boxed In: Women and Television*, London, Pandora, 1987
Ballaster, R., Beetham, M., Frazer, E. & Hebron, S. (eds.). *Women's Worlds: Ideology, Femininity and the Woman's Magazine*, London, Macmillan, 1991
Banham, J., Macdonald, S. and Porter, J. *Victorian Interior Design*, London, Cassell, 1991
Banner, L. *American Beauty*, New York, Alfred A Knopf, 1983
Banner, L. & Hartman, M. (eds.). *Clio's Consciousness Raised*, New York, Harper and Row, 1974
Barker, N. & Parr, M. (eds.). *Signs of the Times*, London, BBC Publications, 1992
Barnes, R. (ed.) *Dress and Gender: Making and Meaning in Cultural Contexts*, Providence, Oxford, Berg, 1993
Barrett, H. & Phillips, J. *Suburban Style: The British Home 1840-1960*, Boston, Toronto, London, Little Brown and Company, 1993
Barrett, M. 'Ideology and the Cultural Production of Gender' in Newton, J. & Rosenfelt, D. (eds.), *Feminist Criticism and Social Change*, London, Methuen, 1985
Barthel, D. *Putting on Appearances: Gender and Advertising*, Philadelphia, Temple University Press, 1988
Barthes, R. *Mythologies*, Paris, Editions du Seuil, 1957 [ロラン・バルト著，篠沢秀夫訳『神話作用』現代思潮社，1968年]
Battersby, C. *Gender and Genius: Towards a Feminist Aesthetics*, London, Women's Press, 1990 [クリスティーン・バタースビー著，小池和子訳『性別と天才――フェミニズム美学のために』現代書館，1992年]
Battersby, M. *The Decorative Twenties*, London, Studio Vista, 1976
Battersby, M. *The Decorative Thirties*, London, Studio Vista, 1976
Baudrillard, J. *For a Critique of the Political Economy of the Sign*, St Louis, Telos Press, 1981 [ジャン・ボードリヤール著，今村仁司・宇波彰・桜井哲夫訳『記号の経済学批判』法政大学出版局，1982年]
Baudrillard, J. *La Societé de consammation, ses mythes, ses structures*, Paris, Gallimard, 1970 [ジャン・ボードリヤル著，今村仁司，塚原史訳『消費社会の神話と構造』紀伊國屋書店，1979年]

Baudrillard, J. *Le système des objets*, Paris, Denoel-Gonthier, 1968［ジャン・ボードリヤール著，宇波彰訳『物の体系――記号の消費』法政大学出版局，1980年］
Bauman, Z. *Modernity and Ambivalence*, Cambridge, Polity Press, 1990
Bayley, S. *Harley Earl and the Dream Machine*, New York, Knopf, 1983
Bayley, S. *Taste: An Exhibition about Values in Design*, London, Faber and Faber, 1991
Beddoe, D. *Back to Home and Duty: Women between the Wars 1918-1939*, London, Pandora, 1989
Beckett Jones, G. *Manual of Smart Housekeeping*, New York, Chester R Heck Ltd., 1946
Beecher, C. E. *A Treatise on Domestic Economy for the Use of Young Ladies at Home and at School*, Boston, Marsh, Capen, Lyon and Webb, 1841
Beecher, C. & Stowe, H. B. *The American Woman's Home*, New York, J. B. Ford and Co., 1870 (1869)
Beeton, Mrs. *Hints to Housewives*, London, Butler and Tanner Ltd., 1928 (1861)
Bel, Geddes, N. *Horizons*, New York, Dover Publications, 1977
Bell, C. *Middle-Class Families*, London, Routledge and Kegan Paul, 1968
Bell, D. *The Cultural Contradictions of Capitalism*, New York Basic Books, 1976［ダニエル・ベル著，林雄二郎訳『資本主義の文化的矛盾』講論社学術文庫，1976～77年］
Benhabib, S. 'Feminism and the Question of Postmodernism' in *The Polity Reader in Gender Studies*, Cambridge, Polity Press, 1994
Bentley, I., Davis, I. and Oliver, P. *Dunroamin: The Suburban Semi and its Enemies*, London, Barrie and Jenkins, 1981
Benton, C. 'Aventure du mobilier: Le Corbusier's furniture designs of the 1920s', *Decorative Arts Society Journal*, 6, 1982, pp. 7-22.
Benton, T. & C. & Sharp, D. (eds.). *Form and Function: A Source book for a History of Architecture and Design 1890-1939*, London, Crosby, Lockwood and Staples, 1975
Bereano, P., Roase, C. & Arnold, E. 'Kitchen Technology and the Liberation of Women from Above' in Faulkner, W. and Arnold, E. (eds.), *Smothered by Invention: Technology in Women's Invention*, London, Pluto Press, 1985
Berman, M. *All That is Solid Melts into Air: The Experience of Modernity*, London, Verso, 1983

Betterton, R. *Looking On: Images of Femininity in the Visual Arts and Media*, London, Pandora, 1987
Bevier, J. 'The House, Its Plan, Decoration and Care', vol. 1, in *The Library of Home Economics*, Chicago, American School of Home Economics, 1907
Bigsby, C. W. E. (ed.). *Superculture: American Popular Culture and Europe*, London, Paul Elek, 1975
Binnie, R. & Boxall, J. E. *Housecraft: Principles and Practice*, London, Sir Isaac Pitman and Sons Ltd., 1926
Boorstin, D. *The Americans: The Democratic Experience*, New York, Random House, 1973［ダニエル・J・ブアスティン著，新川健三郎・木原武一訳『アメリカ人――大量消費社会の生活と文化』河出書房新社，1992年］
Boorstin, D. J. 'Welcome to the Consumption Community', *Fortune*, 76 (1967), pp. 118-38
Bourdieu, P. *Distinction: A Social Critique of the Judgement of Taste*, London and New York, Routhledge and Kegan Paul, 1986［ピエール・ブルデュー著，石井洋二郎訳『ディスタンクシオン――社会的判断力批判』藤原書店，1990年］
Bowlby, R. *Still Crazy After All These Years*, London, Routledge, 1992
Bowlby, R. *Just Looking: Consumer Culture in Dreiser, Gissing and Zola*, New York, Methuen, 1985［レイチェル・ボウルビー著，高山宏訳『ちょっと見るだけ――世紀末消費文化と文学テクスト』ありな書房，1989年］
Bowlby, R. *Shopping with Freud*, London, Routledge, 1993
Branca, P. 'Image and reality; the myth of the idle Victorian woman' in Hartman, M. & Banner, L. W. (eds.), *Clio's Consciousness Raised*, New York, Harper, 1974
Branca, P. *Silent Sisterhood: Middle-Class Women in the Victorian Home*, London, Croom Helm, 1975
Briggs, A. *Victorian Things*, Harmondsworth, Penguin, 1988
Brittain, V. *Lady into Woman: A History of women from Victoria to Elizabeth II*, London, Andrew Drakes, 1953
Brookeman, C. *American Culture and Society since the 1930s*, London, Macmillan, 1984
Bronner, S. J. (ed.). *Consuming Visions: Accumulation and Display of Goods in America, 1880-1920*, New York and London, W. W. Norton and Co., 1989

Brownmiller, S. *Femininity*, New York, Simon and Schuster, 1984［S. ブラウンミラー著，幾島幸子・青島淳子訳『女らしさ』勁草書房，1998年］
Bruere, M. & R. *Increasing Home Efficiency*, New York, Macmillan, 1912
Buckley, C. 'Design, Femininity, and Modernism: Interpreting the Work of Susie Cooper' in *Journal of Design History*, Oxford, vol. 7, no. 4, 1994, pp. 277-293
Buckley, C. 'Made in Patriarchy: Towards a Feminist Analysis of Women in Design' in *Design Issues*, vol. 3, no. 2, 1986
Buckley, C. *Potters and Paintresses: Women Designers in the Pottery Industry 1870-1955*, London, The Women's Press, 1990
Buckley, C. 'Women and Modernity: A Case-study of Grete Marks' in Seddon and Worden, *Women Designing: Redefining Design in Britain Between the Wars*, Brighton, University of Brighton, 1994
Bulley, M. *Have You Got Good Taste ?: A Guide to the Appreciation of the Lesser Arts*, London, Methuen, 1933
Burman, S. (ed.). *Fit Work for Women*, London, Croom Helm, 1979
Burrows, R. & Marsh, C. *Consumption and Class: Divisions and Change*, Macmillan, London, 1992
Bush, D. *The Streamlined Decade*, New York, George Braziller, 1975
Bushman, R. L. & Bushman, C. L. 'The Early History of Cleanliness in America', *Journal of American History*, vol. 24, March 1988, pp. 1213-1238
Calkins, C. *A Course in House Planning and Furnishing*, Chicago, Scott Foresman and Company, 1916
Calkins, E. 'Advertising: Builder of Taste', *American Magazine of Art*, 21, Sep. 1930, pp. 497-502
Calkins, E. 'Beauty, the New Business Tool', *The Atlantic Monthly*, 14 Aug. 1927, pp. 145-6.
Callen, A. A. *Angel in the Studio: Women in the Arts and Crafts Movement*, London, Astragal Books, 1979
Campbell, C. *The Romantic Ethic and the Spirit of Modern Consumerism*, London, Basil Blackwell, 1987
Campbell, H. *Household Economics*, New York, G. P. Putnam's and Sons, 1897
Campbell, N. & Seebohm, C. *Elsie de Wolfe: A Decorative Life*, London, Aurum Press, 1992
Carrington, N. *Colour and Pattern in the Home*, London, Batsford, 1954
Chafe, W. H. *The American Woman: Her Changing Social, Economic and*

Political Roles 1920–1970, New York, Oxford University Press, 1972
Chafe, W. H. *The Paradox of Change: American Women in the 20th Century*, New York, Oxford University Press, 1991
Chaney, D. 'The Department Store as a Cultural Form', *Theory Culture and Society*, vol. 1, no. 3, 1983, pp. 22–31
Chapman, D. *The Home and Social Status*, London, Routledge and Kegan Paul, 1955
Cheney, S. & M. *Art and the Machine*, New York, McGraw Hill, 1936
Chodrow, N. *The Reproduction of Mothering; Psychoanalysis and the Sociology of Gender*, California, University of Berkeley, 1978［ナンシー・チョドロウ著，大塚光子・大内菅子訳『母親業の再生産――性差別の心理・社会的基盤』新曜社，1981年］
Church, E. R. *How to Furnish a Home*, New York, D. Appleton and Company, 1883
Clark, A. *Working Life of Women in the 17th Century*, London, Routledge and Kegan Paul, 1982 (1919)
Clark, C. E. Jr. *The American Family Home 1800–1960*, Chapel Hill, University of North Carolina Press, 1986
Collins, P. *Changing Ideals in Modern Architecture 1750–1950*, London, Faber and Faber, 1965
Collins, P. *Radios: The Golden Age*, San Francisco, Chronicle Books, 1987
Cook, C. *The House Beautiful*, New York, Scribner, Armstrong and Company, 1878
Conrads, U. (ed.). *Programmes and Manifestoes on Twentieth-Century Architecture*, London, Lund Humphries, 1970 (1964)
Cornforth, J. *English Interiors 1790–1848: The Quest for Comfort*, London, Barrie and Jenkins Ltd., 1978
Council of Industrial Design, *Design in the Festival*, London, HMSO, 1951
Cowan, R. S. *More Work for Mother: The Ironies of Household Technology from the Open Hearth to the Microwave*, Basic Books, New York, 1983
Cowan, R. S. 'The Industrial Revolution in the Home: Household Technology and Social Change in the 20th Century' in *Technology and Culture*, vol. 17, no. 1, January 1976
Cowan, R. S. 'Two Washes in the Morning and a Bridge Party at Night: the American housewife between the wars', *Women's Studies*, vol. 111, no. 2, 1976
Coward, R. *Female Desire*, London, Paladin, 1984
Creed, B. 'From Here to Modernity— Feminism and Postmodernism',

Screen, vol. 28, no. 2, 1987
Culler, J. *On Deconstruction: Theory and Criticism after Structuralism*, London, Routledge, 1983［ジョナサン・カラー著，富山太佳夫・折島正司訳『ディコンストラクション』岩波書店，1998年］
Csikszentmihalyi, M. & Rochberg-Halton, E. *The Meaning of Things: Domestic Symbols and the Self*, Cambridge, Cambridge University Press, 1981
Davidoff, L. & Hall, C. *Family fortunes: Men and Women of the English Middle Class 1780–1850*, London, Routledge, 1987
Davidoff, L., L'Esperance, J., & Newby, H. 'Landscapes with Figures: Home and Community in English Society', in Oakley, A. & Mitchell, J. (eds.), *The Rights and Wrongs of Women*, London, Penguin, 1976
Davidoff, L. 'The Rationalisation of Housework', in *Dependence and Exploitation in Work and Marriage*, London, Longman, 1976, pp. 121–151
Davidson, C. *A Woman's Work is Never Done: A History of Housework in the British Isles 1650–1950*, London, Chatto and Windus, 1982
De Beauvoir, S. *The Second Sex*, London, Penguin, 1972［ボーヴォワール著，生島遼一訳『第二の性』人文書院，1966年］
Debord, G. *Society of the Spectacle*, Detroit, Black and Red, 1970［ギー・ドゥボール著，木下誠訳『スペクタクルの社会』ちくま学芸文庫，2003年］
Delamont, S. & Duffin, L. (eds.). *The 19th Century Woman: Her Cultural and Physical World*, London, Croom Helm, 1978
Denvir, B. *The Late Victorians: Art, Design and Society 1852–1910*, Essex, Longmans, 1986
De Syllas, J. 'Stramform', *Architectural Association Quarterly*, April, 1969
De Wolfe, E. *The House in Good Taste*, New York, 1913
De Zurko, E. R. *Origins of Functionalist Theory*, New York, Columbia University Press, 1957［エドワード・R・デ・ザーコ著，山本学治・稲葉武司訳『機能主義理論の系譜』鹿島研究所出版会，1972年］
Dittmar, H. 'Gender Identity: relation meanings of personal possessions', *British Journal of Social Psychology*, 28, 1989, pp. 159–171
Dorfles, G. *Kitsch: An Anthology of Bad Taste*, London, Studio Vista, 1973
Douglas, A. *The Feminization of American Culture*, New York, Avon, 1977
Douglas, M. & Isherwood, B. *The World of Goods: Towards an Anthropology of Consumption*, Harmondsworth, Penguin, 1978
Downing, A. J. *The Architecture of Country Houses*, New York, Dover, 1969 (1850)

Dreyfuss, H. *Designing for People*, New York, Viking Press, 1955［ヘンリー・ドレフュス著，勝見勝訳『百万人のデザイン』ダヴィッド社，1959年］
Dudden, F. A. *Serving Women: Household Service in 19th Century America*, Middletown, Conn., Wesleyan University Press, 1983
Duncan, H. D. *Culture and Democracy: The Struggle for Form in Society and Architecture in Chicago and the Middle West during the Life and Times of Louis Sullivan*, New York, Bedminster Press, 1966
Eastlake, C. *Hints on Household Taste in Furniture, Upholstery and Other Details*, London, Longmans, Green and Co., 1872 (1868)
Ecker, G. (ed.). *Feminist Aesthetics*, London, Women's Press, 1985
Edis, R. W. *Decoration and Furniture of Townhouses*, 1881
Ehrenreich, B. & English, D. *For Her Own Good, 150 years of advice to women*, New York, Garden City, Doubleday, 1978
Elinor, G. *Women and Craft*, London, Virago, 1987
Evans, C. & Thornton, M. *Women and Fashion*, London, Quartet, 1989
Ewen, S. *All Consuming Images: The Politics of Style in Contemporary Culture*, New York, Basic Books, 1988［スチュアート・ユーウェン著，平野秀秋・中江桂子訳『浪費の政治学――商品としてのスタイル』晶文社，1990年］
Ewen, S. *Captains of Consciousness: Advertising and the Social Roots of Consumer Culture*, New York, McGraw Hill, 1977
Ewen, E. & Ewen, S. *Channels of Desire: Mass Images and the Shaping of the American Consciousness*, New York/London, McGraw Hill, 1982［スチュアート・ユーウェン，エリザベス・ユーウェン著，小沢瑞穂訳『欲望と消費――トレンドはいかに形づくられるか』晶文社，1988年］
Falk, P. *The Consuming Body*, London, Sage, 1994
Fales, W. *What's New in Home Decorating ?*, New York, Dodd, Mead and Co., 1936
Faulkner, W. & Arnold, E. (eds.). *Smothered by Invention*, London, Pluto Press, 1985
Faunthorpe, Rev. J. P. (ed.). *Household Science: Readings in Necessary Knowledge for Girls and Young Women*, London, Edward Stanford, 1895 (1879)
Featherstone, M. *Consumer Culture and Postmodernism*, London, Sage Publications, 1983［M. フェザーストン著，川崎賢一・小川葉子編著訳，池田緑訳『消費文化とポストモダニズム』恒星社厚生閣，2003年］
Featherstone, M. 'The Body in Consumer Culture', *Theory, Culture and*

Society, vol. 1, no. 2, pp. 18-33
Felski, R. *Beyond Feminist Aesthetics: Feminist Literature and Social Change*, Cambridge, Mass. Harvard University Press, 1989
Ferguson, M. *Forever Feminine: Women's magazines and the Cult of Femininity*, London, Heinemann, 1983
Ferry, J. W. *A History of the Department Store*, New York, Macmillan, 1960
Finch, J. & Sommerfield, P. 'Social reconstruction and the emergence of companionate marriage 1945-1959' in Clark, D. (ed.), *Marriage, Social Change and Domestic Life: Essays in Honour of Jackie Burgoyne*, London, Routledge, 1991
Fine, B. & Leopold, E. *The World of Consumption*, London and New York, Routledge, 1993
Fraser, R. (ed.). *Work: twenty personal accounts*, Penguin, Harmondsworth, 1968
Flax, J. 'Postmodernism and Gender Relations in Feminist Theory', *Signs*, vol. 12, no. 4, Summer 1987
Flax, J. *Thinking Fragments: Psychoanalysis, Feminism, and Postmodernism in the Contemporary West*, Berkeley, California, University of California Press, 1990
Forty, A. *Objects of Desire: Design and Society 1750-1980*, London, Thames and Hudson, 1986［アドリアン・フォーティ著，高島平吾訳『欲望のオブジェ――デザインと社会　1750-1980』鹿島出版会，1992年］
Foster, H. *Postmodern Culture*, London, Pluto Press, 1990 (1983)
Frampton, K. *Modern Architecture: A Critical History*, London, Thames and Hudson, 1980［ケネス・フランプトン著，中村敏男訳『現代建築史』青土社，2003年　(1992年に出た第３版改訂版の全訳)］
Fraser, N. & Nicholson, L. 'Social Criticism without Philosophy: An Encounter between Feminism and Postmodernism', *Theory, Culture and Society*, vol. 5, nos. 2-3, 1988, pp. 380-391
Frederick, C. *Selling Mrs Consumer*, New York, The Business Bourse, 1929
Frederick, C. *Household Engineering and Scientific Management in the Home*, Chicago, American School of Home Economics, 1919
Frederick, C. *The New Housekeeping: Efficiency Studies in Home Management*, New York, Garden City, Doubleday Page, 1913
Friedan, B. *The Feminine Mystique*, Harmondsworth, Penguin, 1992 (1963)［ベティ・フリーダン著，三浦冨美子訳『新しい女性の創造』大和書房，1986年］
Frisby, D. *Fragments of Modernity: theories of modernity in the work of*

Simmel, Kracauer and Benjamin, Cambridge, Polity, 1985
Gablik, S. *Has Modernism Failed ?*, London, Thames and Hudson, 1984
Galbraith, K. *The Affluent Society*, Harmondsworth, Penguin, 1958［ガルブレイス著，鈴木哲太郎訳『ゆたかな社会』岩波書店，1990年］
Gamman, L. & Marshment, M. (eds.). *The Female Gaze: Women as Watchers of Popular Culture*, London, Women's Press, 1988
Gans, H. *Popular Culture and High Culture: An analysis and evaluation of taste*, New York, Basic Books, 1974
Gardner, C. & Sheppard, J. *Consuming Passions: The Rise of Retail Culture*, London, Unwin Hyman Ltd., 1989
Garrett, A. & R. *Suggestions for House Decoration in Painting, Woodwork and Furniture*, London, Macmillan and Co., 1876
Gartman, D. *Auto Opium: A Social History of American Automobile Design*, London and New York, Routledge, 1994
Gasset, O. Y. *The Revolt of the Masses*, London, Allen and Unwin, 1961 (1931)
Gebhard, D. 'The Moderne in the US 1920-41', *Architectural Association Quarterly*, 2 July, 1970
Geertz, C. 'Art as a Cultural System' in *The Interpretation of Cultures*, New York, Basic Books, 1973［C. ギアーツ著，吉田禎吾訳『文化の解釈学』岩波書店，1987年］
Gere, C. *19th Century Decoration: The Art of the Interior*, London, Weidenfeld and Nicholson, 1989
Giedion, S. *Mechanization Takes Command*, New York, Norton, 1949［S. ギーディオン著，榮久庵祥二訳『機械化の文化史——ものいわぬものの歴史』鹿島出版会，1977年］
Gilbreth, L. M. 'Efficiency Methods applied to the Kitchen', *Architectural Record*, vol. 67, March 1930, pp. 291-294
Gilbreth, L. M. *The Home-Maker and Her Job*, New York, D. Appleton, 1927
Gilligan, C. *In a Different Voice: Psychological Theory and Women's Development*, Cambridge, Mass., Harvard University Press, 1982［キャロル・ギリガン著，生田久美子・並木美智子共訳『もうひとつの声——男女の道徳観のちがいと女性のアイデンティティ』川島書店，1986年］
Girouard, M. *The Victorian Country House*, Oxford, Oxford University Press, 1971
Gloag, J. *Victorian Taste*, Devon, David and Charles, 1962
Gloag, J. *Victorian Comfort: A Social History of Design from 1830-1900*,

London, Adam and Charles Black, 1961
Goffman, E. *Gender Advertisements*, London, Macmillan, 1976
Good Housekeeping Institute. *The Book of Good Housekeeping*, London, Gramol Publications Ltd., 1946 (1944)
Good Housekeeping Institute. *The Happy Home*, London, Rainbird Mclean Ltd., 1950s
Goodal, P. 'Design and Gender', *Block*, vol. 9, London, Middlesex Polytechnic, 1983
Green, H. *The Light of the Home: An Intimate View of the Lives of Women in Victorian America*, New York, Pantheon Books, 1983
Greenhalgh, P. *Ephemeral Vistas: The Expositions Universelles, Great Exhibitions, and World's Fairs 1851-1939*, Manchester, Manchester University Press, 1988
Greenhalgh, P. (ed.). *Modernism in Design*, London, Reaktion Books, 1990 [ポール・グリーンハルジュ編，中山修一（ほか）訳『デザインのモダニズム』鹿島出版会，1997年]
Greenhough, H. *Forms and Function: Remarks on Art, Design and Architecture*, Los Angels, University of California Press, 1969
Grief, M. *Depression Modern— the '30s Style in America*, New York, Universe Books, 1975
Grier, K. C. *Culture and Comfort: People, Parlors and Upholstery 1850-1930*, New York, The Strong Museum, 1988
Gries, J.M. & Ford, J. (eds.). *Household Management and Kitchens*, Washington DC, National Capital Press Inc., 1932
Gries, J.M. & Ford, J. (eds.). *Homemaking, Home Furnishing and Information Services*, Washington DC, National Capital Press Inc., 1932
Gropius, W. *The New Architecture and the Bauhaus*, London, Faber and Faber, 1968
Haber, S. *Efficiency and Uplift: Scientific Management in the Progressive Era 1890-1920*, Chicago, University of Chicago Press, 1964 [サミュエル・ヘーバー著，小林康助・今川仁視訳『科学的管理の生成と発展』広文社，1983年]
Hall, C. 'Married Women at Home in Birmingham in the '20s and '30s', *Oral History Society Journal*, vol. 5, no. 2, Autumn 1977, pp. 62-83
Hall, C. 'Strains in the "firm of Wife, Children and Friends"? Middle-class women and employment in early 19th century England' in Hudson, P. & Lee, W. R. *Women's Work and the Family Economy in Historical Perspective*, Manchester, Manchester University Press, 1990

Hall, C. 'The History of the Housewife' in Malos, E. (ed.). *The Politics of Housework*, London, New York, Allison and Busby, 1982

Hall, C. *White and Middle-Class: explorations in feminism and history*, Oxford, Oxford University press, 1992

Haltenen, K. 'From Parlor to Living Room: Domestic Space, Interior Decoration, and the Culture of Personality' in Bronner, S. J. (ed.). *Consuming Visions: Accumulation and Display in America 1880-1920*, New York/London, W. W. Norton and Co., 1989

Haltunen, K. *Confidence Men and Painter Women: A Study of Middle-Class Culture in America 1830-1870*, New Haven, Yale University Press, 1982

Hamish, Fraser, W. *The Coming of the Mass Market 1850-1914*, London, Macmillan, 1981［W. ハミッシュ・フレーザー著，徳島達朗・友松憲彦・原田政美訳『イギリス大衆消費市場の到来――1850-1914年』梓出版社, 1993年］

Hansen, J. & Reed, A. *Cosmetics, Fashion and the Exploitation of Women*, New York, Pathfinder Press, 1986

Harris, N. 'Museums, Merchandising and Popular Taste: The Struggle for Influence' in Quimby, A. M., *Material Culture and the Study of Every-day Life*, New York, W. W. Norton and Co., 1978

Harris, N. 'The Drama of Consumer Desire' in *Cultural Excursions: Marketing Appetites and Cultural Tastes in Modern America*, Chicago, University of Chicago Press, 1990

Harrison, H. A. (ed.). *Dawn of a New Day: the New York World's Fair 1939/40*, New York, New York University Press, 1981

Hartman, S. M. *The Home Front and Beyond: American Women in the 1940s*, Boston, Twaune, 1982

Harvey, B. *The Fifties: an Oral History*, New York, HarperCollins, 1993

Harvey, D. *The Condition of Postmodernity*, Oxford, Basil Blackwell, 1989［デヴィッド・ハーヴェイ著，吉原直樹監訳『ポストモダニティの条件』青木書店，1999年］

Haweis, Mrs. M. E. *The Art of Decoration*, London, Chatto and Windus, 1889

Hayden, D. *Redesigning the American Dream: The Future of Housing, Work and Family*, New York, W. W. Norton, 1984［ドロレス・ハイデン著，野口美智子（ほか）訳『アメリカン・ドリームの再構築――住宅，仕事，家庭生活の未来』勁草書房，1991年］

Hayden, D. *The Grand Domestic Revolution: A History of Feminist Designs*

for American Homes, Neighbourhoods and Cities, Cambridge, Mass., MIT Press, 1981［ドロレス・ハイデン著，野口美智子（ほか）訳『家事大革命――アメリカの住宅，近隣，都市におけるフェミニスト・デザイン』勁草書房，1985年］

Haug, W. F. *Critique of Commodity Aesthetics*, Cambridge, Polity Press, 1986

Hebdige, D. *Hiding in the Light: on images and things*, London/New York, Routledge, 1988

Hebdige, D. *Subculture: The Meaning of Style*, London, Methuen, 1979［ディック・ヘブディジ著，山口淑子訳『サブカルチャー――スタイルの意味するもの』未來社，1986年］

Hein, H. & Korsmeyer, C. (eds.). *Aesthetics in Feminist Perspective*, Bloomington and Indianapolis, Indiana University Press, 1993

Henderson, K. (ed.). *The Great Divide: The Sexual Division of Labour, or 'Is It Art ?'*, Milton Keynes, Open University, 1979

Heskett, J. *Design in Germany 1870-1918*, London, Trefoil, 1986

Hill, G. *Women in English Life*, London, Richard Bentley and Son, 1896

Hine, T. *Populuxe*, New York, Alfred A. Knopf, 1986

Hoggart, R. *The Uses of Literacy*, Harmondsworth, Penguin, 1958［リチャード・ホガート著，香内三郎訳『読み書き能力の効用』晶文社，1986年］

Hoke, D. *Ingenious Yankees*, New York, Columbia University Press, 1990

Hole, C. *English Home Life 1500-1800*, London, Barsford, 1947

Holt, J. M. *Housecraft Science*, London, G. Bell and Sons Ltd., 1953

Horowitz, D. *The Morality of Spending: Attitudes towards the Consumer Society in America 1875-1940*, Baltimore, John Hopkins University Press, 1985

Houghton, W. E. *The Victorian Frame of Mind 1830-1900*, New York, Yale University Press, 1957

Hounshell, D. *From the American System to Mass Production 1800-1932: The Development of Manufacturing Technology in the U.S.*, Baltimore, and London, John Hopkins University Press, 1982［デーヴィッド・A・ハウンシェル著，和田一夫・金井光太朗・藤原道夫訳『アメリカン・システムから大量生産へ――1800-1932』名古屋大学出版会，1998年］

Hollander, A. *Seeing Through Clothes*, New York, Viking Press, 1978

Hower, J. *History of Macy's of New York 1858-1919*, Cambridge, Mass., Harvard University Press, 1943

Hudson, P. & Lee, W. R. (eds.). *Women's Work and the Family Economy in Historical Perspective*, Manchester, Manchester University Press, 1990

Hunter, G. L. *Home Furnishing*, New York, John Lane Company, 1913
Hutcheon, L. *The Politics of Postmodernism*, London/New York, Routledge, 1989［リンダ・ハッチオン著，川口喬一訳『ポストモダニズムの政治学』法政大学出版局，1991年］
Huyssen, A. *After the Great Divide: Modernism, Mass Culture and Postmodernism*, London, Macmillan, 1986
Jackson Lears, T. J. *No Place of Grace: Antimodernism and the Transformation of American Culture 1880-1920*, New York, Pantheon Books, 1981
Jamieson, F. 'Postmodernism, or the Logic of Late Capitalism', *New Left Review*, vol. 146, 1984, pp. 53-92
Jeffreys, J. B. *Retail Trading in Britain 1850-1950*, Cambridge, Cambridge University Press, 1954
Jencks, C. *Modern Movements in Architecture*, Harmondsworth, Penguin, 1973［チャールズ・ジェンクス著，黒川紀章訳『現代建築講義』彰国社，1976年］
Jervis, S. *High Victorian Design*, Woodbridge, Suffolk, Boydell, 1983
Katz, S. *Plastics: Design and Materials*, London, Studio Vista, 1978
Katzman, D. M. *Seven Days a Week: Women and Domestic Service in Industrializing America*, Chicago, University of Illinois Press, 1981
Kaufmann, Jr. E. *Introduction to Modern Design*, New York, Museum of Modern Art, 1969 (1950)
Keats, J. *The Insolent Chariots*, New York, Lippincott, 1958
Kellner, D. 'Critical Theory, Commodities and the Consumer Society', *Theory, Culture and Society*, vol. 1, no. 3, pp. 66-83
Kerr, R. *The Gentleman's House*, London, J. Murray, 1864
Kiesler, F. *Contemporary Art as applied to the Store and its Display*, London, Sir Isaac Pitman and Sons Ltd., 1930
Kouwenhoven, J. A. *Made in America: The Arts in Modern Civilisation*, New York, Doubleday, 1949
Kramarae, C. (ed.). *Technology and Women's Voices: Keeping in Touch*, London/New York, Routledge, 1988
Kuhn, A. *Women's Pictures: Feminism and Cinema*, London, Routledge, 1982
Laermans, R. 'Learning to Consume: Early Department Stores and the Shaping of the Modern Consumer Culture (1860-1914)', *Theory, Culture and Society*, vol. 10, no. 4, November 1993, pp. 79-102
Lake, F. (ed.). *Daily Mail Ideal Home Yearbook*, London, Daily Mail, 1948/9;

1949/50; 1950/51; 1952/3; 1953/4; 1957
Landes, J. *Women and the Public Sphere: A Study in the Representation of Gender Relations 1750-1850*, Indiana University Press, 1986
Lasch, C. *The Culture of Narcissism: American life in an Age of Diminishing Expectations*, New York, W. W. Norton, 1978［クリストファー・ラッシュ著，石川弘義訳『ナルシシズムの時代』ナツメ社，1981年］
Leach, W. R. 'Transformations in a Culture of Consumption: Women and Department Stores 1890-1912', *Journal of American History*, 71, September 1984, pp. 319-342
Le Corbusier. *The Decorative Art of Today*, Cambridge, Mass., MIT Press, 1987［ル・コルビュジエ著，前川国男訳『今日の装飾芸術』鹿島出版会，1966年］
Le Corbusier. *Towards a New Architecture*, London, The Architectural Press, 1974［ル・コルビュジエ著，吉阪隆正訳『建築をめざして』鹿島出版会，1967年］
Lee, M. J. *Consumer Culture Reborn: the cultural politics of consumption*, London and New York, Routledge, 1993
Levine, D. N. (ed.). *George Simmel on Individuality and Social Forms: Selected Writings*, Chicago, University of Chicago Press, 1971
Lewis, J. *Labour and Love: Women's Experience of Home and Family 1880-1940*, Oxford, Basil Blackwell, 1986
Lewis, J. *Women in Britain Since 1945: Women, Family Work and the State in the Post-war Years*, Oxford, Blackwell, 1992
Lewis, J. *Women in England 1870-1950: Sexual Divisions and Social Change*, Brighton, Wheatsheaf, 1984
Lifshey, E. *The Housewares Story*, Chicago, National Housewares Manufacturers Association, 1973
Light, A. *Forever England: femininity, literature and conservatism between the wars*, London/New York, Routledge, 1991
Ling, P. J. *America and the Automobile: technology, reform and social change 1893-1923*, Manchester, Manchester University Press, 1990
Lloyd Jones, P. *Taste Today: The Role of Appreciation in Consumerism and Design*, Oxford, Pergamon Press, 1991
Loewy, R. *Never Leave Well Enough Alone*, New York, Simon and Schuster, 1951［レイモンド・ローウィ著，藤山愛一郎訳『口紅から機関車まで——インダストリアル・デザイナーの個人的記録』鹿島出版会，1981年］
Loos, A. *Spoken into the Void: Collected Essays 1897-1900*, Cambridge, Mass., MIT Press, 1982

Lundberg, F. & Farnham, M. *Modern Women: The Lost Sex*, New York, Harper and Brothers, 1947

Lunt, P. & Livingstone, S. M. *Mass Consumption and Personal Identity: Everyday Economic Experience*, Buckingham and Philadelphia, Open University Press, 1992

Lupton, E. & Abbot Miller, J. *The Bathroom, the Kitchen and the Aesthetics of Waste: A Process of Elimination*, Cambridge, Mass., MIT List Visual Arts Center, 1992

Lynd, R. & H. *Middletown: A Study in Contemporary American Culture*, New York, Harcourt, Brace and World, 1929 [R.S. リンド, H.M. リンド著, 中村八朗訳『ミドゥルタウン』青木書店, 1990年]

Lynde, C. J. *Physics of the Household*, New York, Macmillan, 1914

Lynes, R. *Good Old Modern: an Intimate Portrait of the Museum of Modern Art*, New York, Atheneum, 1973

Lynes, R. *The Tastemakers: The Shaping of American Popular Taste*, New York, Dover, 1980

McAuley, F. 'The Science of Consumption', *Journal of Home Economics*, vol. xii, no. 7, July 1920

McBride, T. M. 'A Woman's World: Department Stores and the Evolution of Women's Employment 1870-1970', *French Historical Studies*, vol. 10, no. 4, 1978

McBride, T. *The Domestic Revolution: the Modernisation of Household Service in England and France, 1820-1920*, London, Croom Helm, 1976

McCarthy, K. *Women's Culture: American Philanthropy and Art 1830-1930*, Chicago, University of Chicago Press, 1991

McClaugherty. 'Household Art: Creating the Artistic home 1868-1893', *Wintherthur Portfolio*, 18 (1983), pp. 1-26

McCracken, G. *Culture and Consumption: New Approaches to the Symbolic Character of Consumer Goods*, Bloomington and Indianapolis, Indiana University Press, 1988 [G. マクラッケン著, 小池和子訳『文化と消費とシンボルと』勁草書房, 1990年]

MacDonald, D. *Against the American Grain*, London, Victor Gollanz, 1963

McRobbie, A. & Nava, M. (eds.). *Gender and Generation*, London, Macmillan, 1984

Malos, E. *The Politics of Housework*, London/New York, Allison and Busby, 1980

Manzini, E. *The Material of Invention*, Milan, Arcadia, 1986

Marcuse, H. *One Dimensional Man; Studies in the Ideology of Advanced Industrial Society*, Boston, Beacon Press, 1964［ヘルベルト・マルクーゼ著，生松敬三・三沢謙一訳，『一次元的人間——先進産業社会おけるイデオロギーの研究』，河出書房新社，1984年］

Marcuse, H. *Eros and Civilization*, Boston, Beacon Press, 1964［ハーバート・マルクーゼ著，南博訳『エロス的文明』紀伊国屋書店，1958年］

Marrey, B. *Les Grands Magasins des origins ã 1939*, Paris, Picard, 1979

Marchand, R. *Advertising the American Dream: Making Way for Modernity 1920-1940*, Berkeley, University of California Press, 1985

Marcus, L. S. *The American Store Window*, New York/London, Whitney Library of Design, 1978

Matthews, G. *'Just a Housewife': The Rise and Fall of Domesticity in America*, New York/Oxford, Oxford University Press, 1987

May, L (ed.). *Recasting America: Culture and Politics in the Age of the Cold War*, Chicago, Chicago University Press, 1989

Mayr, O. & Post, R. C. (eds.). *Yankee Enterprise: The Rise of the American System of Manufactures*, Washington, Smithsonian Institution Press, 1981［オットー・マイヤー，ロバート・C・ポスト編，小林達也訳『大量生産の社会史』東洋経済新報社，1984年］

Meikle, J. *Twentieth-Century Limited: Industrial Design in America 1925-1939*, Philadelphia, Temple University Press, 1979

Mendus, S. & Rendall, J. (eds.). *Sexuality and Subordination: Interdisciplinary Studies in Gender in the 19th Century*, London, Routledge, 1989

Merivale, M. *Furnishing the Small House*, London, The Studio Publications, 1938

Miller, D. *Material Culture and Mass Consumption*, Basil Blackwell, Oxford, 1987

Miller, M. B. *The Bon Marche: Bourgeois Culture and the Department Store 1869-1920*, New Jersey, Princeton University Press, 1981

Millet, K. *Sexual Politics*, London, Virago, 1977 (1971)

Mills, S. (ed.). *Gendering the Reader*, Hemel Hempstead, Harvester Wheatsheaf, 1994

Mitarachi, J. F. 'Harley Earl and his Product: the styling section', *Industrial Design*, New York, October 1995

Moles, A. *Psychologie du kitsch: L'art du bonheur*, Paris, Mame, 1971［アブラハム・モル著，万沢正美訳『キッチュの心理学』法政大学出版局，1986年］

Morris, B. *Victorian Table Glass and Ornaments*, London, Barrie and

Jenkins, 1978
Mulvey, L. 'Visual Pleasure and Narrative Cinema', *Screen*, vol. 16, no. 3, Autumn 1975, pp. 6-18
Mulvey, L. *Visual and other Pleasures*, London, Macmillan, 1987
Mukerji, C. *From Graven Images: Patterns of Modern Materialism*, New York, New Columbia University Press, 1983
Muthesius, H. *Das Englische Haus*, Berlin, E. Wasmuth, 1904
Myers, K. *Understains: The Sense and Seduction of Advertising*, London, Comedia, 1986
National Magazine Company Ltd. *Good Housekeeping's Setting Up Home*, London, Ebury Press, 1963
Nava, M. *Changing Tastes: Feminism, Youth and Consumerism*, London, Sage Publications, 1992
Nava, M. 'Consumerism and its Contradictions', *Cultural Studies*, vol. 1, no. 2, pp. 204-10
Naylor, G. *The Bauhaus Re-assessed: Sources and Design Theory*, London, Herbert Press, 1985
Nead, L. *Myths of Sexuality: Representations of Women in Victorian Britain*, Oxford, Blackwell, 1988
Nearing, N. M. S. 'Four Great Things a Woman Does to a Home that makes her the Greatest Power in America Today', *Ladies Home Journal*, New York, 29, May 1912
Neff, W. F. *Working Women*, London, George Allen and Unwin, 1926
Nelson, G. & Wright, H. *Tomorrow's House*, New York, Simon and Schuster, 1945
Nevins, A. & Hill, F. *Ford, Expansion and Challenge 1915-1935*, New York, Charles Scribners and Sons, 1957
Newson, J. *Education of Girls*, London, Faber and Faber,1948
Newton, C. & Putman, T. *Household Choices*, London, Futures Publications, 1990
Nicholson, L. (ed.). *Feminism/Postmodernism*, London, Routledge, 1990
Nicholson, S. *A Victorian Household*, Gloucestershire, Alan Sutton Publishing Ltd., 1994
Oakley, A. *Housewife*, London, Allen Lane, 1974
Oakley, A. *Woman's Work: The Housewife, Past and Present*, New York, Pantheon, 1974
Ogden, A. *The Great American Housewife: From Helpmate to Wage Earner 1776-1986*, Westport, Connecticut, Greenwood Press, 1986

Ortner, S. & Whitehead, H. *Sexual Meanings: The Cultural Construction of Gender and Sexuality*, Cambridge, Cambridge University Press, 1993 (1981)

Packard, V. *The Hidden Persuaders*, Harmondsworth, Penguin, 1957ar [V. パッカード著，林周二訳『かくれた説得者』ダイヤモンド社，1970年]

Packard, V. *The Status Seekers*, Harmondsworth, Penguin, 1963 (1959) [V. パッカード著，野田一夫・小林薫訳『地位を求める人々』ダイヤモンド社，1960年]

Packard, V. *The Waste-Makers*, London, Longmans, 1961 (1960) [V. パッカード著，南博・石川弘義訳『浪費をつくり出す人々』ダイヤモンド社，1967年]

Palmer, P. *Domesticity and Dirt: Housewives and Domestic Servants in the USA 1920-1945*, Philadelphia, Temple University Press, 1984

Parker, R. *The Subversive Stitch: Embroidery and the Making of the Feminine*, London, Women's Press, 1984

Parker, R. & Pollock, G. *Old Mistresses: Women, Art and Ideology*, London, Routledge, 1981 [ロジカ・パーカー，グリゼルダ・ポロック著，萩原弘子訳『女・アート・イデオロギー――フェミニストが読みなおす芸術表現の歴史』新水社，1992年]

Partington, A. *Consumption Practices as the Production and Articulation of Differences: Re-thinking Working-class Femininity and Consumer Culture in 1950s Britain*, unpublished PhD thesis, Dept. of Cultural Studies, University of Birmingham, 1990

Pasdermadjian, H. *The Department Store: Its Origins, Evolution and Economics*, London, Newman, 1954

Pattison, M. *The Business of Home Management*, New York, 1915

Pearce, W. J. *Painting and Decorating*, London, Chas Griffin and Co., 1932

Peel, Mrs. *The Labour-Saving Home*, London, John Lane Bodley Head, 1917

Pevsner, N. *High Victorian Design: a Study of the Exhibits of 1851*, London, Architectural Press, 1951

Pitkin, W. B. *The Consumer: His Nature and his Changing Habits*, New York and London, McGraw Hill, 1932

Plummer, K. S. 'The Streamlined Moderne', *Art in America*, Jan/Feb, 1974

Pollock, G. 'Modernity and the Spaces of Femininity' in Pollock, G. *Vision and Difference: Femininity, Feminism and Histories of Art*, London, Routledge, 1988 [グリゼルダ・ポロック著，萩原弘子訳『視線と差異――フェミニズムで読む美術史』新水社，1998年]

Poovey, M. 'Feminism and Deconstruction', *Feminist Studies*, vol. 14, no. 1,

Spring 1988
Poovey, M. *Uneven Developments: The Ideological Work of Gender in Mid-Victorian England*, University of Chicago Press, Chicago, 1988
Porter Benson, S. *Counter Culture: Saleswomen Managers and Customers in American Department Stores 1890-1940*, Urbana Chicago, University of Illinois Press, 1986
Porter Benson, S. 'Palace of Consumption and Machine for Selling: The American Department Store 1880-1940', *Radical History Review*, 21 Fall, 1979, pp. 199-224
Post, R. C. (ed.). *1876— a Centennial Exhibition*, Washington, Smithsonian Institution, 1976
Pribham, D. (ed.). *Female Spectators: Looking at Film and Television*, London, Verso, 1988
Proun, J. D. 'Mind in Matter: An Introduction to Material Culture Theory and Method', *Wintherthur Portfolio*, 17 Spring, 1982
Pugin, A. W. *The True Principles of Pointed or Christian Architecture*, London, John Weale, 1841
Pulos, A. *The American Design Adventure 1940-1975*, Cambridge, Mass., The MIT Press, 1988［A.J. プーロス著，永田喬訳『現代アメリカ・デザイン史——スプーンからジェット機まで 1940-1975』岩崎美術社, 1991年］
Pulos, A. *The American Design Ethic*, Cambridge, Mass., The MIT Press, 1983
Radway, J. *Reading the Romance: Women, Patriarchy and Popular Literature*, London, Verso, 1987 (1984)
Rainwater, L., Coleman, R. P. & Handel, G. *Workingman's Wife: Her Personality, World, and Lifestyle*, New York, Oceana Publications, 1959
Redgrave, R. *Manual of Design*, London, Chapman and Hall, 1876
Rees, B. *The Victorian Lady*, London, Gordon and Cremonesi, 1977
Richards, C. R. *Art in Industry*, New York, Macmillan, 1922
Richards, E. 'Housekeeping in the 20th Century', *American Kitchen Magazine*, vol. xii, no. 6, March 1990
Richards, J. M. *The Castles on the Ground: The Anatomy of Suburbia*, London, J. Murray, 1973
Richards, T. *The Commodity Culture of Victorian England: Advertising and Spectacle 1851-1914*, London/New York, Verso, 1990
Rieff, P. *The Triumph of the Therapeutic: uses of Faith after Freud*, New York, Harper and Row, 1966
Riesman, D. *The Lonely Crowd: A Study of the Changing American*

Character, New Haven and London, Yale University Press, rev. ed., 1970［リースマン著，加藤秀俊訳『孤独な群衆』みすず書房，1964年（初版訳)］
Roberts, E. *A Woman's Place: An Oral History of Working-class Women 1890-1940*, Oxford, Basil Blackwell, 1984
Rosenberg, B. & White, D. M. (eds.). *Mass Culture: The Popular Arts in America*, Glencoe III, The Free Press, 1957
Rowbotham, S. *Woman's Consciousness, Man's World*, Harmondsworth, Penguin, 1973［シーラ・ローバトム著，三宅義子訳『女の意識・男の世界』ドメス出版，1977年］
Rowe, P. G. *Making a Middle Landscape*, Cambridge Mass., MIT Press, 1991
Ruskin, J. *The Seven Lamps of Architecture*, New York, Lovell Coryell and Co., 1900［ジョン・ラスキン著，杉山真紀子訳『建築の七燈』鹿島出版会，1997年］
Ruskin, J. *The Stones of Venice*, New York, Lovell Coryell and Co., (1951-3)［ジョン・ラスキン著，福田晴虔訳『ヴェネツィアの石』中央公論美術出版，1994-1996年］
Ryan, M. 'The Empire of the Mother: American Writing about Domesticity 1830-1860', *Women and History*, vol. 2, no. 3, 1982
Ryan, M. *Womanhood in America: From Colonial Times to the Present*, New York, New Viewpoints, 1975
Saisselin, R. *Bricabracomania: The Bourgeois and the Bibelot*, London, Thames and Hudson, 1985
Schaefer, H. *Nineteenth-Century Modern: The Functional Tradition in Victorian Design*, London, Studio Vista, 1970
Scharf, L. *To Work and to Wed: Female Employment, Feminism and the Great Depression*, Westport, Greenwood, 1980
Schowalter, E. *A Literature of Their Own: British women novelists from Bronte to Lessing*, London, Virago, 1982［E. ショウォールター著，川本静子ほか訳『女性自身の文学――ブロンテからレッシングまで』みすず書房，1993年］
Scourse, N. *The Victorians and their Flowers*, London, Croom Helm, 1983
Seddon, J. & Worden, S. *Women Designing: Redefining Design in Britain Between the Wars*, Brighton, University of Brighton, 1991
Sennett, R. *The Fall of Public Man*, New York, Knopf, 1976［リチャード・セネット著，北山克彦・高階悟訳『公共性の喪失』晶文社，1991年］
Sennett, R. *The Conscience of the Eye: The Design and Social Life of Cities*, London, Faber and Faber, 1990

Sheldon, R. & Arens, E. *Consumer Engineering: A New Technique for Prosperity*, New York, Harper, 1932

Shields, R. (ed.). *Lifestyle Shopping: The Subject of Consumption*, London and New York, Routledge, 1992

Silverman, D. L. *Art Nouveau in Fin-de-Siecle France: Politics, Psychology and Style*, Los Angeles, University of California Press, 1989［デボラ・シルヴァーマン著，天野知香・松岡新一郎訳『アール・ヌーヴォー——フランス世紀末と「装飾芸術」の思想』青土社，1999年］

Sklar, K. K. *Catherine Beecher: A Study in American Domesticity*, New Haven, Conn., Yale University Press, 1973

Smith, D. 'Femininity as Discourse' in Roman, L., Christian-Smith, E., & Ellsworth, K. (eds.), *Becoming Feminine: The Politics of Popular Culture*, London and New York, Falmer, 1988, pp. 37-59

Smith, T. *Making the Modern: Industry, Art and Design in the US*, Chicago, University of Chicago Press, 1993

Sparke, P. (ed.). *Did Britain Make It ?: British Design in Context 1946-1986*, London, Design Council, 1986

Sparke, P. *Electrical Appliances*, London, Unwin Hyman, 1987

Sparke, P. 'From a Lipstick to a Streamship: The Growth of the American Industrial Design Profession' in Bishop, T. (ed.), *Design History: Fad or Function ?*, London, Design Council, 1978

Sparke, P. (ed.). *The Plastic Age: From Modernity to Post-Modernity*, London, Victoria and Albert Museum, 1990

Steedman, C. *Landscape for a Good Woman: A Story of Two Lives*, London, Virago, 1986

Steele, V. *Fashion and Eroticism: Ideals of Feminine Beauty from the Victorian Era to the Jazz Age*, Oxford, Oxford University Press, 1983

Steegman, J. *Victorian Taste: A Study of the Arts and Architecture 1830-1870*, London, Nelson, 1970

Stowe, H. B. *Pink and White Tyranny*, Boston, Roberts Brothers, 1871

Strasser, S. *Never Done: A History of American Housework*, New York, Pantheon Books, 1982

Strasser, S. *Satisfaction Guaranteed: The Making of the American Mass Market*, New York, Pantheon, 1989

Talbot, M. & Breckenridge, S. *The Modern Household*, Boston, Whitcomb and Barrows, 1912

Teague. W. D. *Design This Day: The Technique of Order in the Machine Age*, London, The Studio Publications, 1946

Tedlow, R. S. *New and Improved: The Story of Mass Marketing in America*, New York, Basic Books, 1990［R.S. テドロー著，近藤文男監訳『マス・マーケティング史』ミネルヴァ書房，1993年］

Terrill, B. M. *Household Mangement*, Chicago, Wesleyan University Press, 1983

Thackera, J. *Design after Modernism: Beyond the Object*, London, Thames and Hudson, 1988

The Home of Today: Its Choice, Planning, Equipment and Organisation, London Daily Express Publications, 1935

The National Magazine Company Ltd. *Good Housekeeping's Home Encyclopaedia*, London, 1951

Thompson, D. (ed.). *Discrimination and Popular Culture*, Harmondsworth, Penguin, 1964

Tilly, L. & Scott, J. *Women, Work and Family*, London and New York, Routledge, 1978

Tomlinson, A. *Consumption, Identity and Style: Marketing Meanings and The Packaging of Pleasure*, London, Comedia, 1990

Troy, N. *Modernism and the Decorative Arts in France: Art Nouveau to le Corbusier*, New Haven, Yale University Press, 1991

Troy, N. *The De Stijl Environment*, Cambridge, Mass., The MIT Press, 1983

Tuchaman, G., Daniels, M. K. & Benet, J. (eds.). *Hearth and Home: Images of Women in the Mass Media*, New York, Oxford University Press, 1978

Turner, B. S. (ed.). *Theories of Modernity and Postmodernity*, London, Sage Publications, 1993 (1990)

Van Doren, H. *Industrial Design: A Practical Guide*, New York, McGraw Hill, 1940

Van Doren, H. 'Streamlining: Fad or Function?', *Design*, October 1949

Vanek, J. *Keeping Busy: Time spent in Housework in the US 1920-1970*, unpublished PhD thesis, University of Michigan, 1973

Vanek, J. 'Time Spent in Housework', *Scientific American*, November 1974, pp. 116-120

Vant, S. *Simple Furniture-Making*, London/New York, Frederick Warne and Co. Ltd., 1929

Veblen, T. *The Theory of the Leisure Class*, London, Unwin Books, 1970 (1899)［ソースティン・ヴェブレン著，高哲男訳『有閑階級の理論』筑摩書房，1998年］

Venturi, R. *Complexity and Contradiction in Architecture*, New York, Museum of Modern Art, 1966 [ロバート・ヴェンチューリ著，伊藤公文訳『建築の多様性と対立性』鹿島出版会，1983年]
Vicinus, M. (ed.). *A Widening Sphere: Changing roles of Victorian Women*, Bloomington, Indiana University Press, 1973
Vickery, A. 'Golden Age to Separate Spheres? A Review of the Categories and Chronology of English Women's History', *The Historical Review*, Cambridge, Cambridge University Press, vol. 36, no. 2, 1993, pp. 383-414
Wahlberg, H. *Everyday Elegance: 1950s Plastic Design*, Atglen, Schiffer Publishing Ltd., 1994
Waites, B., Bennet, T., & Martin, G. (eds.). *Popular Culture: Past and Present*, London, Croom Helm, 1982
Wajcman, J. *Feminism Confronts Technology*, Cambridge, Polity Press, 1991
Wakefield, H. *19th Century British Glass*, London, Faber, 1982
Walkowitz, J. *Prostitution and Victorian Society: Women, Class and the State*, Cambridge, Cambridge University Press, 1980
Walton, W. 'To Triumph before Feminine Taste: bourgeois women's consumption and hand methods of production in mid nineteenth-century Paris', *Business History Review*, 60, 1986
Warner, Prof. D. F. *Home Decoration*, London, T. Werner Laurie Ltd., 1920
Watson, R. M. *The Art of the House*, London, G. Bell and Sons, 1897
Welter, B. 'The Cult of True Womanhood 1820-1860', *American Quarterly*, xviii, 1966, pp. 151-174
Wendt, L. & Hogan, H. *Give the Lady What She wants: The Story of Marshall Field and Company*, Chicago, Rand McNally, 1952
Wharton, E. & Codman, O. *The Decoration of Houses*, London, B. J. Batsford, 1897
White, C. *The Women's Periodical Press in Britain 1946-1976*, Royal Commission on the Press, Working Paper no. 4, London, HMSO 1977
White, C. *Women's Magazines 1693-1968*, London, Michael Joseph, 1970
Whitelegg, E. (ed.). *The Changing Experience of Women*, Oxford, Martin Robertson, 1982
Wightman, Fox, R. & Jackson Lears, T. J. *The Culture of Consumption: Critical Essays in American History 1880-1980*, New York, Pantheon, 1983 [R.W. フォックス，T.J.J. リアーズ編，小池和子訳『消費の文化』勁草書房，1985年]
Williams, H. T. & Jones, Mrs. C. S. *Beautiful Homes or Hints on House*

Furnishing, New York, Henry T. Williams, 1875
Williams, G. *The Economics of Everyday Life*, Harmondsworth, Penguin, 1965 (1950) ［ガートルード・ウィリアムズ著，古田重治訳『エコノミックス オブ エブリディ ライフ』近代文芸社, 2000年（1972年原著第三版の訳）］
Williams, R. *Culture and Society 1780–1950*, London, Chatto and Windus, 1958 ［レイモンド・ウィリアムズ著，小谷洋一・清原孟編注『文化と社会』桐原書店，1978年］
Williams, R. *The Long Revolution*, London, Chatto and Windus, 1961 ［レイモンド・ウィリアムズ著，考松繁信ほか訳，『長い革命』ミネルヴァ書房，1983年］
Williams, R. *Dream Worlds: Mass Consumption in late 19th Century France*, Berkeley, University of California Press, 1982
Williamson, J. *Consuming Passions: The Dynamics of Popular Culture*, London, Marion Boyars, 1986 ［ジュディス・ウィリアムソン著，半田結・松村美土・山本啓訳『消費の欲望――大衆文化のダイナミズム』大村書店，1993年］
Williamson, J. *Decoding Advertisements: Ideology and Meaning in Advertisements*, London, Marion Boyars, 1975 ［ジュディス・ウィリアムスン著，山崎カヲル・三神弘子訳『広告の記号論――記号生成過程とイデオロギー』柘植書房，1985年］
Willis, E. 'Consumerism and Women', *Socialist Revolution*, 3, 1970, pp. 76–82
Willis, S. *A Primer for Everyday Life*, London and New York, Routledge, 1991
Wilson, E. *Adorned in Dreams: Fashion and Modernity*, London, Virago, 1985
Wilson, E. *Only Halfway to Paradise: Women in Post-War Britain 1945–1968*, London/New York, Tavistock Publications, 1980
Wilson, E. *The Sphinx in the City: Urban Life, the Control of Disorder and Women*, London, Virago, 1991
Wilson, R.G., Pilgrim, D. H. & Tashjian, D. *The Machine Age in America 1918–1941*, New York, Abrams, 1986 ［リチャード・ガイ・ウィルソン（ほか）共著，永田喬訳『アメリカの機械時代』ブルックリンミュージアム監修，鹿島出版会，1988年］
Winship, J. *Inside Women's Magazines*, London, Pandora, 1987
Winship, J. 'Sexuality for Sale' in Hall, S., Hobson, D. Lowe, A., & Willis, P. (eds.), *Culture, Media, Language*, London, Hutchinson, 1980
Winship, J. 'Woman Becomes and Individual-feminism and consumption in women's magazines 1954–69', *Stencilled Occasional Paper*, 65, Bir-

mingham, CCS, 1981

Wolf, N. *The Beauty Myth*, Cambridge, Mass., The MIT Press, 1989［ナオミ・ウルフ著，曽田和子訳『美の陰謀――女たちの見えない敵』TBSブリタニカ，1994年］

Wolfe, A. R. 'Women, Consumerism, and the National Consumer's League in the Progressive Era 1900-1923', *Labour History*, 6, Summer 1975, pp. 378-392

Wolfe, T. *From Bauhaus to Our House*, London, Abacus, 1991［トム・ウルフ著，諸岡敏行訳『バウハウスからマイホームまで』晶文社，1983年］

Wolff, J. 'Feminism and Modernism' in *Feminine Sentences: Essays on Women and Culture*, Cambridge, Polity, 1990

Wolff, J. 'The Culture of Separate Spheres: The Role of culture in 19th public and private life' in *Feminine Sentences Essays on Women and Culture*, Cambridge, Polity, 1990

Worden, S. 'Powerful Women: Electricity in the Home 1919-1940' in Attfield, J. & Kirkham, P. *A View from the Interior: Feminism, Women and Design*, London, The Women's Press, 1989

Wright, G. *Building The Dream: A Social History of Housing in America*, New York, Pantheon, 1981

Wright, G. *Moralism and the Model Home: Domestic Architecture and Cultural Conflict in Chicago 1873-1913*, Chicago, University of Chicago Press, 1980

Wright, J. M. *The Complete Home: An Encyclopaedia of Domestic Life and Affairs*, Philadelphia, Bradley Garretson and Co., 1879

Wright, R. & Wright, M. *Guide to Easier Living*, New York, Simon and Schuster, 1950

Young, F. H. *Modern Advertising Art*, New York, Covici, Friede Inc., 1930

りぶらりあ選書

パステルカラーの罠
――ジェンダーのデザイン史

発行　2004年11月30日　　初版第１刷

著者　ペニー・スパーク
訳者　菅　靖子／暮沢剛巳／門田園子
発行所　財団法人　法政大学出版局
〒102-0073 東京都千代田区九段北3-2-7
電話03(5214)5540／振替00160-6-95814
製版，印刷　平文社
鈴木製本所
© 2004 Hosei University Press

ISBN4-588-02224-5
Printed in Japan

著者

ペニー・スパーク (Penny Sparke)
1948年生まれ．ブライトン・ポリテクニックにて博士号取得．ブライトン・ポリテクニックのデザイン史講師，ロイヤル・カレッジ・オヴ・アートのデザイン史教授を経て，現在，キングストン大学美術・デザイン・音楽学部学部長，デザイン史教授．欧米の近現代デザイン史，日本のデザイン史に関する著書多数，なかでも邦訳されたものに『二〇世紀デザイン：パイオニアたちの仕事・集大成』（デュウ出版）や『近代デザイン史：二十世紀のデザインと文化』（ダヴィッド社）がある．

訳者

菅　靖子（すが　やすこ）
1968年生．東京大学教養学部卒業．ロイヤル・カレッジ・オヴ・アートにて博士号取得．現在，津田塾大学助教授．訳書に『アート，デザイン，ヴィジュアル・カルチャー——社会を読み解く方法論』（共訳，アグネ承風社）など．

暮沢剛巳（くれさわ　たけみ）
1966年生．慶應義塾大学文学部卒業．現在，武蔵野美術大学，女子美術大学短期大学部，桑沢デザイン研究所非常勤講師．著書に『美術館はどこへ？』（廣済堂出版），『現代美術を知る　クリティカルワーズ』（編著，フィルムアート社），訳書にM.ハート『ドゥルーズの哲学』（共訳，法政大学出版局），P.ドゥ・ゲイほか『実践カルチュラル・スタディーズ』（大修館書店）など．

門田園子（もんでん　そのこ）
1973年生．ロイヤル・カレッジ・オヴ・アート修士課程修了．現在，京都大学大学院人間・環境学研究科博士後期課程在籍．

りぶらりあ選書

魔女と魔女裁判〈集団妄想の歴史〉	K.バッシュビッツ／川端，坂井訳	¥3800
科学論〈その哲学的諸問題〉	カール・マルクス大学哲学研究集団／岩崎允胤訳	¥2500
先史時代の社会	クラーク，ピゴット／田辺，梅原訳	¥1500
人類の起原	レシェトフ／金光不二夫訳	¥3000
非政治的人間の政治論	H.リード／増野，山内訳	¥ 850
マルクス主義と民主主義の伝統	A.ランディー／藤野渉訳	¥1200
労働の歴史〈棍棒からオートメーションへ〉	J.クチンスキー，良知，小川共著	¥1900
ヒュマニズムと芸術の哲学	T.E.ヒューム／長谷川鉱平訳	¥2200
人類社会の形成（上・下）	セミョーノフ／中島，中村，井上訳	上 品 切 下 ¥2800
倫理学	G.E.ムーア／深谷昭三訳	¥2200
国家・経済・文学〈マルクス主義の原理と新しい論点〉	J.クチンスキー／宇佐美誠次郎訳	¥ 850
ホワイトヘッド教育論	久保田信之訳	¥1800
現代世界と精神〈ヴァレリィの文明批評〉	P.ルーラン／江口幹訳	¥980
葛藤としての病〈精神身体医学的考察〉	A.ミッチャーリヒ／中野，白滝訳	¥1500
心身症〈葛藤としての病２〉	A.ミッチャーリヒ／中野，大西，奥村訳	¥1500
資本論成立史（全４分冊）	R.ロスドルスキー／時永，平林，安田他訳	(1)¥1200 (2)¥1200 (3)¥1200 (4)¥1400
アメリカ神話への挑戦（I・II）	T.クリストフェル他編／宇野，玉野井他訳	I ¥1600 II ¥1800
ユダヤ人と資本主義	A.レオン／波田節夫訳	¥2800
スペイン精神史序説	M.ピダル／佐々木孝訳	¥2200
マルクスの生涯と思想	J.ルイス／玉井，堀場，松井訳	¥2000
美学入門	E.スリヨ／古田，池部訳	¥1800
デーモン考	R.M.＝シュテルンベルク／木戸三良訳	¥1800
政治的人間〈人間の政治学への序論〉	E.モラン／古田幸男訳	¥1200
戦争論〈われわれの内にひそむ女神ベローナ〉	R.カイヨワ／秋枝茂夫訳	¥3000
新しい芸術精神〈空間と光と時間の力学〉	N.シェフェール／渡辺淳訳	¥1200
カリフォルニア日記〈ひとつの文化革命〉	E.モラン／林瑞枝訳	¥2400
論理学の哲学	H.パットナム／米盛，藤川訳	¥1300
労働運動の理論	S.パールマン／松井七郎訳	¥2400
哲学の中心問題	A.J.エイヤー／竹尾治一郎訳	¥3500
共産党宣言小史	H.J.ラスキ／山村喬訳	¥980
自己批評〈スターリニズムと知識人〉	E.モラン／宇波彰訳	¥2000
スター	E.モラン／渡辺，山崎訳	¥1800
革命と哲学〈フランス革命とフィヒテの本源的哲学〉	M.ブール／藤野，小栗，福吉訳	¥1300
フランス革命の哲学	B.グレトゥイゼン／井上尭裕訳	¥2400
意志と偶然〈ドリエージュとの対話〉	P.ブーレーズ／店村新次訳	¥2500
現代哲学の主潮流（全５分冊）	W.シュテークミュラー／中埜，竹尾監修	(1)¥4300 (2)¥4200 (3)¥6000 (4)¥3300 (5)¥7300
現代アラビア〈石油王国とその周辺〉	F.ハリデー／岩永，菊地，伏見訳	¥2800
マックス・ウェーバーの社会科学論	W.G.ランシマン／湯川新訳	¥1600
フロイトの美学〈芸術と精神分析〉	J.J.スペクター／秋山，小山，西川訳	¥2400
サラリーマン〈ワイマル共和国の黄昏〉	S.クラカウアー／神崎巌訳	¥1700
攻撃する人間	A.ミッチャーリヒ／竹内豊治訳	¥ 900
宗教と宗教批判	L.セーヴ他／大津，石田訳	¥2500
キリスト教の悲惨	J.カール／高尾利数訳	¥1600
時代精神（I・II）	E.モラン／宇波彰訳	I 品 切 II ¥2500
囚人組合の出現	M.フィッツジェラルド／長谷川健三郎訳	¥2000

りぶらりあ選書

スミス，マルクスおよび現代	R.L.ミーク／時永淑訳	¥3500
愛と真実〈現象学的精神療法への道〉	P.ローマス／鈴木二郎訳	¥1600
弁証法的唯物論と医学	ゲ・ツァレゴロドツェフ／木下，仲本訳	¥3800
イラン〈独裁と経済発展〉	F.ハリデー／岩永，菊地，伏見訳	¥2800
競争と集中〈経済・環境・科学〉	T.プラーガー／島田稔夫訳	¥2500
抽象芸術と不条理文学	L.コフラー／石井扶桑雄訳	¥2400
プルードンの社会学	P.アンサール／斉藤悦則訳	¥2500
ウィトゲンシュタイン	A.ケニー／野本和幸訳	¥3200
ヘーゲルとプロイセン国家	R.ホッチェヴァール／寿福真美訳	¥2500
労働の社会心理	M.アージル／白水，奥山訳	¥1900
マルクスのマルクス主義	J.ルイス／玉井，渡辺，堀場訳	¥2900
人間の復権をもとめて	M.デュフレンヌ／山縣熙訳	¥2800
映画の言語	R.ホイッタカー／池田，横川訳	¥1600
食料獲得の技術誌	W.H.オズワルド／加藤，禿訳	¥2500
モーツァルトとフリーメーソン	K.トムソン／湯川，田口訳	¥3000
音楽と中産階級〈演奏会の社会史〉	W.ウェーバー／城戸朋子訳	¥3300
書物の哲学	P.クローデル／三嶋睦子訳	¥1600
ベルリンのヘーゲル	J.ドント／花田圭介監訳，杉山吉弘訳	¥2900
福祉国家への歩み	M.ブルース／秋田成就訳	¥4800
ロボット症人間	L.ヤブロンスキー／北川，樋口訳	¥1800
合理的思考のすすめ	P.T.ギーチ／西勝忠男訳	¥2000
カフカ=コロキウム	C.ダヴィッド編／円子修平，他訳	¥2500
図形と文化	D.ペドウ／磯田浩訳	¥2800
映画と現実	R.アーメス／瓜生忠夫，他訳／清水晶監修	¥3000
資本論と現代資本主義（I・II）	A.カトラー，他／岡崎，塩谷，時永訳	I 品切 II ¥3500
資本論体系成立史	W.シュヴァルツ／時永，大山訳	¥4500
ソ連の本質〈全体主義的複合体と新たな帝国〉	E.モラン／田中正人訳	¥2400
ブレヒトの思い出	ベンヤミン他／中村，神崎，越部，大島訳	¥2800
ジラールと悪の問題	ドゥギー，デュピュイ編／古田，秋枝，小池訳	¥3800
ジェノサイド〈20世紀におけるその現実〉	L.クーパー／高尾利数訳	¥2900
シングル・レンズ〈単式顕微鏡の歴史〉	B.J.フォード／伊藤智夫訳	¥2400
希望の心理学〈そのパラドキシカルアプローチ〉	P.ワツラウィック／長谷川啓三訳	¥1600
フロイト	R.ジャカール／福本修訳	¥1400
社会学思想の系譜	J.H.アブラハム／安江，小林，樋口訳	¥2000
生物学における ランダムウォーク	H.C.バーグ／寺本，佐藤訳	¥1600
フランス文学とスポーツ〈1870～1970〉	P.シャールトン／三好郁朗訳	¥2800
アイロニーの効用〈『資本論』の文学的構造〉	R.P.ウルフ／竹田茂夫訳	¥1600
社会の労働者階級の状態	J.バートン／真実一男訳	¥2000
資本論を理解する〈マルクスの経済理論〉	D.K.フォーリー／竹田，原訳	¥2800
買い物の社会史	M.ハリスン／工藤政司訳	¥2000
中世社会の構造	C.ブルック／松田隆美訳	¥1800
ジャズ〈熱い混血の音楽〉	W.サージェント／湯川新訳	¥2800
地球の誕生	D.E.フィッシャー／中島竜三訳	¥2900
トプカプ宮殿の光と影	N.M.ペンザー／岩永博訳	¥3800
テレビ視聴の構造〈多メディア時代の「受け手」像〉	P.バーワイズ他／田中，伊藤，小林訳	¥3300
夫婦関係の精神分析	J.ヴィリィ／中野，奥村訳	¥3300
夫婦関係の治療	J.ヴィリィ／奥村満佐子訳	¥4000
ラディカル・ユートピア〈価値をめぐる議論の思想と方法〉	A.ヘラー／小箕俊介訳	¥2400

十九世紀パリの売春	パラン=デュシャトレ／A.コルバン編 小杉隆芳訳	¥2500
変化の原理〈問題の形成と解決〉	P.ワツラウィック他／長谷川啓三訳	¥2200
デザイン論〈ミッシャ・ブラックの世界〉	A.ブレイク編／中山修一訳	¥2900
時間の文化史〈時間と空間の文化／上巻〉	S.カーン／浅野敏夫訳	¥2300
空間の文化史〈時間と空間の文化／下巻〉	S.カーン／浅野,久郷訳	¥3400
小独裁者たち〈両大戦間期の東欧における民主主義体制の崩壊〉	A.ポロンスキ／羽場久浘子監訳	¥2900
狼狽する資本主義	A.コッタ／斉藤日出治訳	¥1400
バベルの塔〈ドイツ民主共和国の思い出〉	H.マイヤー／宇京早苗訳	¥2700
音楽祭の社会史〈ザルツブルク・フェスティヴァル〉	S.ギャラップ／城戸朋子,小木曾俊夫訳	¥3800
時間 その性質	G.J.ウィットロウ／柳瀬睦男,熊倉功二訳	¥1900
差異の文化のために	L.イリガライ／浜名優美訳	¥1600
よいは悪い	P.ワツラウィック／佐藤愛監修,小岡礼子訳	¥1600
チャーチル	R.ペイン／佐藤亮一訳	¥2900
シュミットとシュトラウス	H.マイアー／栗原,滝口訳	¥2000
結社の時代〈19世紀アメリカの秘密儀礼〉	M.C.カーンズ／野﨑嘉信訳	¥3800
数奇なる奴隷の半生	F.ダグラス／岡田誠一訳	¥1900
チャーティストたちの肖像	G.D.H.コール／古賀,岡本,増島訳	¥5800
カンザス・シティ・ジャズ〈ビバップの由来〉	R.ラッセル／湯川新訳	¥4700
台所の文化史	M.ハリスン／小林祐子訳	¥2900
コペルニクスも変えなかったこと	H.ラボリ／川中子,並木訳	¥2000
祖父チャーチルと私〈若き冒険の日々〉	W.S.チャーチル／佐藤佐智子訳	¥3800
有閑階級の女性たち	B.G.スミス／井上,飯泉訳	¥3500
秘境アラビア探検史（上・下）	R.H.キールナン／岩永博訳	上¥2800 下¥2900
動物への配慮	J.ターナー／斎藤九一訳	¥2900
年齢意識の社会学	H.P.チュダコフ／工藤,藤田訳	¥3400
観光のまなざし	J.アーリ／加太宏邦訳	¥3300
同性愛の百年間〈ギリシア的愛について〉	D.M.ハルプリン／石塚浩司訳	¥3800
古代エジプトの遊びとスポーツ	W.デッカー／津山拓也訳	¥2700
エイジズム〈優遇と偏見・差別〉	E.B.パルモア／奥山,秋葉,片多,松村訳	¥3200
人生の意味〈価値の創造〉	I.シンガー／工藤政司訳	¥1700
愛の知恵	A.フィンケルクロート／磯本,中嶋訳	¥1800
魔女・産婆・看護婦	B.エーレンライク,他／長瀬久子訳	¥2200
子どもの描画心理学	G.V.トーマス,A.M.J.シルク／中川作一監訳	¥2400
中国との再会〈1954―1994年の経験〉	H.マイヤー／青木隆嘉訳	¥1500
初期のジャズ〈その根源と音楽的発展〉	G.シューラー／湯川新訳	¥5800
歴史を変えた病	F.F.カートライト／倉俣,小林訳	¥2900
オリエント漂泊〈ヘスター・スタノップの生涯〉	J.ハズリップ／田隅恒生訳	¥3800
明治日本とイギリス	O.チェックランド／杉山・玉置訳	¥4300
母の刻印〈イオカステーの子供たち〉	C.オリヴィエ／大谷尚文訳	¥2700
ホモセクシュアルとは	L.ベルサーニ／船倉正憲訳	¥2300
自己意識とイロニー	M.ヴァルザー／洲崎惠三訳	¥2800
アルコール中毒の歴史	J.-C.スールニア／本多文彦監訳	¥3800
音楽と病	J.オシエー／菅野弘久訳	¥3400
中世のカリスマたち	N.F.キャンター／藤田永祐訳	¥2900
幻想の起源	J.ラプランシュ,J.-B.ポンタリス／福本修訳	¥1300
人種差別	A.メンミ／菊地,白井訳	¥2300
ヴァイキング・サガ	R.プェルトナー／木村寿夫訳	¥3300
肉体の文化史〈体構造と宿命〉	S.カーン／喜多迅鷹・喜多元子訳	¥2900

りぶらりあ選書

サウジアラビア王朝史	J.B.フィルビー／岩永，冨塚訳	¥5700
愛の探究〈生の意味の創造〉	I.シンガー／工藤政司訳	¥2200
自由意志について〈全体論的な観点から〉	M.ホワイト／橋本昌夫訳	¥2000
政治の病理学	C.J.フリードリヒ／宇治琢美訳	¥3300
書くことがすべてだった	A.ケイジン／石塚浩司訳	¥2000
宗教の共生	J.コスタ=ラスクー／林瑞枝訳	¥1800
数の人類学	T.クランプ／髙島直昭訳	¥3300
ヨーロッパのサロン	ハイデン=リンシュ／石丸昭二訳	¥3000
エルサレム〈鏡の都市〉	A.エロン／村田靖子訳	¥4200
メソポタミア〈文字・理性・神々〉	J.ボテロ／松島英子訳	¥4700
メフメト二世〈トルコの征服王〉	A.クロー／岩永，井上，佐藤，新川訳	¥3900
遍歴のアラビア〈ベドウィン揺籃の地を訪ねて〉	A.ブラント／田隅恒生訳	¥3900
シェイクスピアは誰だったか	R.F.ウェイレン／磯山，坂口，大島訳	¥2700
戦争の機械	D.ピック／小澤正人訳	¥4700
住む　まどろむ　嘘をつく	B.シュトラウス／日中鎮朗訳	¥2600
精神分析の方法 I	W.R.ビオン／福本修訳	¥3500
考える／分類する	G.ペレック／阪上脩訳	¥1800
バビロンとバイブル	J.ボテロ／松島英子訳	¥3000
初期アルファベットの歴史	J.ナヴェー／津村，竹内，稲垣訳	¥3500
数学史のなかの女性たち	L.M.オーセン／吉村，牛島訳	¥1700
解決志向の言語学	S.ド・シェイザー／長谷川啓三監訳	¥4500
精神分析の方法 II	W.R.ビオン／福本修訳	¥4000
バベルの神話〈芸術と文化政策〉	C.モラール／諸田，阪上，白井訳	¥4000
最古の宗教〈古代メソポタミア〉	J.ボテロ／松島英子訳	¥4500
心理学の7人の開拓者	R.フラー編／大島，吉川訳	¥2700
飢えたる魂	L.R.カス／工藤，小澤訳	¥3900
トラブルメーカーズ	A.J.P.テイラー／真壁広道訳	¥3200
エッセイとは何か	P.グロード，J.-F.ルエット／下澤和義訳	¥3300
母と娘の精神分析	C.オリヴィエ／大谷，柏訳	¥2200
女性と信用取引	W.C.ジョーダン／工藤政司訳	¥2200
取り消された関係〈ドイツ人とユダヤ人〉	H.マイヤー／宇京早苗訳	¥5500
火　その創造性と破壊性	S.J.パイン／大平章訳	¥5400
鏡の文化史	S.メルシオール＝ボネ／竹中のぞみ訳	¥3500
食糧確保の人類学	J.ポチエ／山内，西川訳	¥4000
最古の料理	J.ボテロ／松島英子訳	¥2800
人体を戦場にして	R.ポーター／目羅公和訳	¥2800
米国のメディアと戦時検閲	M.S.スウィーニィ／土屋，松永訳	¥4000
十字軍の精神	J.リシャール／宮松浩憲訳	¥3200
問題としてのスポーツ	E.ダニング／大平章訳	¥5800
盗まれた手の事件〈肉体の法制史〉	J.-P.ボー／野上博義訳	¥3600
パステルカラーの罠〈ジェンダーのデザイン史〉	P.スパーク／菅，暮沢，門田訳	

表示価格は本書刊行時のものです．表示価格は，重版に際して変わる場合もありますのでご了承願います．なお表示価格に消費税は含まれておりません．